곽상욱·황명선 엮음

대한민국시장군수구청장협의회

내 삶을 바꾸는 지방정부 좋은 정책 123선

주민자치

일자리창출

지역문화 활성화

지방소멸 대응

기후환경

대한민국시장군수구청장협의회

내 삶을 바꾸는
지방정부
좋은 정책 123선

초판 1쇄 인쇄 2022년 5월 13일
초판 1쇄 발행 2022년 5월 23일

기　　획 대한민국시장군수구청장협의회
엮　　음 곽상욱 황명선
교정교열 백승대 최은정 김혜미
디 자 인 박애리
펴 낸 이 백승대
펴 낸 곳 매직하우스

출판등록 2007년 9월 27일 제313-2007-000193
주　　소 서울시 마포구 모래내로7길 38 서원빌딩 605호(성산동)
전　　화 02) 323-8921
팩　　스 02) 323-8920
이 메 일 magicsina@naver.com
I S B N 979-11-90822-23-7

*책값은 표지 뒤쪽에 있습니다.
*파본은 본사와 구입하신 서점에서 교환해드립니다.

내 삶을 바꾸는
지방정부
좋은 정책 123선

발 간 사

안녕하십니까? 대한민국시장·군수·구청장협의회 대표회장 곽상욱 오산시장입니다.

민선 지방자치 30년, 그리고 민선7기를 마무리하는 시점에서, 시군구 기초지방정부의 우수한 정책사례들과 현장 경험들을 분야별로 정리·수록한 「내 삶을 바꾸는 지방정부 좋은정책 123선」을 발간하게 된 것을 매우 뜻깊게 생각합니다.

발간에 즈음하여, 우리 기초지방자치가 처한 현실적인 어려움과 제도적인 한계 속에서도 지역발전과 주민복리를 위한 여러 가지 우수한 정책들을 마련하여 강단 있게 실행해 오신 전국의 시장·군수·구청장님을 비롯한 지방의 공직자 여러분의 노고에 가장 먼저 경의와 감사의 말씀을 드립니다.

본 「정책사례집」은 "풀뿌리 자치분권"의 최일선에 자리한 시군구 기초지방정부의 여러 좋은 정책사례들을 발굴하여 그 성과와 우수성을 널리 알리고 가능성을 확인함으로써, 향후 "자치분권 2.0 시대"의 새로운 패러다임 속에서 시군구가 그에 걸맞은 기능과 위상을 찾을 수 있는 기반을 마련하고자 발간되었습니다.

사회문화의 급격한 변화에 따른 당면과제들을 지혜롭게 해결하고 "지속가능한 자치분권"의 가치를 구현하는 시군구 주요 정책사례에 대해 '주민자치'와 '일자리 창출', '지역문화 활성화', '지방소멸 대응', '기후환경' 등의 분야별 체계화를 시도하였다는 점에서 본 「정책사례집」 간행의 의미를 찾을 수 있을 것입니다.

이번에 발간하는 「정책사례집」에서는 아쉽게도 모든 시군구의 우수 정책사례들을 망라하여 담아내지는 못했지만, 앞으로 전체 226개 시군구 기초지방정부의 훌륭한 정책사례들의 증보 및 반영이 계속 이어진다면 '대한민국 풀뿌리 자치의 역사적 성과'로 집대성(集大成)할 수 있을 것이라 확신합니다.

「내 삶을 바꾸는 지방정부 좋은정책 123선」 발간을 계기로 시군구 지방정부의 역량과 우수성이 널리 알려지고 지방정부 시책의 참고사례로써 충분히 활용되어 민선8기 이후에 '보다 나은 자치분권'의 토대로 기능하게 되기를 소망합니다. 본「정책사례집」의 발간을 위해 애쓰신 모든 분들에게 깊은 감사의 말씀을 드립니다.

2022년 3월

대한민국시장·군수·구청장협의회

대표회장 곽 상 욱 (오산시장)

발 간 사

안녕하십니까? 대한민국시장·군수·구청장협의회 前대표회장 황명선 前논산시장입니다.

인상깊은 자연의 생명력이 느껴지는 3월, 기초지방정부의 배를 앓아 낳은 소중한「지방정부 좋은 정책 123선」을 발간하게 된 것을 매우 뜻깊게 생각합니다.

1995년에 시작한 우리의 지방자치는 미숙했던 유소년기를 지나 활력 넘치는 청년기, 그것도 이제 한참 일할 나이가 되었습니다. 이제는 지방정부가 오히려 중앙정부의 중요한 정책을 이끌고, 중앙이 머뭇거리고 있을 때 지방이 먼저 결단으로 시작하는 일들이 점점 늘고 있습니다.

「좋은 정책 123선」이 바로 그러한 정책들입니다. 지역여건과 특성에 맞는 정책으로 주민에게 보다 나은 행정서비스를 제공하고 주민의 생명과 안전을 지키며 주권자인 주민에게 권한을 돌려주는 것입니다.

안타깝지만 코로나19의 팬데믹은 아직까지 진행 중입니다. 그러나 그 끝은 분명히 있으며, 현장에서 기초지방정부가 다양하고 창의적인 지역맞춤형 방역정책을 펼치고 있습니다. 특히 IT·BT와 ICT융합, IoT, 빅데이터 등과 융합하여 생활자치의 강화와 함께 사회 환경의 변화를 수용할 수 있는 협력네트워크를 가동하여 대처하고 있습니다.

또한 저출산·고령화에 따른 지방소멸의 위험성에 대비해야 하며, 지역경제 활성화를 위하여 새로운 일자리를 지속적으로 창출해야 하는 환경에 놓여 있습니다. 기초지방정부는 너무나도 절실하며 그 절실함 속에서 세상을 바꾸고 주민의 삶을 바꾸는 정책을 내놓았습니다.

「내 삶을 바꾸는 지방정부 좋은 정책 123선」은 이러한 기초지방정부의 마음과 모습이 담겨 있습니다. 지난해 가을 대표회장으로서 '대한민국 좋은 정책대회'를 개최하며 출품작을 모아 「좋은 정책 사례집」으로 출간해 시민의 눈을 바라보며 사람 사는 따뜻한 공동체를 만들어가는 지역의 모습을 전달하고 싶었습니다.

끝으로 발간에 노고를 아끼지 않으신 협의회 대표회장 및 임직원 여러분께 깊이 감사드리며, 앞으로 계속해서 좋은 정책 사례의 발간이 이루어지길 기대합니다.

2022년 3월

대한민국시장·군수·구청장협의회

前대표회장 황 명 선 (前논산시장)

추 천 사

주민자치에서부터 일자리창출, 지역문화 활성화, 지방소멸대응, 그리고 기후환경까지 주민들의 삶의 질 향상을 위해 종합행정을 추진하는 기초 지방정부의 123개 생생한 정책현장을 한 권에 담았습니다. 민선 지방자치시대 8기의 주인공분들께 반드시 일독을 권합니다!

이해식(더불어민주당 국회의원)

대도시는 대도시대로, 중소도시는 중소도시대로 스스로 일을 만들어가며 각자의 특색을 찾아가고 있다. 도시 유형을 가리지 않고 전국의 우수한 정책사례를 모아 정책을 공유할 수 있다는 점에서 이 책의 출판이 아주 큰 의미를 가진다. 모쪼록 많은 이들이 읽고, 이해하고, 학습하고 활용할 수 있기를 바란다.

김선교(국민의힘 국회의원)

1991년 지방의회 의원선거가 시행된 이래로 30년 동안 지방자치는 충분히 성숙해지고 있다. 지방정부는 중앙정부의 손길이 닿지 못하는 부분까지 채우며 주민의 삶을 나아지게 하고 있다. 올해 새로 출범할 민선 8기 이후에도 훌륭한 정책들이 많이 쏟아져 한 층 더 풍부한 지방자치를 이어가길 바란다.

소순창(교수, 대통령소속 자치분권위원회 부위원장)

내 삶을 바꾸는 지방정부, 내 꿈을 가꾸는 좋은 정책 !

삶의 최전선에서 고민하고 현장에서 답을 찾은 「지방정부 좋은 정책 123선」 출간을 진심으로 축하드립니다. 지방 소멸의 위기 속에서 피워낸 결실이기에, 더없이 소중하고 고맙습니다. 함께 힘을 모아, "자치 분권 앞으로, 균형발전 제대로" 해냅시다 !

신정훈(더불어민주당 국회의원)

이 책에 소개된 여러 분야의 시군구 우수시책과 사례들은 지난 수십 년간 제기되어 온 "자치와 분권을 왜 해야 하는가"라는 근원적인 질문에 대해 해답을 제시한다. 풀뿌리민주주의가 계속되어야 할 이유가 바로 여기에 있다.

박기관(교수, 前 한국지방자치학회장)

이 책 제목 "내 삶을 바꾸는 지방정부"는 지방자치에 그대로 들어맞는 명언이다. 이 책에 수록된 시군구 일선 현장의 소중한 경험과 사례들이 앞으로 지방은 물론, 대한민국의 발전과 번영을 위한 좋은 책략을 찾는 길잡이가 될 것을 기대한다.

강득구(더불어민주당 국회의원)

주민의 손으로 시장·군수·구청장을 7번 선출했고, 이제는 8번째 선거를 앞두고 있다. 이번 정책 사례집을 통해 지방정부의 우수한 성과가 널리 알려짐은 물론, 향후 지방자치가 더욱 발전하는 계기가 되길 바란다.

이종배(국민의힘 국회의원)

목차

01 주민자치

02 일자리 창출

03 지역문화 활성화

04 지방소멸 대응

05 기후환경

01

주민자치

주민과 함께 지역 문제 해결을 위한 「협치와 공론화」

광진구(구청장 김선갑)에는 삼국시대 한강 유역을 둘러싼 치열한 격전지로 남한에 존재하는 최대의 고구려 유적지가 있다. 이곳에는 고구려의 온달장군이 신라와의 전투에서 전사한 아차산이 있다. 전사한 온달 장군의 시신을 담은 관을 옮기려 했으나 움직이지 않자 평강공주가 직접 와서 돌아가자고 하니 관을 옮길 수 있었다는 전설이 내려오는 곳이다.

고구려 최대 유적지를 품고 있는 광진구는 서울에서 오랫동안 다른 구에 비해 낙후된 지역이었으나 최근 들어 빠르게 발전하고 있다. 이와 더불어 주민자치를 모범적으로 실천하고 있는 자치단체로 평가받고 있다.

정책을 추진하다 보면 크고 작은 공공갈등이 발생하게 된다. 이를 행정소송이나 민사소송으로 해결하다 보면 시간도 오래 걸리고, 실질적으로 갈등은 해결되지 않은 채 봉합하는 수준에 머물고 만다. 광진구에서는 이런 공공갈등이 발생하면 '주민과의 공론화'를 통해 해결하고, 주민의 참여와 의견 수렴으로 주요 정책을 결정하는 구민 중심의 행정을 실현하고자 '협치와 공론화'라는 방법을 채택하고 있다.

광진구는 「광진구 공공갈등 공론화위원회 설치 및 운영에 관한 조례(2018.10.26.)」를 제정해서 공론화 의제발굴과 위원회 상설 운영의 제도화를 위한 근거를 마련해서 공공갈등 해결을 위한 '공공갈등 공론화위원회'를 서울시 자치구 중 최초로 설치 운영하고 있다. 주민과 분야별 전문가 35명(위원장 1명, 부위원장 2명, 위원 32명)으로 구성해서 전문적이고 다양한 의견 수렴을 통해 갈등의 해결방안을 모색할 수 있게 되었다.

공공갈등 공론화위원회에서는

① 공공갈등 공론화 의제를 발굴, 선정하고

② 공론화를 추진해서

③ 공론화 결과를 의결 및 권고한다.

그리고 구청은 공론화위원회의 권고에 따라 사업을 추진하면 된다.

2020년 1월 19일, 제1회 공공갈등 공론화위원회가 개최되었다. 의제는 양진초등학교 통학로 도로 개설 건으로 3단계 과정을 통해 해결되었다.

갈등 발생

양진초등학교 통학로에 차도개설 사업을 추진하면서 문제가 발생했다. 단절된 도로를 연결해서 체계적인 도로망 구축을 위한 차도개설이 필요했다. 그러나 차도개설 시 차량 통행으로 인한 어린이 안전사고 위험이 증가할 수 있다는 양진초등학교 학부모와 지역주민의 우려가 있었다. 지역주민 설명회를 3회 개최했지만, 주민 의견을 접수한 결과 사업 추진에 반대한다는 여론이 다수였다.

※ 총 181건 민원 발생 - 구청장에게 바란다 88건 / 상담 민원 5건 / 청원 1건 (8,021명) / 주민 의견 제출서 57건

공론화 추진

2020년 1월 19일, 제1회 공공갈등 공론화위원회를 개최해서「양진초 통학로 차도개설 건」을 공론화 의제로 선정했다. 체계적인 도로망 구축이냐, 학생들의 보행 안전 확보가 우선이냐가 쟁점 사항이었다. 이에 공론화 소위원회를 조직해서 1월 제1차 회의를 개최했다. 안건과 관련된 현장을 방문하

여 사업 추진 시 발생 되는 문제점들을 점검하고, 소위원회 회의를 개최하여 공론화 의제에 대한 세부적인 논의와 심사를 추진하기로 했다.

현장 방문 | 소위원회 회의

2020년 2월, 주민 의견조사를 위해 소위원회에서는 4개 검토안을 마련했다.

제1안	제2안	제3안	제4안
계단 존치	계단 존치 + 보도 확장	경사로(보도)조성 + 보도 확장	경사로(차도)조성 + 보도 확장

이 안을 토대로 2020년 2월, 공론화 여론 수렴을 위한 주민 간담회를 개최했다. 코로나19로 인하여 사업장, 토지보상 대상자 등을 상대로 한 비대면(서면, 팩스, 이메일 등) 주민 의견조사를 진행하고, 3월에는 양진초등학교와 학교 내 병설 유치원 학교장과 간담회를 개최했다.

공론화 결과 도출 및 반영

5월에 공론화 소위원회 제2차 회의를 개최해서 지역주민의 의견을 반영한 대안(2안)을 최종 선택했다. 2안을 선택하게 된 것은 학생 보행 안전을 중요시하는 지역주민의 의견을 적극 반영한 것이다. 원활한 보행환경을 조성하면서도 도로기능을 유지하고 주변 환경을 개선할 수 있으며, 재난 발생 시 비상도로 역할을 수행할 수 있기 때문이다. 이 과정을 통해서 기존 계획안인 차도 조성 및 보도확장의 변경을 추진하겠다는 최종 결정사항을 5월 21

일 사업 소관부서에 이첩했다. 공론화위원회의 결정사항을 반영하여 계단을 존치하는 보행로 개선사업을 완료했다.

공사 전(계단)	공사 후(계단 존치 및 보도확장)

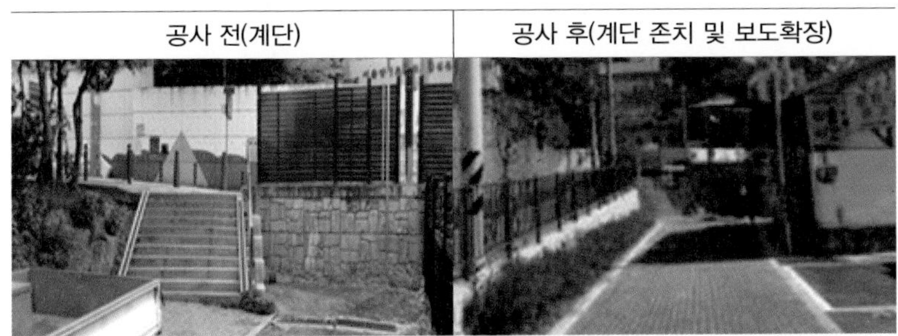

김선갑 광진구청장은 "「공론화위원회 설치·운영 조례」 및 「민관협치 활성화 조례」 제정을 통해 제도적 기반을 마련하고, '구정의 중심은 구민'이라는 정책 기조를 유지한 결과 좋은 성과를 거두게 되었다" 고 자평했다.

어린이 교통사고 ZERO, 스마트보행로

거의 매일 어린이집, 유치원, 초등학교 앞에서 어린이가 교통사고로 다치거나 사망하는 사고가 발생하고 있다. 어린이 교통사고는 어린이가 보행 중에 자동차에 치여 발생하는 형태가 가장 많으며, 주로 하교 시간대인 오후 4시에서 6시 사이에 발생한다.

어린이는 신체적으로 키가 작고 어른보다 시야가 좁아서 위험한 상황에 노출되기 쉽다. 소리가 나는 방향을 빨리 파악하기 어려워 위험을 알리는 소리를 듣고도 빨리 안전한 쪽으로 피하지 못한다. 또한, 어린이는 관심을 가진 것에만 집중하는 경향이 있고 충동적인 성향이 있어서 언제 어디서 갑자기 튀어나올지 예측하기 어렵다.

동작구(구청장 이창우)에서는 이렇게 해마다 계속되는 어린이 교통사고에 대한 특단의 대책이 필요하다는 판단 아래 2019년 5월부터 2020년 10월까지 총사업비 13억 7천만 원을 들여서 관내 10개 초등학교의 주변 보행로에 스마트 보행로 설치사업을 펼쳤다. 어린이 교통사고 제로를 실현하기 위한 스마트 보행로를 '도담도담 학교로(路)'로 명명했다. 주민이 직접 어린이 교통사고 위험요소를 도출하고 해결하는 리빙 랩을 사업 전반에 걸쳐 운영하여, 주민참여형 도시문제 해결의 모델을 제시했다. 스마트 IoT(사물인터넷) 기술을 적용하여 어린이 교통사고 Zero를 실현하고, 다양한 교육과 UCC공모를 통해 교통안전 문화를 정착하겠다는 구상이다.

이런 해결책은 학생과 학부모, 주민참여를 통해 도시문제 해결의 실마리를 확보했다. 2019년 9월 26일, 학부모와 관계기관 등 30명의 협의체인 '도담도담 학교로(路) 연구소'를 구성했다. 10월에 이 연구소에서 「통학로 그리기」를 통해 어린이 체감 위험요소를 도출했고, 10월과 11월에 걸쳐 문제 발굴 워크숍, 벤치마킹 등 학부모의 체감 위험요소를 도출했다. 학부모와 주민, 학교 선생님, 외부 교통 전문가, 동작구청, 외부 관계기관 관계자들이 참여한 3차례의 워크숍을 통해 학교 주변 위험지역 분석과 사업지역을 선정하고, 선정지역으로 채택된 고양초등학교 앞 스마트시설 현장을 시찰했다.

2019년, 대림초등학교를 '도담도담 학교로' 시범학교로 정하고, 2020년에는 관내 8개 초등학교까지 확대하여 IoT기반 스마트 횡단보도를 구축하고, 비콘(Beacon)[1]을 활용한 '스몸비(스마트폰+좀비) 깨우기' 서비스를 적용했다. 대림초등학교 천여 명의 학생들이 참여한 보행 지도를 분석해서 예상하지도 못한 곳이 위험하다는 점을 발견했다. 학교 주변의 위험을 막연하게 아는 것이 아니라 객관적인 데이터로 문제점을 정확히 파악할 수 있었다.

확정된 위험지역에는 학생들의 안전을 위한 LED 바닥 신호등, 말하는 스마트 횡단보도 알리미, 스마트 LED 바닥 경광등, 운전자 감속 유도 장치 등 다양한 첨단기술을 활용한 스마트 보행로가 설치되었다. 이와 더불어 학부모를 대상으로 선진 모범사례를 중심으로 한 예방 교육을 시행하고, 체험중심의 어린이 교통안전 교육과 민간기업(벤츠)과의 협업으로 전문교육을 시

LED 바닥 신호등

행해서 정책의 효과를 높였다. 이 사업으로 등하교시간에 차량 속도 감소와

1) 비콘(Beacon) : 위치 정보를 전달하기 위해 어떤 신호를 주기적으로 전송하는 기기. 블루투스 4.0(BLE) 프로토콜 기반의 근거리 무선통신 장치.

진입 차량 감소 효과가 일어나서 통학 안전성을 끌어올렸다.

‘도담도담 학교로 연구소’에는 총 1,346명이 참여한 리빙 랩을 통해 주민 참여형 도시문제 해결모델을 마련했다. 학교와 학부모, 구청, 경찰서, 민간 기업 간의 협업을 통해 문제발굴부터 해결책 제시까지 실효성 있는 도시문제 해결모델을 구축했다. 또한 SNS를 활용한 자발적 주민참여 기반을 구축하여 사후 관리체계를 확립할 수 있었다.

스마트 기술을 활용한 교통사고 Zero 사업의 추진으로 통학로 빅데이터 분석을 통해 위험요소의 도출과 원인에 대한 진단, IoT기반의 다양한 교통안전 시설물을 설치해서 4차 산업혁명에 대응했다.

그리고 시설물을 구축하는 것에 그치지 않고 어린이와 학부모가 직접 참여하는 다양한 프로그램을 통해 교통안전에 대한 의식개선과 경각심을 고취했으며, 어린이가 흥미를 느낄 수 있는 콘텐츠를 제공해서 참여도를 높였다.

이창우 구청장은 “우리 구의 스마트 보행로 조성사업이 주민 의견을 반영한 민·관 협업으로 어린이 교통안전 문제를 해결하는데 우수한 성과를 내고, 지방자치 혁신대상에서 가치를 인정받게 되어 매우 기쁘다. 앞으로도 주민안전과 IT기술이 결합한 혁신적인 정책 마련에 최선을 다하겠다”라고 말했다.

IoT 기술을 활용한 도담도담 학교로(路)

전국 최초 생활 밀접 도시 데이터 실시간 서비스

바위가 많고 웅장한 산세를 이룬 관악산에서 관악구라는 구명을 따왔다. 조선의 이순신 장군, 고구려의 을지문덕 장군과 더불어 우리 민족을 지킨 3대 영웅인 고려의 명장 강감찬 장군의 고향인 낙성대가 있다. 백순대와 순대볶음이 유명한 신림동 순대타운은 1970년대에 생긴 이후로 지금까지도 사랑받고 있다.

관악구(구청장 박준희)는 전국 최초로 각 공공기관에서 개별적으로 관리되던 주민 생활·안전과 관련된 밀접 데이터 86종을 통합하여 주민이 원스톱으로 이용할 수 있는 실시간 도시 데이터 서비스 '스마트 관악'을 구축하여 구민 중심의 스마트 도시를 구현하였다.

PC와 인터넷, 모바일 기기 이용이 생활화되면서 사람들이 곳곳에 남긴 발자국(데이터)은 기하급수적으로 증가하는데, 이렇게 생산된 정보를 '빅데이터(Big Data)'라고 한다. 빅데이터는 주로 상업적 목적에 쓰이는데, 관악구는 이런 빅데이터를 생활과 밀접한 도시 데이터로 실시간 서비스를 하고 있다.

· 매년 반복되는 안전사고를 데이터로 예방할 수 없는가? · 어려운 데이터가 주민들에게 어떻게 다가갈 수 있을까? · 주민의 생활에 유익하려면 어떤 데이터가 필요할까? · 주민이 편해지는 기술 혹은 매체들은 어떤 게 있을까?	▶▶▶	**내 삶을 도와주는 체감 데이터** **실시간** **도시 데이터 서비스 모델** **개발**

4차 산업혁명과 한국판 뉴딜 등 코로나19로 인한 재난 상황에서 국가 미래 동력 사업의 이목이 데이터로 집약되고 있다. 이런 상황에서 관악구만의 데이터 생태계 조성이 필요해졌다. 곳곳에 산재한 데이터는 주민의 접근이 어렵고, 생활 속 체감도가 낮아 지금보다 더 편리하게 생활 밀접 데이터를 활용할 수 있는 서비스체계가 요구되었다.

부서 TF를 통한 직원과의 협업으로 특별한 예산을 들이지 않고 서비스 기획부터 기관과의 데이터연계, 웹 구현 방법론까지 자체개발 서비스를 완성했다. 행정적 절차를 없애고, 서비스 품질 중심의 효율적인 업무추진 사례를 제시했다.

공공기관마다 운영하는 관악구 관내의 모든 실시간 데이터를 통합하여 주민에게 원스톱으로 제공하는 자동 연계 체계를 완성했다. 서울시와 기상청, 행정안전부 등 공공기관별로 흩어져서 운영되던 건강과 안전에 관한 지역 데이터를 시스템으로 통합하여 자동연계되는 체계를 구축했다.

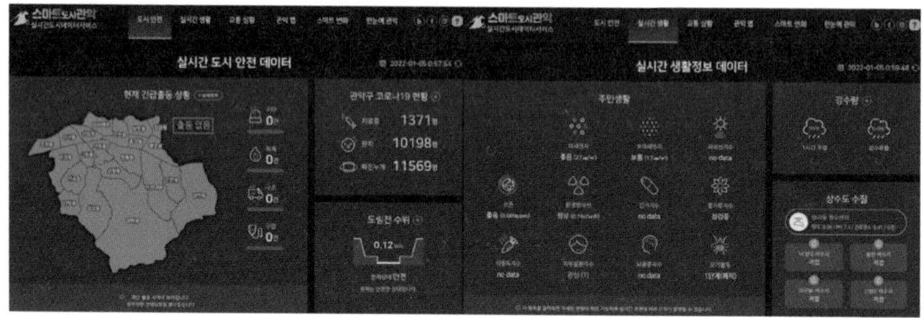

예를 들어, 코로나19 확진자 현황이나 뉴스로 알 수 있었던 관내 화재나 응급상황 등을 스마트 관악서비스를 통해 실시간으로 한눈에 파악할 수 있다. 또한, 폭우 시 도림천 수위나 강우량 등 실시간 데이터를 통해 재난 위험을 미리 파악하고, 수돗물의 수질 상태, 미세먼지 농도, 오존과 방사선 농도 등의 데이터를 실시간으로 제공하여 주민의 건강한 생활에 기여할 수 있다.

데이케어센터, 노인복지회관, 아동복지센터 등 관내 7개 분야 49종의 시설 위치 정보를 온라인 GIS지도에 담아 제공하며, 관내 복지시설부터 행사

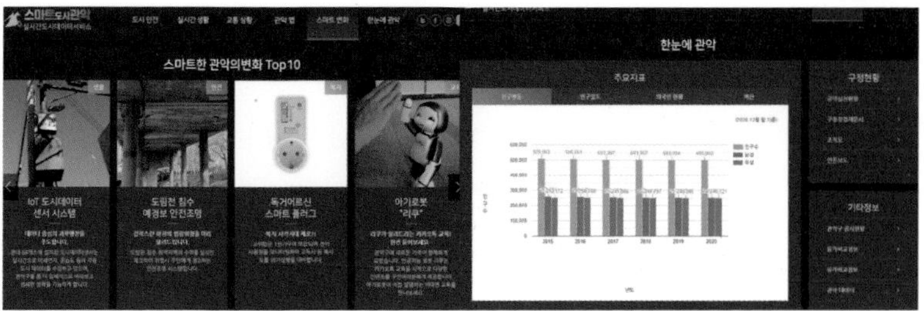

장까지 모든 시설정보를 원스톱으로 확인할 수 있다.

관악구의 스마트한 변화를 보여주는 창구로 그간 추진해 온 최신 스마트 사업 Top10을 선정하여 관악구가 어떻게 미래를 준비하고 도전하는지 확인할 수 있다. 인구변동 추이와 동별 인구밀도, 외국인 국적분포, 예산 등 관악구의 현황 데이터를 주민들이 쉽게 알아볼 수 있도록 그래프로 시각화했다.

안전, 건강 등 주민 체감도가 높은 각종 데이터를 발굴해서 제공하고, 더 많은 데이터로 성장하는 데이터 확장 플랫폼 역할을 제공하고 있다. 구민의 눈높이에서 체감할 수 있는 스마트데이터 서비스를 구현하고, 서비스 품질 중심의 효율적인 업무추진 사례를 제시했다. PC, 스마트폰 등 다양한 환경에서도 최적화된 서비스를 제공받을 수 있으며, 2020년 10월에는 '전자 민주주의를 구현'했다는 평가를 받아 '주민의 삶을 바꾸는 혁신 우수사례 경진대회'에서 대상을 수상했다.

박준희 관악구청장은 "모든 구민이 관악구 전역에 확충된 스마트 도시 인프라를 기반으로 한 맞춤형 스마트 도시 서비스를 제공받도록 할 것이며, 구민이 원하는 데이터를 언제 어디서나 쉽게 접근하여 활용할 수 있는 열린 도시를 만들어나갈 계획"이라고 말했다.

주민자치의 결정판 '진구네 곳간' 운영

'진구네 곳간'은 일종의 푸드마켓이다. 당장 음식을 살 수 없을 정도로 극심한 생계난을 겪고 있는 이웃에게 식료품을 지원하는 곳이다. 기존 푸드마켓은 긴급지원대상이나 기초생활 수급 탈락자, 차상위계층 등으로 이용대상이 한정되어 있었다. 그러나 '진구네 곳간'은 경제적으로 어려움을 겪고 있는 부산진구 시민 누구나 이용할 수 있다.

부산시 최초로 '진구네 곳간'은 자신의 가난을 증명하지 않아도 된다. 행정 절차를 기다리며 시간을 허비하지 않아도 된다. 이용신청서와 개인정보 활용동의서만 내면 누구든 식료품을 가져갈 수 있다. 대신 2회차부터는 반드시 사회복지사와 상담을 해야 한다.

부산진구(구청장 서은숙)는 2021년 4월부터 코로나19 위기상황이 종료될 때까지 경제적 도움이 필요한 부산진구 시민을 상대로 즉석밥과 국, 라면, 통조림, 칫솔, 치약, 비누 등의 생필품을 지원하고 있다. 2인 가구 이하에게는 1만 원 상당(시중가 15,000원~18,000원)을 지원하고, 3인 가구 이상에게는 2만 원 상당(시중가 30,000원~35,000원)을 지원한다. 그리고 2회 이상 이용자들에 대한 복지상담을 통해 통합 돌봄서비스나 복지 사각지대에 있는 대상자를 발굴하고, 공적 지원과 민간지원을 연계해서 자립을 지원하고 있다.

2021년 4월, 양정동과 가야1동, 개금1동 주민센터 내에 3개소, 5월에는 부전1동과 연지동, 당감1동 주민센터 내에 3개소, 7월에는 초읍동과 양정1동, 전포1동, 전포2동, 범천2동 주민센터 내에 5개소, 8월에는 부암3동 주민센터 내에 1개소, 10월에는 부암1동과 당감2동, 가야2동, 개금2동, 개금3동 주민센터 내에 6개소 등 모두 18곳으로 '진구네 곳간'을 늘렸다.

2021년 9월 30일 기준으로 '진구네 곳간'을 2,386명의 이용자가 2,797회 이용했다. 복지 사각지대를 발굴한 사례도 수급자 지정 12건, 한시 생계지원 165건, 민간자원 연계 330건 등 총 507건에 이른다.

진구네 곳간 매장

알토란 같은 활약을 해내고 있는 이곳에 부산진구가 투입한 예산은 '0원'이다. 오로지 민간 기탁 등 지역사회의 후원만으로 운영되고 있다. 지역 전통시장인 개금골목시장 상인회가 저렴하게 반찬을 제공했고, 개인이 명절에 받은 선물세트를 이곳에 기부하기도 했다. 가야동의 한 어린이집은 매주 목요일을 '진구네 곳간' 후원의 날로 지정해 각 가정에서 여분의 물품을 가져와 기부하기도 했다. 전포2동 청년회에서도 각 가정 내 여분의 생필품을 기부했다. 수정산 투자㈜에서는 현금 1천만 원, 이마트 트레이더스 서면점에서는 600만 원 상당의 물품을 지원하는 등 지역 소재 기업체의 후원도 잇따랐다.

2021년 9월 9일 기준 기부 및 후원금은 120,827,000원에 이르렀다. 2회 이상 이용자 348명을 대상으로 한 만족도 조사에서는 98.7%가 '매우 만족한다'고 응답했다.

각 동의 지역사회보장협의체 위원들과 자원봉사자, 자활근로자, 희망 근로 지원사업 참여자 등이 '진구네 곳간' 운영에 참여하고 있다. 지역 내의 문제를 지역 내에서 해결하는 지역공동체 형성에 기여하고, 기부문화를 활성화해 나눔 문화를 확산시키고 있다.

부산진구는 동, 지역사회보장협의체 등 지역주민의 참여 확대를 유도하고, 2022년에는 보다 편하게 상시 이용이 가능하도록 무인 자판기를 설치할 예정이다.

'진구네 곳간' 1차연도에는 코로나19로 인한 위기로 모든 가정이 이용이 가능하도록 설치와 운영에 중점을 두었다면, 2차연도에는 복지 사각지대 발굴에 중점을 두기로 했다. 또한, 나눔 리더 협약을 통해 '진구네 곳간' 사업의 안정화를 꾀하기로 했다.

서은숙 구청장은 2021년 7월 5일, 다섯 곳의 '진구네 곳간' 추가 개소식에서 "진구네 곳간이 복지 사각지대를 해소하고, 지역사회와 주민들이 함께 복지공동체를 구성하는 구심점 역할을 하는 공간이 되길 바란다"라고 말했다.

해운대 장산 – 전국 최초 구립공원 지정

부산시 해운대구의 최대 명소는 여름철 국내 최대 피서 인파가 몰리고, 부산영화제의 중심이자, 평상시에도 많은 관광객이 찾는 해운대해수욕장일 것이다. 그런데 해운대해수욕장과 더불어 해운대의 명소가 탄생했다.

장산 정상에 있는 표지석

장산(萇山)은 해발고도 634m로 옛날 장산국이 있던 곳이라 하여 붙여진 이름이라고 한다. 부산에서는 금정산(800m), 백양산(641m)에 이어 세 번째로 높은 산이다.『신증동국여지승람(新增東國輿地勝覽)』에 의하면 '장산은 대마도(對馬島)를 바라보기에 가장 가깝다.'라고 기록되어 있듯이, 맑은 날이면 남서쪽 약 50㎞ 지점 해상에 있는 대마도(對馬島)를 뚜렷하게 볼 수 있다.

장산은 한국전쟁 이후 군대가 주둔해서 70년 동안 많은 곳이 폐쇄되어 있었다. '장산의 정상을 시민의 품으로 돌려달라'는 시민운동이 일어나서 국방부와 국군 통신부대 등 군 당국과의 협의를 거쳐 2021년 12월, 군사 보안 사항 이행 완료를 조건으로 산 정상을 개방하기로 협의를 완료했다.

해운대구(구청장 홍순헌)는 장산의 우수한 자연환경과 생태, 경관자원의 효율적 보전과 자연 자원의 체계적인 관리로 기후 위기에 적극적으로 대응하고 있다. 백년대계 장산을 보존하기 위해 개발행위 등에 대한 협의의 권한을 구(區)가 가짐으로써 자치 관리 기반을 구축하기 위해 2021년 9월 15일, 자연공원법 제4조(자연공원의 지정 등)에 따라서 부산광역시 해운대구 반여동 산4-20번지 일원의 16.342㎢를 '장산 구립공원'으로 지정했다.

장산 구립공원 지정을 위해 해운대구는 2018년 8월, 장산·춘천 생태계 복원사업과 환경 정비 확대계획을 수립했다. 2019년 5월에는 백년대계 장산의 제모습찾기 사업 기본 계획을 위한 용역을 발주하고, 2019년 9월 백년대계 장산 아이디어 공모 및 장산 제모습찾기 심포지엄을 개최했다.

2019년 11월, '해운대구 구립공원 위원회 구성 및 운영 조례'를 제정하고, 2020년 2월에는 장산 구립공원 계획수립을 위해 환경 영향 평가를 위한 용역을 발주했다. 그리고 5월부터 관계기관의 협의 및 장산마을을 포함한 여러 동의 주민과 산림청(중산위), 국토부(중도위), 부산시, 환경부, 국방부 등의 의견을 청취했다. 마침내 2021년 9월 9일, 해운대구 구립공원 위원회의 심의를 통과해서 9월 15일에 전국 최초로 반송지구, 신곡산지구, 장산지구를 아우르는 '장산 구립공원'으로 지정했다.

'도시공원일몰제'의 대안으로 재원조달 걱정 없이 공원이나 산림의 기능을 유지하는 자연공원으로 지정했다. 지방자치단체 주도의 공원이나 산림관리를 통해 지방분권 시대에 부응하면서 장산 구립공원을 자치적으로 관리할 수 있게 되었다. 시민의 녹색권과 건강향유권 증진에 기여하고, 삶의 질을 향상하고, 기후 위기에 대응하며, 팬더믹 시대에 도시의 회복력 강화를 기대할 수 있게 되었다.

도심형 자연공원의 특성을 살려 주민에게 산림복지서비스를 제공하고, 숲해설사와 자연환경해설사의 양성과 채용을 통해 일자리 창출에도 기여하고 있다. 또한 시민 주도의 산림 내 자연환경과 문화자산을 보전하는 패러다임으로 전환하여 산림의 공개념 도입과 공익적 활용을 위한 공유화 운동의 추진 동력이 될 거라고 본다.

장산 공유화 운동의 추진을 통해 제1호로 고(故) 이건희 삼성전자 회장 유족의 기부채납으로 우동 산2번지 38,415㎡가 시민의 품으로 돌아오게 되었다. 이로써 구민이 향유할 수 있는 공원 면적이 2.9㎢에서 19.246㎢로 대폭 증가했다.

홍순헌 구청장은 장산의 정상 개방을 축하하며 "장산의 정기를 많은 시

장산 일대 장산 구립공원 구역 지도

민들이 받아서 새로운 부산, 새로운 해운대를 만들어 가자"라면서 "임인년을 기념해 호랑이의 지혜를 받아서 해운대를 사람 중심, 미래 도시로 만들어 가겠다"라고 말했다.

삶의 가치를 더하는 결혼 친화 도시, 달서

달서구(구청장 이태훈)는 대구 도심부의 남서쪽 관문으로 구의 북동쪽에 두류공원(頭流公園)이 있다. 중부내륙고속도로 지선이 구의 중심부를 통과하기 때문에 교통이 편리하고, 전통적으로 상공업이 발달한 대구의 다른 구와는 달리 공업과 농업이 고루 발달했다.

2020년, 달서구 인구는 56만6천여 명으로 5년간 4만여 명이 감소했다. 그래서 달서구는 초저출산이라는 심각한 사회문제 해결을 위해 젊은 세대가 결혼을 포기하지 않도록 결혼하기 좋은 도시를 만들 계획을 세웠다. 2016년 7월, 전국 처음으로 '결혼장려팀'을 신설해서 미혼남녀를 이어주는 프로그램과 결혼의 필요성을 알리는 강의 등 다양한 사업을 진행해왔다.

두근두근 페스티벌

2016년부터 달서구는 결혼 두드림(Do Dream), 싱글(Single)벙글 달서의 썸 데이트, 온(溫)마을 결혼장려 기반조성, 건강한 결혼문화 정착 등 4개 분야에서 다양한 사업을 추진하고 있다.

결혼 두드림(Do Dream)은 달달한 결혼 이야기, 청년 희망 토크, 자녀 결혼 탐구생활 등의 프로그램을 통해 결혼에 대한 인식을 개선하고, 주민들과 함께하는 공감 한마당인 '두근두근 페스티벌(결혼축제)'을 개최하는 사업을 했다.

'싱글(Single)벙글 달서의 썸 데이트'는 결혼원정대 운영과 이색적이고 다양한 만남의 장을 마련하고, 결혼적령기 자녀를 둔 부모님의 '내 자녀 천생연분 찾는 데이(day)' 등 만남의 기회를 제공하는 사업이다.

2020년 6월 11일, 커플매니저 교육생

온(溫) 마을 결혼장려 기반조성 사업을 통해 '달서 웨딩북'을 제작, 배포하고, 커플매니저와 웨딩플래너 양성과정을 개설하고 공공장소를 예식장으로 개방했다.

달서구는 2016년 7월 13일, 전국 최초로 '결혼장려팀'을 신설해서 같은 해 12월 1일에 '대구광역시 달서구 결혼장려지원에 관한 조례'를 전국 최초로 제정했다. 그리고 12월 9일에 결혼장려추진협의회를 구성했다.

2017년 3월 30일, 월광수변공원과 배실웨딩공원 등을 결혼 친화적인 공원으로 조성해서 결혼식장으로 개방했다. 이렇게 관내 공공장소들을 예식장으로 개방한 곳이 3곳에서 11개소로 확대되었다. 아울러 달서구는 25개 공공기관과 민간기관, 여러 단체와의 결혼장려사업 업무협약(MOU)을 체결했다.

2018년 7월에는 결혼 친화 캐릭터 '달이&서리'를 선정하고, 9월 6일에 '월광수변공원'을 결혼 특구로 선포했다. 2019년 9월 8일에는 결혼 특구 선포 1주년 기념으로 '2019 두근두근 페스티벌'을 열었고, 2020년에는 서한문 발송, 법 조항 신설을 요구하는 등 결혼장려정책의 전국적인 전파를 위해 노력했다. 2021년 5월 21일에는 행복 CAR(웨딩카)를 설치하고, 2021년 7월에는 '결혼장려의 달'을 지정했다.

특히 결혼장려팀이 2016년 12월, 청춘남녀의 만남 행사를 처음으로 열었는데, 40명이 참여해서 7쌍의 커플이 탄생했다. 이후 40회의 행사를 열었는데, 770명이 참여해서 118쌍의 커플이 탄생했다. 이 중에 12쌍이 결혼에 이를 정도로 성과가 좋아서 회가 거듭할수록 행사에 대한 문의가 늘고 있다.

월광수변공원에서 예비커플이 웨딩촬영하는 모습

달서구는 홍보 캠페인을 통해 '결혼장려 범시민 운동'을 전개했다. 청년과 부모세대를 아우르는 소통의 장을 마련하고, '위드 코로나19' 시대에 걸맞은 뜻깊고 작은 결혼식 문화를 확산하는 데 앞장섰다. 이런 사업들을 통해 초저출산 문제에 선제적으로 대응하고, 긍정적인 결혼관의 확산과 합리적 결혼문화를 정착하기 위해 계속 노력하고 있다.

결혼을 희망하는 청년들이 행복한 가정을 꾸릴 수 있도록 관련 부서와 민간기관 간의 네트워크를 구축해서 다양한 결혼장려 정책을 지속해서 발굴해 나갈 예정이다.

이태훈 구청장은 "결혼은 인구감소 문제를 해결할 수 있는 첫 단추이다. 우리 사회가 결혼의 필요성과 행복감을 확산시키는 데 달서구가 조금이나마 기여할 수 있도록 하겠다"라고 말했다.

아동이 주인공인 필이 통하는(Feel 通) 행정 추진

인천광역시 동구(구청장 허인환)는 구한말 외세에 처음으로 문호를 개방해 근대문물을 받아들인 근대화의 역사적 현장이었다. 1866년, 고종의 천주교 탄압에 대한 보복으로 프랑스의 로즈 해군 제독의 함대가 강화성을 공격하기 위해 현재 작약도라고 불리는 물치도에 잠시 정박한 적이 있었다.

인천 동구는 2018년 8월 8일, '아동 친화 도시'로 인증받은 이후 신규사업을 발굴해서 추진하고 있다. 아동이 지역사회에 의견을 말할 수 있는 창구를 마련하고, 아동이 능동적으로 참여할 수 있는 사업을 적극적으로 추진하고 있다. 이를 위해 전국 최초로 아동의 생각대로, 아동의 손으로 만들어진 아동 전용 우체통 '파랑새 우체통'을 제작해서 운영하고 있다.

2019년 5월 화도진 축제와 어린이 축제 기간에 아동들을 대상으로 우체통디자인에 대한 선호도를 조사했다. 2019년 7월, 적절한 설치 장소에 대해 조사하고, 학교나 도로점용을 위해 해당 부서와 협의했다. 2019년 7월과 8월에 파랑새 우체통 만들기를 위한 아동들을 모집했고, 2019년 9월 16일, 파랑새 우체통 초안 그리기 구상 교실을 운영했다. 2019년 10월에는 파랑새 우체통 제막식을, 11월에는 파랑새 우체통 표지판과 종이모형, 전단지, 편지지를 제작했다. 이런 과정을 통해 만들어진 파랑새 우체통을 관내의 송현초등학교, 서흥초등학교, 동산중고등학교 정문 앞에 설치했다.

전국 최초로 아동과 교사, 세이브더칠드런의 협력으로 QR코드를 활용(대면, 비대면 동시 활용)한 아동권리에 대한 워크북과 영상을 개발했다. 2020년 9월에서 12월까지 유엔아동권리협약의 주요 내용과 워크북과 게임 및 활동지 사용법에 대한 교육을 실시했다. 아동권리 워크북을 받아 교재에 있는 QR코드에 접속하면 '찾아가는 아동권리 교육'에 대한 비대면 수업 교재로 사용할 수 있다.

전국 최초로 어린이의 인형 선호도를 반영해 AI로봇을 이용한 지역 돌봄 시스템 구축사업을 추진했다. 2021년 5월부터 12월까지 5세에서 9세의 기초생활 수급가정과 한부모 가정 등 취약계층의 아동과 아동 관련 기관(유치원과 어린이집)에 보호자용앱과 말동무나 교육용으로 이용할 수 있는 애착 인형, 관제 시스템을 구축했다.

어린이 맞춤형 콘텐츠를 탑재한 AI로봇을 취학계층 어린이를 대상으로 배부해서 개인 돌봄용으로 사용하거나, 유치원과 어린이집 같은 아동 관련 기관에서 아동 돌봄을 돕는 데 이용하도록 했다. 이 로봇을 이용해 동화, 동요, 퀴즈 등 다양한 교육과 능동대화, 아바타 톡, 일정 관리 등의 돌봄서비스와 비상 톡, 실시간 모니터링 같은 안전에 관한 서비스 등 통합적인 서비스를 제공하게 되었다.

주민과 공무원, 아동으로 구성된 지역 주도형 모임인 '스스로 해결단'을 만들었으며, 위급상황 시 소방서, 경찰서, 아동학대 조사기관 등과 연계하고, 동구에 아동 친화 도시 조성위원회를 설립하고, 옴부즈퍼슨[1] 등을 통한 자문을 실시했다.

아동의 참여를 인정받은 사업성과에 따라 2019년엔 제9회 어린이안전대상에서 행정안전부 장관상을 받았고, 2020년, 아동 친화적 환경을 조성한 우수 지자체로 선정되어 보건복지부 장관상을 받았으며, 지역사회 놀이혁신 활성화 유공 장관 표창에서 보건복지부 장관상을 수상했다. 그리고 2020년, 놀이혁신 선도지역 공모와 2021년, 인천광역시의 시민참여 인천 스마트 도시 리빙 랩 사업 공모에서 '슬기로운 어린이 생활 플랫폼 설계'와 2021년 시민 체감형 스마트 도시 시범사업 공모에서 'AI로봇을 통한 어린이 지역 돌봄 시스템 구축' 등 아동을 위한, 아동과 함께하는 동구형 공모사업에 선정되었다.

신정희 동상 옆 데크 계단에 가로등을 증설하고 주변에 안전시설을 보보

1) 옴부즈퍼슨(ombudsperson) : 고충 처리 담당원.

찾아가는 아동권리 교육 영상 시연회

완했으며 어린이공원 조성과 QR코드를 활용한 아동권리 워크북, AI인형의 유형 결정 등 30건에 이르는 아동들이 제안한 사업을 구정에 적극 반영했다.

2021년 10월과 11월에 걸쳐 동구형 아동권리에 대한 동화와 로고 송을 만들어 동화구연을 녹음하고, AI로봇 시제품 운영과 사용자 교육, 자문회의 등을 거쳐 AI로봇 200대를 취약 아동과 어린이집, 유치원에 배포하고 성과 보고회를 개최했다.

2021년 8월, 경인일보의 기고를 통해 허인환 구청장은 "동구는 인천에서 가장 작은 도시다. 하지만 작은 힘으로 무거운 물체를 들어 올리는 지렛대처럼 '아동 친화 도시' 동구가 도시와 국경을 넘어 모든 나라의 아이들이 살기 좋은 세상을 만들기 위해 오늘도 작지만 큰 변화를 만들어 가고 있다"라는 포부를 밝혔다.

스마트 기술과 혁신으로 주차난 해결

'미추홀'은 백제의 시조인 비류와 온조 형제가 고구려로부터 남하해서 형인 비류가 도읍을 정한 지역이라고 한다. 그때의 미추홀 지역은 현재 미추홀구 문학동에 있는 문학산성 주변으로 예상된다. 삼국사기에 의하면 비류가 '미추홀(彌鄒忽)의 땅이 습하고 물이 짜서 편안히 살 수 없어서 위례로 돌아왔다'라고 기록되어 있다. 조선 시대에는 인천도호부의 관아 소재지로 인천의 중심지였지만, 개항 이후 제물포로 중심이 옮겨졌다.

다른 도시도 비슷하겠지만 미추홀구(구청장 김정식)는 고질적인 구도심 주차문제로 골머리를 앓고 있었다. 차량등록 대수가 168,273대인 것에 비해 주차 면수는 140,911면에 불과해서 16%가 넘는 차량이 주차할 곳을 찾지 못해 이면도로에 방치되는 상황이었다. 하지만 주차장 신설을 위해 수백억대의 예산을 투입하거나 부지확보에 한계가 있었다.

전체 주차장 중 부설주차장 비율이 88.1%인 미추홀구의 현황으로 보아 기존의 부설주차장을 최대한 효율적으로 활용하고, 혁신적인 활용방안을 강구할 필요가 있었다. 이에 미추홀구는 주민숙원사업 1위인 주차난을 해결하고자 스마트 기술을 활용한 혁신 사업을 시작했다.

먼저 각기 다른 시스템으로 구축된 무인 주차장을 통합기술을 통해 기존 주차장의 소프트웨어적 호환성을 확보했다. 미추홀구에서 자체 개발한 한 곳에서 통합관제할 수 있는 혁신적인 기술은 특별한 장비 교체나 관리인력 비용이 필요 없었다. 경제적이며, 불필요한 장비를 최소화함으로써 공간활용도가 높아지는 등 예산 절감효과를 가져올 수 있는 방법이었다.

낮에는 비어있는 빌라나 아파트의 주차장을 개방하고, 밤에는 교회나 관공서 주차장 등 유휴 주차공간을 시간대별로 활용할 수 있는 공유시스템을 구축하기 위해 지역주민과 미추홀구청, 인하대학교가 협업해서 시스템 구축 리빙 랩을 운영했다. 신뢰를 바탕으로 블록체인 기반의 시스템을 개발해서 소유주의 동의와 수익 배분을 쉽게 하여 공유 주차시스템이 성공적으로 정착할 수 있는 기반을 조성했다. 이 사업은 행정안전부의 과학기술 활용 주민 공감 지역 문제 해소사업 공모에 선정되기도 했다.

2019년 10월, 미추홀구 시설관리공단 3층에 구 내의 무인 주차장 7개소를 기존 장비를 사용해서 통합관제할 수 있는 센터를 만들어 서버 구입예산을 줄이고, 녹화영상을 실시간으로 볼 수 있도록 설계하였다.

2019년 11월, 용현 제2 노외주차장 등 7개소에 차단기와 LPR(차량번호 인식기), 사전 문인요금정산기, CCTV를 설치하고, 공영주차장 무인 자동화 IoT센서를 장착해서 시범운영을 시작했다.

특히 번호판의 재질이나 패턴에 영향을 받지 않고 차량 번호판을 식별할 수 있고, 주차장 진입로에 설치된 IP카메라는 충격 감지에 대한 정보 전송이 가능해서 사고가 발생했을 때 과실 유무 파악이 용이해졌다. 그리고 차량번호 인식기를 활용한 주차관리시스템을 자체 개발해서 특허(특허 제10-2063415호)까지 받았다.

숭의2동 제7노외공영주차장

2019년 10월부터 2020년 12월까지, 미추홀구청과 용현1동, 4동, 주안6동의 주민공동체, 인하대학교와 협업해서 블록체인을 활용한 부설주차장 스마트 공유시스템을 구축하는 리빙 랩을 실시했다. 이를 통해 낮에는 주택가, 밤에는 교회나 공공기관 등 비어있는 부설주차장을 공유하여 주차장 이용률을 극대화할 수 있게 되었다. 또한, 주민들의 의견 수렴, 수익과 비용의 투명한 공개를 통해 운영에 대한 투명성과 신뢰를 확보할 수 있는 블록체인 기반의 주차장 공유 어플리케이션을 개발했다. 차량과 번호판 식별이 가능한 CCTV를 설치해서 비디오매니징으로 전환하고, CCTV에서 수집된 데이터를 주차장 운영 플랫폼으로 전달할 수 있게 되었다.

이 사업은 2019년과 2020년, 거버넌스 지방정치대상에서 최우수상과 우수상을 수상하는 등 좋은 평가를 받았다. 또한, 미추홀구에서 자체 개발한 주차시스템 방식을 표준화하여 전국 지자체로 확대했고, 시스템 특허권의 통상실시권 판매 수익은 구의 세입증대에 도움을 주었다.

2020년 6월, 김정식 구청장은 "공영주차장 무인자동화장비뿐만 아니라 각각 분리된 관제센터를 스마트시티 통합관제센터로 통합, 구축해서 주민의 편의를 높이겠다"라고 말했다. 그리고 "진정한 자치분권은 결국 주민 편의를 위한 잘못된 관행을 타파하고 새로운 것을 과감하게 도입하는 것에서 시작한다"라며 "앞으로도 새로운 거버넌스 확립을 위해 최선을 다하겠다"라고 소감을 밝혔다.

전국 최초, '서구형 AI통합돌봄' 모델의 전국화를 선도하다![1]

살던 곳에서 편안한 노후(Aging in Place)

광주의 중심에 위치한 서구(구청장 서대석)는 금당산과 개금산, 송학산이 병풍처럼 둘러싸고 있다. 자연과 도시가 조화를 이루고, 신도심과 구도심, 농촌이 혼재되어 있어 어느 지역보다 주민들의 행정수요가 다양한 지역이다.

서구는 '팬데믹으로 돌봄에 공백의 우려가 있지만, 그럼에도 돌봄은 멈춰서는 안 된다'라는 취지로 포스트 코로나 시대를 대비한 공공과 민간의 협력으로 인공지능(AI)과 사물인터넷(IoT) 보이스봇을 도입해서 서구형 비대면 통합돌봄체계를 구축했다.

통합돌봄의 제도적 기반을 마련하기 위해 통합돌봄 조례를 제정하고, 조직개편과 보건소, 의료시설, 대학 등 62개 민간기관과 협약을 체결했다. 민관 협업체계를 구축하고, 전국에서 유일하게 국 단위 조직을 만들었다.

융합형 통합돌봄 사업으로 75세 이상 노인들에 대한 의무방문 제도와 '24시 안심콜' 등을 운영하고 있다. 이 사업으로 보건복지부 선도사업 자치구, 행정안전부 주민자치 공공서비스 구축사업에 선정되었다.

서구는 AI통합돌봄 시스템 구축을 위해 자체적인 앱 개발과 AI스피커, 홈IoT센서를 설치하고, AI스피커와 IoT센서를 연동해서 365일 'AI스피커-경비업체-119 출동' 등 긴급상황에 신속하게 대처할 수 있도록 했다.

1) 대한민국 좋은 정책대상 대상 선정

Step1 통합돌봄을 '시작' 하다 : 통합돌봄 제도적 기반 마련

서구는 의료와 주거의 맞춤 돌봄 일원화를 위한 국 조직을 구성했다. 전국 최초로 75세 이상 노인들에 대한 의무방문 등 통합돌봄 조례를 제정해서 조직과 서비스 제공체계를 개편하고, 이상적인 통합돌봄 운영모델의 제도적 기반을 마련했다.

의사와 약사, 물리치료사, LH공사, KT, 빛고을 택시, 사회적 경제 기업 등 여러 직종의 62개 민간기관과 협약을 체결해서 융합서비스 제공체계를 구축했다. KT와 한국전자통신연구원의 협약을 통해 AI기술과 IoT기술을 기반으로 한 사업 추진의 동력을 확보해서 동별로 매일, 권역별로 주 1회, 구 단위로 월 1회의 '지역케어회의'를 실시하였다.

제2기 서구 통합돌봄 형의체 회의 2022.2.24

Step 2 통합돌봄을 '선도' 하다 : 융합형 통합돌봄 사업 추진

서구는 28개소의 통합돌봄 창구를 운영해서 2020년에 1,377명의 대상자를 선정하고, 28,196건의 방문상담을 진행했다. 서구에 거주하는 75세 이상 노인과 장애인, 지체 장애인이나 뇌병변 장애인, 중증장애인과 정신질환자 등에 대한 의무방문제도를 시행하고 통합돌봄 창구를 운영해서 예방적, 선제적 돌봄을 지원했다.

2021년 6월엔 다양한 직종의 민간분야와 협력해서 1,287명을 대상으로 주거와 의료, 요양, 일상생활 지원 등 보건과 복지가 융합된 31종의 통합돌봄 서비스를 제공하고 있다. 자원봉사자들의 봉사로 병원 동행, 형광등 교체, 가전제품 수리 등 일상생활을 지원하기 위해 보건복지 원스톱 상담센터에서 '24시 안심콜'을 운영하고 있다.

돌봄서비스는 일자리 창출에도 기여하고 있다. 가족의 돌봄 부담을 완화하기 위해 17명의 기간제 인력을 채용했으며, 19개소의 민간기관과 단체에 268명의 일자리를 제공했다.

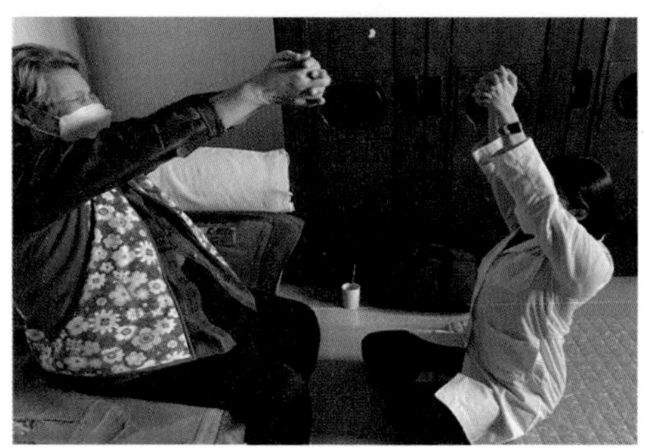

집중형 선강지원 서비스

Step 3 통합돌봄을 '혁신' 하다 : AI통합돌봄 시스템 구축

서구는 2020년 10월에 부서별 돌봄서비스 시스템을 연동해서 전국 최초로 'AI지능형 통합돌봄 플랫폼'을 구축했다. 플랫폼을 통해 통합된 데이터를 사용해서 대상자 중심으로 돌봄서비스에 대한 전반적인 모니터링을 하고 있다. 또한, 민간 연구원과 협력해서 인공지능 컨택센터(AICC) 기술과 솔루션 도입을 추진 중이다.

대상자의 상담 답변을 문서화 한 데이터를 토대로 돌봄 욕구와 노쇠도에 대한 평가와 상담을 통한 평가 결과에 따라 대상자에게 맞는 돌봄서비스를 제공하는 AI복지사 통합돌봄 사업을 전국 최초로 시행했다. 보이스봇(AI복지사)이 주기적으로 전화를 걸어 건강상태를 점검하고 안부를 확인하고 있다. 아울러 전국 최초로 LTE를 기반으로 한 AI스피커를 도입해서 정전 상황에서도 긴급출동 서비스가 가능하도록 했다.

2021년 9월부터 AI스피커, 게이트웨이, 모션센서, 응급호출기, 화재 센서 등 ICT(정보통신기술)를 활용해 취약계층의 고독사를 예방하는 돌봄서비스도 운영하고 있다. 또한, 데이터 수집 및 응급상황 시 출동하는 '스마트 주거 돌봄 사업 시범서비스'를 시범 운영했다. 그리고 쌍촌 주공아파트 100세대와 농성동 빛여울채 아파트 100세대에 홈 IoT센서를 설치해서 생활환경에 대한 데이터 수집과 응급상황 시 신속하게 출동할 수 있도록 했다.

서구는 포스트 코로나 시대에 'AI통합돌봄 시스템' 상용화를 통해 디지털 복지 실현을 위한 대상자 중심의 통합돌봄 서비스를 제공하고 있다. 지역의 특성과 자원을 반영한 지역사회 통합돌봄 서구형 모델의 전국화를 추진하고, 공급자 중심의 분절적, 단편적 제공이 아닌 사람 중심의 통합적, 지속적인 서비스를 제공할 계획이다.

서대석 구청장은 "지난해 통합돌봄 조례를 제정하여 75세 이상 어르신들을 정기적으로 방문하고 필요한 돌봄서비스를 적기에 지원하고자 노력하고 있다"라면서, "앞으로도 빠짐없는 방문과 적극적인 돌봄으로 고독사 없는 서구가 되도록 최선을 다하겠다"라고 말했다.

선주민과 이주민의 상생을 위한 월곡 고려인문화관 '결'[1)]

일제 강점기에 일본의 폭정을 피해 많은 이들이 만주와 연해주로 떠났다. 만주로 간 사람들을 '조선족'이라 하고, 연해주로 간 사람들을 '고려인'이라고 불렸다. 1937년, 스탈린의 소수민족 강제이주 정책으로 고려인들은 갑자기 낯설고 척박한 땅인 중앙아시아 곳곳에 버려졌다. 1991년, 소련이 붕괴하고 중앙아시아가 러시아연방독립국가로 분리되면서 배타적 민족주의 운동이 일어났다. 이 때문에 또다시 삶의 터전에서 내몰린 고려인의 일부가 광산구 월곡동에 모여 살게 되면서 '고려인 마을'이 생기게 되었다.

광산구(구청장 김삼호)는 광주시의 산업단지 절반 이상이 자리 잡고 있어 외국인 근로자나 외국인 주민 수가 10년 동안 3.3배 증가했다. 고려인 3세, 4세 교포들인 고려인들이 2000년대 초반부터 월곡동 일대에 정착하면서 '고려인 마을'이 알려지기 시작해 최근엔 6,000여 명이 거주하고 있다. 그러나 선주민과 이주민 간의 소통 부족으로 오해와 불만이 일어났고, 외국인 거주지역이라는 이유로 구도심에 슬럼화 이미지가 형성되었다. 광산구는 이런 문제들을 해결해서 지역 이미지를 개선하고, 선주민과 이주민 간에 상생할 수 있는 근본적인 접근이 필요해졌다.

2019년 6월, 마을의 선주민과 이주민, 마을재생전문가들이 모여 간담회를 열었다. 이 간담회에서 고려인의 역사와 문화를 공감하기 위한 선주민과 이주민 간에 소통과 교류의 인프라가 필요하다는 의견들이 나왔고, 사업 추진에 대한 공감대가 형성되었다.

우선 외국인 주민들의 집중거주지역에 기초인프라를 조성하기 위해 고려인 복합 아카이브 센터 '고려인문화관'을 만들기로 했다. 지역주민의 주도

1) 대한민국 좋은 정책대상 최우수상 선정

적 참여와 협력 강화를 위해 고려인 마을, 외국인 주민, 도시재생 주민협의체, 마을조직, 행정기관 관계자 등 16명으로 주민협의체를 구성했다. 주민의견을 반영하기 위해 선주민과 이주민, 민간단체,광산구 행정이 공동 협력하는 추진체계를 갖췄다.

월곡 고려인문화관 '결'

2019년 11월, 5박 7일 일정으로 7명의 광산구 공직자와 마을주민이 우즈베키스탄과 카자흐스탄에 방문하여 고려인의 역사와 문화적 현장들을 직접 경험했다. 이런 과정들을 통해 고려인에 대한 이해와 역사와 문화 발굴을 위한 교류 활성화의 필요성을 절감했다. 고려인 예술가들에게 강제이주 열차그림을 기증받아 문화관의 벽화 조성에 활용했다.

2019년 10월부터 2020년 12월까지 광산구 산정공원로50번길 29에 있는 '舊고려인 종합지원센터'에 주택 1동(2층, 대지 181㎡, 연 면적 199.17㎡)을 리모델링 해서 마을 공유카페와 고려인의 역사유물 전시 및 교육 공간을 위한 고려인문화관을 만들어서 마을주민 주도로 시설 운영계획을 세웠다. 고려인문화관의 명칭은 시민참여 네이밍 공모를 통해 '월곡 고려인문화관 결'로 결정했다.

2021년 5월 20일, 전국 최초로 주민참여형 '월곡 고려인문화관 결'을 개관했다. 이곳에는 고려인에 관한 역사와 유물을 전시하는 <숨결>, 선주민과 이주민의 소통을 위한 옥상정원, 주민 친화적 소통 공간인 <금결>, 무인카페 등을 조성했다.

<'연해주에서 월곡동'으로 다시 돌아온 한민족>이라는 주제로 국내와 우즈베키스탄, 카자흐스탄으로부터 축사가 이어졌고, 14개국과 거주 선주민, 이주민들의 '월곡 세계시민 연대선언'이 선포되었다. 선주민과 이주민이 함께 즐기는 '고려인 마을 탐구생활', 뮤지컬공연 '나는 고려인이다', 선주민과 이주민의 마을 장터, 마술쇼 등 다양한 공연과 행사로 개막식을 치렀다.

고려인문화관은 마을주민으로 구성된 마을해설사와 외국인 주민의 다국어 통역단의 활동으로 이국적인 역사와 관광 탐방지로 변화하고 있다. 이미 조성된 고려인 지원시설과 연계한 다양한 문화프로그램들을 개발해서 볼거리, 먹거리, 체험 거리 등의 관광 상품 판매와 국내 명소로 자리 잡으면서 관광객들의 유입으로 지역경제에 도움을 주고 있다.

또한, '월곡 고려인문화관 결'은 다시 돌아온 고려인, 이주민 같은 이방인이 아닌 항일민족운동의 역사를 같이한 한민족인 고려인에 대한 역사를 알 수 있는 희귀한 역사자료 12,000여 점을 소장하고 있다. 고려인 강제이주와 항일운동, 한국어 교육, 문화예술 등에 걸친 기록들을 집대성했다. 항일 민주열사 '홍범도 장군'의 유해가 귀환한 기념으로 2021년 8월에 특별전을 개최해서 장군의 사진과 육필원고들을 전시했다.

광산구는 고려인 마을 테마 관광을 활성화하기 위해 역사문화관을 고려인의 항일역사문화 탐방소이자 광주의 핫플레이스로 성장시킬 계획을 세우고 있다. 이를 위해 사람과 문화, 공동체 중심의 월곡동 도시재생 뉴딜 사업과 연계하여 어울림 문화플랫폼, 글로벌 테마 마을, 생활 및 보행환경 조성 등 인프라를 확대했다. 고려인 역사 관광 테마에 대한 공간 접근성을 높이기 위해 상징물을 건립하고, 이용자 편의를 위한 화장실, 주차장 등 마을 공유시설을 확장하고, 다국어 표지판, 마을 관광지도 등으로 관광객들의 편의성을 높였다. 향후 세계시민 역사와 마을 배움터를 운영하고, 고려인 마을 문화탐방을 위한 해설사를 양성하고, AI기반의 역사유물 사이버전시관을 구축해서 온·오프라인 접근성을 확대해 인문도시 마을 관광 콘텐츠로 개발할 계획이다.

김삼호 광산구청장은 "고려인 마을은 광산구를 넘어 다양한 문화가 공존하고 상생하는 대한민국의 명소가 될 것이다"라면서 "고려인을 비롯한 외국인 주민들이 윤택하고 안정적인 삶을 이어갈 수 있도록 국회와도 적극적으로 협력해 나가겠다"라고 밝혔다.

민·관·학이 함께하는 공영장례

대전광역시 서구에는 다양한 식물과 곤충들의 생태관이 있는 '한밭수목원'과 다양한 작품 관람뿐만 아니라 야경이 아름다워 출사지로 유명한 '대전시립미술관', 하늘까지 닿을듯한 메타세쿼이아 산책길로 유명한 '장태산자연휴양림'이 있다.

보건복지부 자료에 따르면, 2017년부터 2021년 상반기까지 혼자 생을 마감한 충청권의 무연고 사망자가 총 1,205명에 이르는 것으로 집계됐다.

취업난과 주거불안에 따른 비혼과 이혼 증가, 저출산, 고령화, 핵가족화, 가족 기능 약화 및 단절로 인해 무연고자의 고독사가 증가하고 있다. 이들은 장례절차 없이 안치실에서 바로 화장 처리되어 죽어서도 홀대받고 있는 현실이다.

그래서 서구(구청장 장종태)는 관내 사망자 중 연고자가 없거나 연고자를 알 수 없는 경우, 또는 연고자가 있어도 가족관계 단절 등으로 장례를 거부하거나 기피하는 경우의 고독사자를 대상으로 인간으로서 최소한의 존엄성을 누리며 생의 마지막을 보내기 위해 '고독사자 장례식'을 진행하고 있다.

공공과 여러 민간단체, 학교가 협력해서 장례절차 전반에 대해 지원하고 있다. 관내에 있는 건양대와 대청병원, 성심 장례식장이 참여해서 장례식장을 제공하고, 장례에 관한 기본 물품을 우선 설치했다. 대전보건대학교의 장례지도과 학생 3명이 서구청 직원과 함께 염습, 입관, 발인, 화장, 봉안 등 장례절차 전반을 진행하고, 서구청은 공영장례 지원을 위한 행정처리를 지원하고 있다. 2019년에 8건, 2020년에 14건, 2021년엔 3건의 공영장례를 지냈다.

지켜드림, 안아드림, 보내드림 공영장례 지원사업 업무협약식 2019.6.5

서구는 무연고자 공영장례를 통해 복지의 사각지대에 있는 무연고 사망자의 장례를 사회적인 문제로 인식했다. 그래서 사회적 약자의 공공서비스 사각지대를 해소하고, 공공과 민간, 학교의 협력으로 무연고 사망자의 체계적인 장례서비스를 제공해서 지역공동체 형성과 고독사자에 대한 사회적 관심을 높이는 데 일조하고 있다. 초고령 사회를 대비하고, 취약한 1인 가구에 대한 선제적 사후서비스의 제공으로 공공과 민간이 협력해서 사회안전망을 더욱 촘촘하게 강화할 것으로 기대하고 있다.

공영장례서비스는 2019년 10월 30일, '2019년 공공서비스혁신 우수사례 경진대회'에서 대상을 수상했다. 무연고자의 존엄성 회복에 크게 기여했으며, 무연고자들이 자신의 사후에 대한 두려움을 극복하고 삶에 대한 인식을 개선하는 계기를 마련했다는 점에서 호평을 받았다.

서구는 공영장례에 민간의 참여가 지속적으로 확대되고, 지역자원과 연계한 네트워킹을 강화하고, 지역 돌봄 체계의 확대와 사회안전망 확충을 통한 지역사회의 참여를 유도할 계획이다.

장종태 구청장은 "앞으로도 계속 가족과의 단절이나 무연고로 사망하시는 분들의 장례를 엄숙하게 치름으로써 인생의 마지막 길을 걱정 없이 편안

한 마음으로 준비할 수 있도록 하겠다"라며 "1인 가족을 대상으로 삶에 대한 인식프로그램을 실시해서 인생이 즐겁고 행복하다는 긍정적인 생각을 가지게 되어 구민의 복지 체감도를 향상하는 데 최선을 다하겠다"라고 말했다.

유성형 스마트워크센터 구축·운영

유성구는 대전의 5개 구 중에서 가장 넓은 지역으로 대전 시역(市域)의 약 33%를 차지한다. 국내 최대규모의 연구단지인 대덕연구단지가 있으며, 국립대전현충원, 충남대학교와 카이스트, 한밭대학교가 있어 대전광역시 교육의 랜드마크라 할 수 있다.

유성구(구청장 정용래)는 코로나19로 인한 비대면 시대에 대응하고, 근무방식 선진화를 통해 업무 효율을 증대하기 위해 '스마트워크센터'를 설치해서 직원들이 편리하게 이용 가능한 거점 근무환경을 조성하고 있다.

스마트워크센터란 주거지 인접지역의 IT 인프라가 완비된
원격근무용 사무실에 출근하여 근무할 수 있는 **환경을 제공하는 센터**

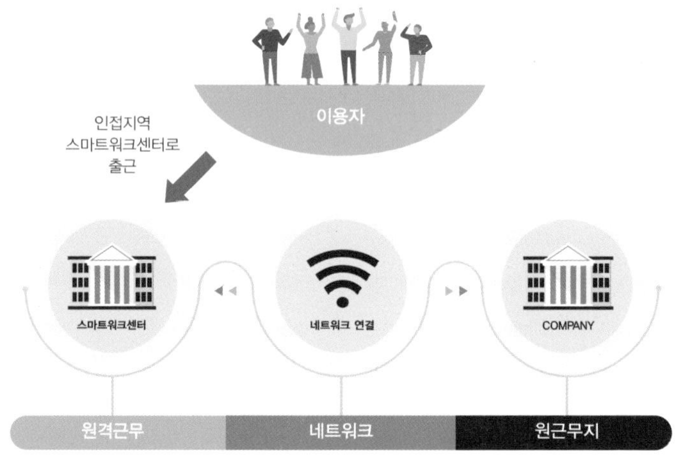

'스마트워크센터'란 4차 산업혁명 시대에 시간과 공간의 제약받지 않고 언제 어디서나 편리하게 업무를 볼 수 있는 미래형 사무공간이다.

코로나19 확산 방지를 위해 분산근무, 재택근무, 유연 근무 등을 적극적

으로 도입하여 직원의 워라밸(work & life balance, 일과 삶의 균형)이 향상될 수 있도록 지원하고 있다. 기초자치단체 최초로 유성형 스마트워크센터를 구축해 육아나 출장 시에도 사무실이 아닌 가까운 거점센터에서 급한 민원처리 등 탄력적으로 업무 처리를 할 수 있게 되었다.

지방공무원 복무규정 제2조 제4항, 제3조, 전자정부법 제32조 제3항, 행정안전부의 지방공무원 유연근무제 운영지침에 근거해서, '일'과 '삶'의 균형을 이루고, 가치관의 변화에 따른 업무환경 개선과 근무시간, 공간의 효율적 활용으로 일가양립, 감염병 예방 등의 목적으로 직원들의 삶의 질을 향상하고, 근무자의 접근성과 이용률 높이기 위해 워크센터를 확대하고 환경을 개선했다.

2020년 12월 10일부터 09시부터 18시까지 진잠도서관, 노은도서관, 유성도서관, 구즉동 행정복지센터, 지역협력센터에서 유휴 공간을 활용해 최대 60명의 분산근무가 가능하도록 했다.

	센터명	면적(㎡)	수용인원(예정)	비 고
	총 5개소		60명	
1	노은도서관	47	12명	구축 완료
2	진잠도서관	29	8명	구축 완료
3	유성도서관	32	8명	구축 완료
4	구즉동 행정복지센터	51	12명	'21. 9월 구축
5	지역협력센터	141	20명	'21. 11월 구축

이와 함께 구청에서 코로나19 확진자 발생 등 비상시를 대비해 지역 내 4개 도서관의 정보화실에 100명 규모의 사무실 운영체계를 구축하고, 재택근무용 노트북 42대를 추가 구입해서 코로나19에 선제적으로 대응하고 있다.

정용래 구청장은 "행정기관도 이제는 기존의 집단 근무체계에서 탈피해 효율적이고 혁신적인 새로운 근무환경을 도입할 필요가 있다"라며 "이번에 조성된 '스마트워크센터'가 공무원들의 워라벨을 보장하고, 분산근무로 코로나19 예방에도 크게 기여할 수 있을 것"이라고 밝혔다.

정용래 구청장이 노은도서관에 조성된 '스마트워크센터'에서 행정업무 접속을 시연하고 있다.

전국 최초 동별 교육자치 실현

시흥시(시장 임병택)는 지하철을 이용해서 바다를 만날 수 있는 곳이다. 빨간 등대로 유명한 오이도의 낙조 풍경은 그야말로 절경이고, 7월 중순에서 8월 초면 연꽃테마파크에서 주위를 가득 메운 연꽃 풍경을 감상할 수 있다. 또한, 봄에 갯골생태원은 전망대가 있는 곳까지 연결된 벚꽃 터널로 유명하다.

시흥시는 최근 학교와 마을의 소통을 강화하기 위한 동별 마을 교육자치회를 통해 학생과 학부모, 교사, 지역주민 등 다양한 교육 주체들의 목소리를 정책에 반영할 수 있는 주요의제에 대한 관리계획을 수립했다.

마을 교육자치회는 '배움이 곧 삶이 되는 교육'을 목표로 학교와 마을이 연계해서 운영하는 교육 거버넌스이자, 동 특성에 맞는 교육 현안을 나누고 해결하는 대표 교육협의체다.

주민자치회의 확대와 평생학습의 기반조성, 학교자치 현실화 등 마을과 학교, 행정이 함께 고민해온 '마을 교육자치회' 모델을 동별로 확산할 수 있는 여건을 성숙시키고자, 2020년 10월 7일, '시흥시 주민자치회 시범 시행 및 설치 운영에 관한 조례'가 개정되어 동별 자치계획 수립에 교육자치에 관한 조항을 명시할 수 있게 되었다.

전국 최초로 동별 마을 교육자치회의 확대 운영을 위해 마을 교육에 경험이 있는 '마을과 학교(1개 1이상)'의 결합 단체나 기관을 대상으로 마을 교육 비전 수립 및 주민 의견 수렴, 교육자원 조사와 연계, 마을과 학교의 교육협력사업을 수행했다. 대표적 시민 참여기구인 주민자치회 분과와 연계, 확산을 지원해서 동 단위 교육협의체로 대표성을 확보했다. 동별로 학교와 마을의 정례적인 교육 공론장으로 교육 비전 수립 및 현안 해결로 교육 주체들의 참여와 협력체계를 확장했다.

마을 기반으로 '방과 후 교육 플랫폼'을 운영해서 4개 마을의 교육자치회를 중심으로 13개 학교와 연계해서 300여 명의 학생을 지원했다. 방과 후 플랫폼을 위한 활동 지원가를 배치하고, 방과 후 프로그램을 기획·운영·모니터링 등 마을 교육자원의 조사와 발굴, 연계를 통한 마을 교육 플랫폼 기능을 강화하고, 학교와 마을이 동반성장하는 건강한 교육생태계를 조성했다.

시흥시의 이러한 노력으로 마을과 학교, 행정이 함께 만드는 '마을 교육자치회'가 2018년 3개 동에서 2021년엔 16개 동으로 확대되었다. 29개소의 초등학교와 18개소의 중학교, 11개소의 고등학교 등 총 58개교에서 교사와 학생, 학부모, 마을활동가 등 366명이 참여했다. 동별 민·관·학이 참여하는 '마을 교육자치'를 통해 교육 현안을 제안하고, 기획, 실행할 수 있는 교육 공론장을 마련했다.

마을 교육자치회가 운영하는 '교육 수다방'

이를 통해 다양한 시민들의 교육에 대한 수다 모으기를 위한 '우리 마을 교육 수다방'을 운영하고 있다. 1단계로 수다방을 운영하고, 2단계로 교육 의제에 대한 설문 조사를 하고, 3단계로 의제발굴 및 공론화를 거쳐 211명의 참여로 26개의 '교육 수다방'을 운영하고 있다.

각 마을 교육자치회의 학교 및 마을 대표 47명으로 구성된 마을 교육자치 분과를 운영해서 매월 정례 협의회를 진행하고, '시흥 마을 교육자치회 포럼'을 개최해서 마을 교육자치회의 모델을 정립하고 운영 가이드를 제시했다. 또한, 16개 동에서 100여 명이 참여한 '시흥 마을 교육자치회 전국 온라인 포럼'을 통해 시흥 및 전국의 우수사례 공유와 마을 교육자치회의 위상을 정립하고, 14개 분과 350명의 민·관·학 교육 주체들이 시흥 혁신 교육포럼을 구성해서 공론의 장을 열었다.

이후 시흥시는 일상에서 만나는 교육자치와 참여를 실천하는 '마을 교육자치회'를 통해 동별 실천사업과 '우리 마을 교육 수다방'이나 '동네 브리핑' 같은 교육 공론장을 2022년에도 지속해서 운영하고, 마을 교육 의제의 관리 시스템을 체계화할 예정이다.

인큐베이팅, 역량 강화, 맞춤 연수 등 맞춤 성장을 지원하고, '시흥 혁신 교육포럼'에서 마을 교육자치분과 운영을 통해 시민을 성장의 주체로 마을 단위 교육 주체성의 확립을 지원할 계획이다.

임병택 시흥시장은 "시민의 삶에 밀착한 '교육도시 시흥'을 추진하기 위해 '우리 마을 교육 수다방' 의제를 다양한 마을 사업과 연계해서 학교와 마을의 동반 성장을 지원할 계획"이라며, "풀뿌리 교육자치 실현을 위해 시민의 삶 가까운 곳에 언제나 건강한 교육 공론장이 열려 있어야 한다"라고 말했다.

다양한 소통을 통한 '시민불편 해소, 시민행복 증진'

매년 봄이면 이천을 대표하는 두 가지 축제가 열린다. 100년이 넘는 '이천백사산수유꽃축제'에서는 산수유나무가 군락을 이루는 절경을 만날 수 있고, 이천도자기축제에서는 물레체험을 비롯한 다채로운 경험을 할 수 있다.

이천시(시장 엄태준)는 '시민이 주인인 이천시'를 실현하기 위해 다양한 소통 채널을 통한 각계 각층의 시민과 격의 없는 대화의 장을 마련하고 있다.

시민참여를 강조하는 민선 7기 시정 기조에 걸맞게 공약 제1 전략과제로 '시민이 참여하는 소통 이천'으로 선정하여, 시민참여를 위한 기본조례 제정과 정기적인 시민공청회 개최, 시민참여 예산제 강화, 시장집무실 이전, 시민 옴부즈맨(민원도우미)제도 운영, 24시간 시장의 업무공개 등 15개 세부사업에 대한 이행을 완료했다.

'우리 동네 한 바퀴', '이천은 화목해요', '파라솔 톡', '이천시장이 갑니다' 등 현장 중심의 소통을 통해 시민들의 일상생활 속에서 생생한 목소리를 듣고, 시민들의 불편사항을 신속하게 해소하여 시민의 만족도를 높이고 있다.

'시민 소통폰(010-9148-1990)' 개통과 '온라인시민청원 게시판' 운영 등 SNS를 비롯한 온라인 소통 채널 구축과 시민 소통폰 등 차별화된 소통 채널 구축으로 접근 편의성과 쌍방향 소통을 강화했다.

'소통인문학 콘서트', '도란도란 이천 토크 콘서트', 정책간담회, 시민과의 대화, 소통백서, 시정일기 공유 등을 통해 시민과 함께 시정 운영의 방향과 주요 정책을 공유하고, 공감대를 기반으로 민간과 관청이 시민의 의견을 반영한 정책을 만들어 투명하고 신뢰받는 행정을 구현했다.

이천시는 시민과의 적극적인 현장 중심 소통강화와 차별화된 소통 채널을 통해 시민들의 불편사항에 대한 신속하고 정확한 대응으로 시민 만족도를 높여 나갔다.

구 분	내 용	구 분	내 용
파라솔 톡	총 6회, 일반시민	온라인 시민 청원게시판	답변 완료 건수 : 7건
이천시장이 갑니다	총 6회, 주부 · 청년공동체 등	우리 동네 한 바퀴	338개 마을 방문 중
이천은 화목해요	10개월, 총 83개소, 137건	도란도란 이천 토크 콘서트	총 5회, 시민참여 공론화
시민 소통폰	18년 : 115건, 19년 : 347건, 20년 : 362건 (초기 대비 3.2배 상승)	소통 인문학 콘서트	2회, 청소년 대상
기업SOS원스톱 처리 현장 간담회	경영상 애로사항 청취, 38건	새해맞이 시민과의 대화	14개 읍면동, 129건
정책간담회 운영	분기별, 시도의원	행복 전령사 운영	총 9회, 기관 · 사회단체

시민의 의견을 수렴해서 4개의 시내버스 신규노선을 증설했고, 주차난 해소를 위해 북샛말, 택시 쉼터 등 공영주차장을 확충했다. 농촌 지역을 위한 1,000원 택시 확대 운영과 무인민원발급기 서비스를 확대하고, 공동주택 생활환경 개선 지원, 위험지역엔 방범용 CCTV를 확대 설치했다. 초등학교 스쿨존의 인도를 정비하고, 놀이터 등 각종 시설물 개선과 읍면동에 노후화된 가로등과 보안등을 교체하고, 농업인을 위해 '벼 수매통'을 지원하는 등 다양한 소통을 통해 시민불편 사항을 해소하고 있다.

이천시는 2020년 시 홈페이지를 통해 개인소유의 화장실을 공중화장실로 개방해서 시민들이 편리하게 이용할 수 있는 '개방화장실' 모집 공고안을 냈다.

유동인구가 많은 지역과 관리수준, 이용자 편의성 등에 대한 심사과정을 거쳐 창전동 농협하나로마트와 신둔면 예스파크 상가 2개소를 '개방화장실'로 선정하여 2021년부터 운영하고 있다. 개방화장실로 지정되면 안내표

신둔면 예스파크 상가에 있는 개방화장실

지판을 설치하고, 매달 15~16만원 상당의 화장지, 종이타월, 비누 등 편의용품을 지원받게 된다.

이천시는 앞으로도 다양한 계층과의 소통 기회를 더욱 확대, 시행하여 참여와 공감, 소통과 협치를 통해 일상이 편안한 이천시를 구현하고, 시정에 대한 공감대를 형성하고 시정운영과 정책에 시민들의 의견을 적극적으로 수렴하여 행정에 반영할 계획이다.

엄태준 시장은 2021년 1월, 중앙신문과의 신년인터뷰에서 "내 눈으로 내 눈썹을 볼 수 없다는 뜻인 '목불견첩(目不見睫)'을 새해 화두로 정했다. 남의 허물을 탓하기 전에 나의 잘못은 없는지 스스로 돌아보자는 의미로 '시민불편 해소와 시민 행복 증진'을 위해 시민 생활 중심의 시정을 펼치겠다"라는 각오를 밝혔다.

놀이터 플러스 사업

의왕시를 대표하는 백운호수 주변에는 맛집과 라이브 음악 카페가 운집해 있어 수도권 관광객들의 발길이 끊이지 않는다. 백운호수와 양대 산맥을 이루는 왕송호수는 철새도래지로 알려져 생태학습 장소로 유명하다. 또한, 국내에서 유일하게 철도박물관도 있어 주말에 가족나들이 코스로 사랑받고 있다.

의왕시(시장 김상돈)는 아동의 건강한 성장과 마음껏 놀 권리 증진을 위해 놀이와 교육, 체험, 그리고 지역 일자리 창출까지 결합한 '놀이터 플러스' 사업을 추진하고 있다.

'놀이터 플러스(PLUS)'는 마음껏 놀며(Play) 배우는(Learning) 의왕의(Uiwang's) 공간(Space) 이라는 의미의 합성어로, 공원 놀이터에서 놀이활동가와 아동들이 함께 놀이 프로그램을 시행하는 사업이다.

2020년 6월에 780명의 아동을 대상으로 한 '의왕시 아동 여가활동 실태조사' 결과에 의하면 주로 핸드폰이나 게임, TV 시청을 하며, 밖에서 친구들과 놀거나 가족과의 활동은 매우 부족한 것으로 나타났다. 2020년 6월, 아동과 부모 1,314명을 상대로 시행한 '의왕시 아동 친화도 조사'에서는 '놀이와 여가' 영역의 만족도가 상대적으로 낮고, 놀이 프로그램에 대한 요구가 높은 것으로 확인되었다.

의왕시는 2020년 11월부터 어린이공원, 놀이터, 체육공원 등에서 만 4세 이상의 아동들을 대상으로 놀이터별로 차별화된 주제의 놀이 프로그램을 정기적으로 운영하고 있다.

놀이터별 특성에 맞게 전래놀이, 생태놀이, 숲 놀이, 재활용 놀이, 운동 놀이 등을 매월 차별화하여 평일 방과 후나 토요일에 주 1회씩 정기적으로 놀이 프로그램을 운영하고 있다. 참여 아동에게는 '여가를 즐길 권리'라는

뜻으로 '어린이 여권'을 주고, 참가 시마다 스탬프를 찍어줘서 지속해서 참여할 수 있는 동기를 불어넣었다. 놀이 프로그램 강사들은 평생학습동아리나 체육회, 여성새일센터의 '아동 놀이문화 매니저 양성 과정(2021년 4월)'을 수료한 인력을 채용해서 지역 특화 일자리를 창출했다.

40명의 아동과 40명의 시민이 놀이터조사를 위해 참여한 '놀이터 프렌즈'를 운영해서 놀이터 조성부터 놀이터시설 모니터링과 순찰, 관리까지 아동과 시민이 참여하는 놀이 공간을 조성하기 위해 노력하고 있다. 그리고 의왕 에코어드벤처, 아이사랑 놀이터, 기후 신화형 놀이터, 책 놀이터, 플레이 랩 창작놀이터, 세대통합형 놀이터 등 총 6개소의 특색 있는 놀이터시설을 확충했다.

이를 통해 놀이시설 위주의 놀이터 개념에서 벗어나 자유로운 에너지 발산을 위한 창의적인 공간으로 놀이터의 개념을 확대했다. 주거지와 인접한 공원의 놀이터에서 운영되어 아동의 참여가 편리하고, 또래 집단과의 활동으로 아동의 신체 놀이 활성화에 기여하고 있다. '놀이터 플러스'에 대한 만족도 평가 결과, 학부모의 85.1%, 아동의 92.1%가 '만족한다'고 답했으며, 재참여 및 타인에게 추천할 의향에 대한 답변 비율은 학부모 92.6%, 아동

제1기 의왕시 아동참여위원회 발대식

95.3%에 달하였다.

아동을 권리의 주체로 인식하며 '놀 권리'에 초점을 맞춘 정책 추진으로 아동이 존중받는 행복한 도시를 조성하여 저출산과 인구소멸 위기에 대응하고 있다.

의왕시는 지역별 아동 수와 놀이 수요 등을 조사·분석하여 운영 장소와 횟수를 확대하는 등 '놀이터 플러스' 사업을 확대 운영하고 있다. 지역사회의 참여 확대를 위한 놀이문화 확산 사업을 공모하고, 마을 동아리와 공동체를 대상으로 놀이터 프로그램 운영을 공모하여 2023년에 '아동 커뮤니티센터'와 '어린이 과학체험관' 등 아동 전용 여가 공간을 계속해서 확충할 계획이다.

김상돈 시장은 "아동 친화적인 도시로 인정받은 만큼 부모의 마음으로 아동과 청소년이 마음껏 꿈을 펼치며 성장할 수 있는 활기찬 도시가 되도록 최선을 다하겠다"라고 말했다.

시민과 함께 지키는 도시 방역 '범시민 민관협력위원회'

하남시의 역사는 2,000여 년 전 백제의 시조인 온조대왕 때부터 시작된다. 하남시 춘궁동 일대는 온조 13년부터 '하남 위례성'이라 불리며 이후 백제 근초고왕 25년까지 백제의 도읍지였다.

하남시(시장 김상호)는 코로나19 장기화 및 계절별 대유행에 대비하기 위한 방역대책 수립의 필요성이 높아지는 상황에서 공공기관 주도만으로는 방역 수요의 충족과 효율적인 방역대책 수립이 미비할 것을 우려했다. 선별 진료와 자가격리자 관리에 행정력이 집중되어 방역대책 마련을 위한 인력 부족의 심화로 하남시 전체 상황을 관리하는 방역정책에 한계점을 가지고 있었다.

이런 문제를 해결하고 지역 특성에 맞는 방역 대응체계를 구축하기 위한 민관협력 체계가 필요하다는 요구가 있었다. 이에 다양한 분야의 시민들이 참여한 맞춤형 방역대책을 수립해서 시민들의 소중한 생명과 안전을 지키는 '시민이 만드는 하남형 방역체계' 조성을 추진했다.

시의 모든 분야를 아우르는 민관거버넌스 체계를 조성하기 위해 총 11개 분야에서 288명의 민관협력위원을 조식했다. 공공기관과 각 분야의 시민, 감염병 전문가로 구성된 다양한 인적 네트워크 체계를 구축하고, 대형상점이나 전통시장, 학교, 요양기관 등에서 방역 이행실태 점검 및 방역 소독 활동, 방역 대응 매뉴얼 작성, 교육 운영 등 다양한 방역 활동을 하고 있다.

대표 사례 (2021년 1월)

요양원에서 확진자 발생 → 범시민 민관협력위원회 의견에 따라 병상 재배치 및 종사자 업무 분리 → 신속한 선제 대응으로 시설관계자 95명 전원의 음성 판정을 끌어냈다.

관내 요양원 등에서 확진자가 발생할 시 범시민 민관협력위원회가 주축이 되어 선제적으로 대응해서 확진자 확산을 최소화하고 있다. 하남시 범시민 민관협력위원회는 지역감염 위기 발생 시 '하남 방역'의 컨트롤타워로서 코로나19 확산 차단에 성공적인 역할을 수행하고 있다.

하남시 범시민 민관협력위원회는 마스크와 다양한 방역물품 지원 및 봉사 지원을 통해 '함께 하는 공동체'를 실현하는 등 분과별 대표 활동을 통한 지역공동체 의식을 회복했다.

복지분과에서는 자가격리자에게 1,284박스의 물품 지원과 총 403건, 3억 1천9백만 원의 생활지원비 지원, 코로나19 긴급상황 발생 시 어린이집이나 복지시설의 휴원을 결정했다. 경제분과에서는 관내 30명 미만의 영세사업체에 마스크를 지원했고, 의료분과에서는 위탁의료기관의 지정 및 운영, 의사회 연수교육 등 전문의료인력의 교육을 담당했다. 공중위생분과는 영세소규모 음식점에 비말 차단용 칸막이를 지원했고, 이외 7개 분과에서는 방역 활동과 매뉴얼 제작, 정부지침 홍보, 수칙 이행 모니터링 등을 수행했다. 이와 함께 범시민 민관협력위원회와 하남시 자원봉사센터의 협력으로 방역자원봉사를 별도로 실행 중이다.

범시민 민관협력위원회 5차 회의

하남시는 2021년 11월 23일, ‘범시민 민관협력위원회 5차 회의’를 열고, 코로나19 장기화에 따른 일상 속 방역을 차질 없이 추진해 나가기로 했다. 또한 2022년에도 11개 분야의 위원회 중심으로 각종 위기에 신속 대응하고, 코로나19 장기화에 대비하기 위한 민관거버넌스 체계를 지속하기로 했다.

김상호 시장은 2021년 11월 23일에 열린 ‘범시민 민관협력위원회 5차 회의’에서 “코로나19 확산 방지는 ‘내가 감염되지 않아야 나는 물론, 다른 사람도 보호할 수 있다’라는 마음으로 방역수칙을 준수하고, 추가 접종에 참여하는 것이 중요하다”라며 “코로나19로부터 소중한 일상을 하루빨리 회복할 수 있도록 시민과 함께 연대와 협력으로 감염병 확산 방지에 최선을 다하겠다”라고 말했다.

노인 성인용 보행기 지원사업

대한민국 최북단에 있는 강원도 고성의 통일 전망대에서는 금강산과 바다의 금강이라고 불리는 해금강의 절경을 감상할 수 있다. 또한 DMZ 박물관은 우리나라 분단의 역사를 한눈에 볼 수 있는 역사교육의 장이다. 해안 최북단에 있는 화진포 해수욕장과 철새들을 볼 수 있는 전망시설을 갖춘 송지호 해수욕장도 매력적인 여행지다. 그리고 삼포 해수욕장은 수심도 얕고 바다낚시를 즐길 수 있는 곳으로 최고의 휴가지로 손꼽힌다.

고성군(군수 함명준)은 65세 이상, 보행이 불편한 노인들의 불편 해소와 편의 증진을 위해 성인용 보행기를 지원하는 사업을 하고 있다. 장기요양 등급외(A, B) 판정자를 기준으로 연간 50명에게 1인 1대로 20만 원 상당의 성인용 보행기 지원 대상자를 선정 후, 3개월 이내에 비용을 청구하도록 사업을 진행하고 있다.

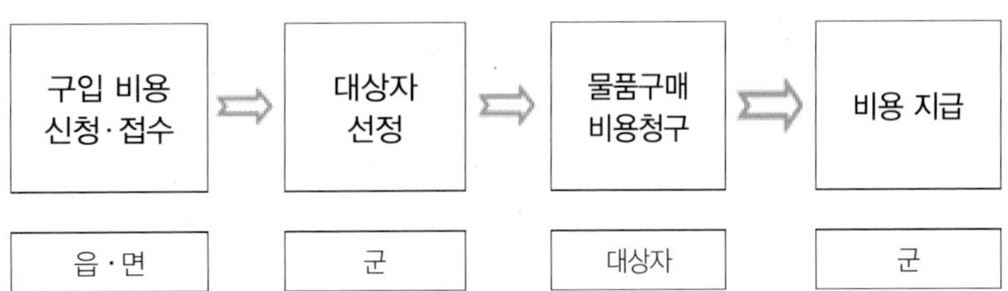

이를 위해 고성군은 2021년 2월 22일, '고성군 노인 성인용 보행기 지원 조례'를 제정하고, 7월에는 보건복지부와 사회보장제도 신설을 협의했다.

2020년 5월 13일, 사회복지공동모금회 지정기탁금과 도움-나눔 소액 기부금으로 성인용 보행기 150대와 원격수업용 헤드셋 179대를 마련해서 코로나19로 생계가 어려워진 취약계층의 어르신과 아동에게 지원했다.

성인용 보행기 지급대상은 거동은 불편하나 노인장기요양보험의 등급 인정을 받지 못한 등급 외 판정자와 소득 기준에서 지원 제외기준 등을 고려해

고성군청

총 150명의 취약계층 어르신들을 선정했다.

성인용 보행기에는 지정 기탁임을 알리는 '사랑의 열매' 스티커와 분실방지를 위한 어르신 개인 이름표를 부착했다.

고성군은 거동이 불편 어르신들에게 있어 이번 보행기 지원은 보행 중 낙상사고 예방과 이동 편의를 제공할 것으로 기대하고 있다.

이와 함께 코로나19 지역확산으로 학교에 가지 못하고 가정에서 온라인 학습을 진행하고 있는 상황에서 취약계층 아동들이 수업 교구 부족으로 학습 기회를 잃지 않도록 관내 117가구 저소득층의 초등학교·중학교·고등학교 자녀 179명에게 온라인 학습기기 '헤드셋'을 지원했다.

민간 후원의 지정기탁금을 고성군청 주민복지실의 희망복지팀과 5개 읍·면의 행정복지센터 내 맞춤형 복지팀에서 연중 접수하고 있으며, 접수된 기탁금은 강원도 사회복지공동모금회를 통해 고성군에 재배분된다. 이 기금은 관내 저소득가구의 겨울철 난방용품 구매와 지원, 주거환경개선 등 지역복지사업에 전액 사용하고 있다.

박양순 희망복지담당은 "코로나19로 어려움을 겪고 있는 취약계층 어르신과 학생들에게 이번 물품 지원이 조금이나마 도움이 되길 바란다"라며 "앞으로도 지역 내 기부문화 활성화를 통해 어려운 주민을 지속해서 지원할 수 있도록 노력하겠다"라고 말했다.

고성군은 2022년 1천만 원의 본예산을 확보했으며, 주민 홍보를 실시할 예정이다.

함명준 군수는 "코로나19로 어려움을 겪고 있는 취약계층 어르신과 학생들에게 이번 물품 지원이 조금이나마 도움이 되길 바란다"며 "앞으로도 지역 내 기부문화 활성화를 통해 어려운 주민을 지속적으로 지원할 수 있도록 노력하겠다"고 말했다.

이웃 돌봄 '단양 안심콜' 서비스

단양에 있는 죽령은 예로부터 '아흔아홉 굽이 내리막 30리, 오르막 30리'라고 표현할 정도로 길이 험하다. 죽령옛길이 만들어진 것은 2천 년 전으로, 한양과 경상도를 잇는 최단 경로인 탓에 사람들은 힘들어도 이 고개를 넘었다고 한다. 단양팔경 중에도 대표 명소인 '도담삼봉'은 해 질 무렵 풍경이 일궈낸 비경 덕분에 출사지로도 많은 이들이 찾고 있다. 바보 온달과 평강공주의 사랑 이야기가 담긴 온달산성과 태고의 신비를 느낄 수 있는 고수동굴도 빼놓을 수 없는 단양의 명소이다.

단양군(군수 류한우)은 관내의 독거노인과 장애인 세대 등에 대한 사회적 안전망의 확대를 위해 이웃 돌봄 '단양 안심콜' 서비스를 제공하고 있다. '단양 안심콜' 서비스는 관내에 안부확인이 필요한 가족(부모, 조부모, 장애인 등)이 있는 다른 지역에 거주하는 자녀들이 안부확인을 요청하면, 방문해서 가족의 상태를 확인한 후 확인내용을 전달해주는 맞춤형 서비스이다. 단양군의 복지정책으로 다른 지역의 자녀들이 안심하고 일상생활에 전념할 수 있도록 도와주고 있다.

신청절차

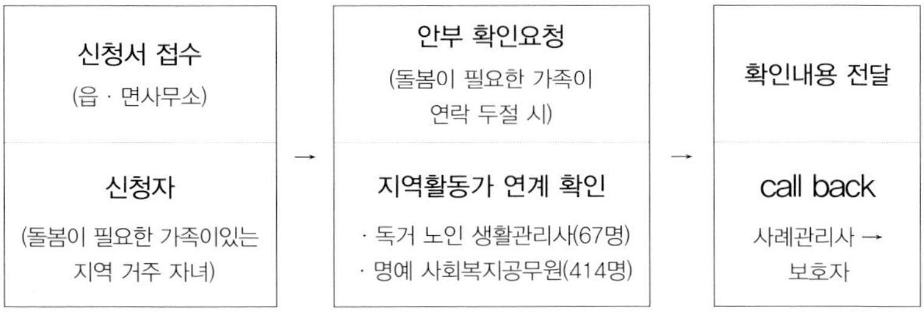

신청서 접수 (읍 · 면사무소)	→	안부 확인요청 (돌봄이 필요한 가족이 연락 두절 시)	→	확인내용 전달
신청자 (돌봄이 필요한 가족이있는 지역 거주 자녀)		지역활동가 연계 확인 · 독거 노인 생활관리사(67명) · 명예 사회복지공무원(414명)		call back 사례관리사 → 보호자

'단양 안심콜' 서비스는 공휴일을 제외하고, 연중 9시부터 18시까지 주민복지과의 희망복지지원팀에서 운영하며, 사례관리사 1명과 안부확인 상

담사 1명이 근무하고 있다. 대략 50명 정도가 무료로 이 서비스를 이용하고 있다.

2020년, '단양 안심콜' 서비스 운영성과를 보면, 어상천면 고O규 외 33명에 대해 주 1회 정기 안부확인과 수시 안부확인을 포함하여 1,320건에 이르고 있다. 안부확인뿐만 아니라 장기요양등급 신청 안내 2건, 주거환경개선 연계 2건, 반찬 지원 연계 1건, 코로나19 예방 키트 전달 35건 등 기타의 다른 서비스도 제공하고 있다.

이웃돌봄 단양안심콜 서비스 운영 모습

'단양 안심콜' 서비스는 충북 도내에서 처음 시행하는 사업으로 지난해 읍·면 순회 중인 류한우 군수가 연락이 잘 안 되는 고령 농가 가구가 많다는 이야기를 듣고 관련 부서에 방안 마련을 요구해서 시작하게 된 사업이다.

단양군은 단양 안심콜 사업의 효과를 검토하고, 더욱 나은 서비스를 지속해서 추진할 계획이다. 이를 통해 홀로 지내는 어르신과 일상생활에 어려움을 겪고 있는 장애인 세대 등 안전 확인이 필요한 이웃 보호에 앞장서고, 다른 지역에 거주하는 자녀들이 돌봄이 필요한 가족의 안부를 상시 확보할 수 있도록 안심 환경을 지속해서 제공할 계획이다.

류한우 군수는 "1인 가구와 핵가족의 증가는 전국적인 현상으로 이웃의 보살핌이 필요한 이웃이 증가하고 있다"라며 "단양 안심콜 서비스는 다른 지역에 거주하고 있는 자녀와 가족들에게 돌봄이 필요한 가족의 안부를 상시 확인할 수 있어 안심 환경을 제공할 수 있게 되었다"라고 말했다.

주민의 권한을 주민에게, 주민자치 민간위탁[1)]

논산에는 입영 열차를 탄 신병들이 제일 먼저 도착하는 곳인 논산훈련소가 있다. 탑정호의 출렁다리는 국내 최장으로 600m에 이르는 현수교 양식이다. 그리고 연산면은 계백장군의 마지막 전투가 있었던 황산벌이고, 황산을 지키던 백제의 노성산성 등 논산에는 과거 백제의 역사가 담긴 곳이 많다.

논산시(시장 황명선)는 전국 최초로 전(全) 읍·면·동 주민자치센터의 운영을 위탁·수탁하여 주민자치회의 능동적 자치활동을 보장하고, 주민자치 실현의 기반을 마련하고 있다.

이를 위해 논산시는 주민자치회가 주체적으로 주민자치센터를 운영하도록 하여 수요자 중심의 주민 밀착형 근린서비스를 제공·운영하고 있다. 「지방자치분권 및 지방행정체제개편에 관한 특별법」 제28조 제1항과 「논산시 주민자치회 설치와 운영에 관한 조례」 제5조, 제27조에 근거하여, 주민 대표기구인 주민자치회에 실질적인 책임과 권한을 부여해서 능동적 자치활동의 보장 및 공동체 복원 완성의 기틀을 마련했다.

2021년 9월 1일부터 2024년 8월 31일까지 3년 동안 사무국 운영을 통해 주민자치센터 프로그램 운영이나 주민자치 업무 전반을 15개 읍·면·동 주민자치회에 위탁하고 있다.

주민자치회 운영과 사무, 예산 집행 및 회계에 관한 사항 등을 총괄하는 사무국을 두고 직원 1명을 채용해서 운용하고 있다. 사무국에서는 주민자치 프로그램 운영과 관리, 강사비 지급 등을 관리하고, 주민자치 관련 업무인 자치계획 수립과 주민총회를 기획·추진하는 등 주민자치 업무를 총괄하

1) 대한민국 좋은 정책대상 대상 선정

주민자치센터 운영 위탁 · 수탁 협약식

고 있다.

이를 통해 주민이 직접 참여하고 주도하는 지속발전 가능한 주민자치의 실현을 도모하고, 주민자치 본연의 기능을 수행해서 자치역량 강화와 풀뿌리 민주주의 행정이 정착될 수 있을 것으로 기대하고 있다.

전국 최초로 전 읍·면·동 주민자치회와 민간위탁의 협약체결로 주민자치의 권한을 확대해서, 주민주권 확립 및 실질적인 주민자치 실현을 위한 동력을 확보하고, 주민이 행정의 수혜자가 아닌 주체자로서 사업을 직접 기획하고 운영함으로써 지역별 특성에 맞는 수요 맞춤형 근린서비스 제공하고, 주민 삶의 질을 향상하고 있다.

주민과 행정의 원활한 소통과 효율적인 주민주도의 사업추진을 위한 사무국에 상근 근로자를 채용해서 인력 채용을 통한 지역 청년 일자리 창출에 기여하고 있다.

논산시는 읍·면·동의 유휴공간이나 주민자치센터 공간을 활용하여 주민자치회 사무국을 설치해서 주민 의견의 수렴 창구와 주민자치회 회의, 분과 협의, 마을 의제발굴 논의 등 자유로운 소통공간으로 활용할 수 있도록 했으며, 사무실 리모델링이나 책상 등의 사무 물품 구입비를 지원했다.

또한, 2021년 10월에 주민자치 아카데미 교육을 추진하고, 11월에는 자

탑정호 로컬푸트 판매장

치분권 대학 논산캠퍼스를 개설하는 등 주민주도의 주민자치 역량 강화를 위한 교육을 했다.

논산시는 3개 면의 주민자치회 주도로 지역 관광명소에서 농산물 판매장을 운영하고 있다. 특히 탑정호의 로컬푸드 판매장이 유명한데, 이 지역에서 생산된 농산물인 로컬푸드를 신선하고 안전하게 판매하고 있다. 관광명소인 탑정호에 위치해 관광객들에게 우수한 지역 농산물을 판매하여 지역 이미지를 높이는 데도 기여하고 있다.

이밖에도 어르신 학습공동체와 연계한 '한글대학 졸업여행'을 추진하고, 지역의 관광 자원 관리를 위한 '노성애향공원'의 관리와 수탁 등 주민자치회 업무의 영역 확대와 다양화를 계획하고 있다.

황명선 시장은 "대한민국 시장·군수·구청장 협의회 차원에서도 후속적인 입법 조치가 이뤄질 수 있도록 지속해서 건의해 나갈 계획"이라며 "앞으로 주민자치회의 효율적 운영과 풀뿌리 민주주의 구현을 위한 주민참여기구로써 역할을 다 할 수 있도록 제도적 장치를 마련하고, 이를 통해 주민들의 자치의식과 역량을 강화해 주민자치회가 더욱 활성화될 수 있도록 최선을 다해 나갈 방침"이라고 밝혔다.

집 앞까지 모셔다드리는 백신 접종 무료택시

금산군은 주변이 모두 산으로 둘러싸인 분지의 고지대에 자리하고 있다. 금산은 뭐니 뭐니 해도 인삼으로 유명해서, 전국 최대규모의 인삼 시장이 형성되어 있다.

금산군(군수 문정우)은 전 국민 코로나19 백신 접종을 시작하자, 거동이 불편한 75세 이상 어르신들에게 백신 접종을 위한 접종센터 내원부터 귀가까지 원스톱으로 교통편의를 제공하기 위해 무료택시를 운영했다.

백신 접종을 위한 차량 지원

2021년 4월 22일부터 7월 15일까지 국비 9천3백만 원, 군비 1천4백만 원, 총 1억7백만 원의 사업비를 들여서 75세 이상 어르신 6,604명을 대상으로 지역 택시로 예방 접종센터 내원부터 귀가까지 원스톱 편의를 제공하였다.

코로나19 장기화로 불황인 지역경제 활성화를 위해 지역 택시업체와 '백신 예방접종 운송지원 계약'을 체결해서 백신 접종의 사각지대를 해소했다. 대부분 지자체에서는 전세버스를 이용하고 있으나, 전국 최초로 택시를 동원해서 고령층을 위한 맞춤형 행정을 추진했다. 이 기간에 총 690여 대의 택시가 동원되었고, 1일 평균 20대가 500여 명을 수송했다.

접종대상자와 개별 연락을 통해 읍·면 단위로 일정을 배분하고, 탑승지점에 직원이나 이장을 배치해서 혼선을 최소화했으며, 택시조합과 협업해서 읍·면별 접종센터까지 최단 시간 운행경로를 편성했다. 접종 당일의 건강상

운영절차 및 시간

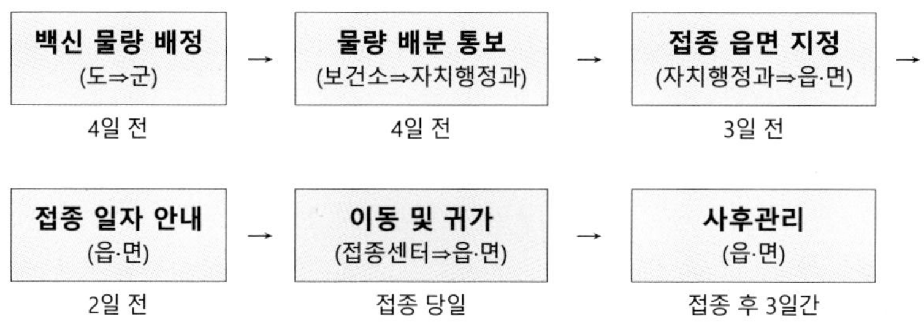

〈전세버스와 비교한 택시 운송 장점〉

구분	택시	전세버스
편의성	· 마을 곳곳으로 이동할 수 있어 어르신들의 불편을 최소화 · 탑승 용이, 안락한 승차감으로 이동 편의 제공 · 접종 후 대기시간 단축	· 어르신들이 별도 탑승지점까지 도보로 이동해야 하는 불편 · 탑승을 도와주는 인력이 별도 필요 · 접종 후 예정된 인원이 모두 승차해야 귀가함으로 대기시간이 증가
신속성	· 기동성이 뛰어나며, 4인 승용차로 운송해서 신속성 확보	· 운송이 예정된 다수의 인원이 탑승할 때까지 이동이 불가하므로 신속성 저하
안전성	· 4인씩 운송하여 방역지침 준수와 버스보다 안전사고 등의 위험 감소	· 다수의 인원을 운송함으로 방역지침 준수의 어려움 및 버스 내 이동 간 안전사고의 위험 존재
적시성	· 계획된 예방접종 일정에 따라 탄력적인 운행이 가능하여 접종의 적시성 확보	· 다수의 인원을 운송해야 하는 특성상 변수가 많아 계획된 일정대로 운영하는데 어려움

태나 갑작스러운 상황으로 미접종자가 발생하여 추가 편성이 생겨도 택시를 운행해서 어르신들의 이동 편의를 제공했다.

택시를 이용한 이동지원으로 접종센터 내원에서 귀가까지 접종을 위한 소요시간을 1시간으로 단축하고, 거동이 불편하신 어르신들의 도보 이동을 최소화하는 등 행정수요자의 특성을 반영한 맞춤형 행정서비스 제공으로 주민 만족 체감도와 코로나19 예방백신 접종률을 향상했다.

최근 코로나19로 인해 지역경제가 침체하면서 운송업계 중 특히 택시의 급격한 수입 감소로 많은 어려움에 처하게 되었다. 백신 예방접종을 위한 운

금산 종합체육관 예방 접종센터

송지원 사업으로 지역 운송업계에 많은 도움이 되고 있으며, 이를 통한 지역 경제 활성화에도 기여했다.

문정우 금산군수는 "접종을 희망하시는 75세 이상 어르신들은 기한 내에 예약해 주시기 바란다"라며 "이번 코로나19 백신 접종이 차질없이 진행될 수 있도록 모든 행정력을 집중하겠다"라고 말했다.

주민자치 실무자 워킹그룹 운영

홍성군은 다양한 분야에서 훌륭한 인물을 배출한 곳으로 유명하다. 고려의 명장, 최영 장군의 사당과 일제에 맞서 싸운 김좌진 장군과 한용운 시인의 생가가 있다. 계절마다 색다른 풍경을 볼 수 있는 용봉산과 금빛 억새의 물결이 가득한 오서산은 가벼운 산행을 즐기기에 좋은 산이다. 남당항은 홍성의 대표 먹거리인 대하와 새조개가 유명하다.

홍성군(군수 김석환)은 '주민자치 실무자 워킹그룹' 운영을 통해 소통과 협력을 위한 민·관 네트워크를 구축하고, 읍·면 간의 경계를 허물어 상호 정보 공유와 교류 활동으로 주민자치 활성화를 도모하고 있다.

홍성군은 2021년 7월부터 12월까지 민간의 읍·면 주민자치회 사무국장 및 간사와 본청 및 읍·면 주민자치 담당 공무원 등 홍성군 민·관 주민자치 실무자를 대상으로 민·관 주민자치 실무자 간에 정기적인 교류의 장을 마련하고, 읍·면별 자치활동 사례를 공유해서 상생과 발전 방향을 모색하고, 주민자치 교육, 회계 교육 등 실무자의 역량을 강화·지원하는 홍성군 '주민자치 실무자 워킹그룹'을 출범시켰다.

이를 위해 주민자치의 필요성과 가치, 정책 방향 등 기본교육을 시행하고, 주민자치회의 구성과 운영에 관한 로드맵을 구상하고, 다른 지역 및 읍·면별 사업추진 현황, 자치활동 우수사례를 공유하며, 주민주도의 지역 현안 발굴 및 주민총회를 통해 의제를 공론화하는 과정을 학습했다.

7월과 8월에 50여 명씩 참석하여 정기회의를 개최해서 민·관 주민자치 실무자 간의 운영현황 및 우수사례를 발표하고, 읍·면별 사업추진 현황 공유 및 상호 피드백, 개선방안을 모색했다.

주민자치 기본교육의 시행으로 주민자치의 기본 정책 방향과 활동 관련 공직선거법을 안내하고, 농촌형 주민자치 발전 모델을 학습했다.

홍성군은 2021년 7월 27일, 지역 간 상생과 발전 방향을 모색하고, 주민자치 민·관 네트워크를 구축하기 위해 충남도 내 최초로 주민자치 실무자 워킹그룹 회의를 개최했다.

군청 회의실에서 각 읍·면 주민자치(위원)회 사무국장과 간사, 담당 직원 등 23명이 참석해서 박진하 지역정책실장의 주도로 '주민자치와 농촌사회의 변화'라는 주제의 주민자치 역량 강화를 위한 교육을 시행했다. 그리고 주민자치(위원)회 운영과 발전 방향을 모색하는 등 주민자치 활성화를 위한 실무자 간 소통과 교류의 장을 가졌다.

홍성군은 앞으로 주민자치 역량 강화를 위한 교육과 주민자치(위원)회 발전 방향 모색, 지역 의제발굴 과정 및 주민총회 개최준비, 타 지역의 우수사업(사례)토의 및 학습, 2021년 주민자치(위원)회 운영성과 분석 및 결산 등 5개 과정을 월 1회 정기적으로 심도 있는 논의를 통해 제도 개선과 활성화 방안을 발굴해 나간다는 방침이다.

2021.7.27. 주민자치 실무자 워킹그룹 회의 개최

한편 홍성군의 홍성, 광천, 홍북, 홍동, 결성, 장곡, 관내 6곳의 주민자치회에서는 9월부터 2022년 자치계획과 지역 현안에 대해 논의하고자 주민총회를 개최할 계획이며, 코로나19로 대면 접촉이 어려울 경우 온라인으로 전환하여 주민의 의견을 자치계획에 반영할 예정이다.

홍성군은 주민자치 민·관 네트워크 확대 및 연대를 강화할 계획이다. 이를 위해 주민자치회의 안정적 정착과 지역사회 위상 제고를 위한 주민자치회 간 연대를 촉진하고, 지역 유관단체와의 네트워크 확대를 통해 주민 대표성의 확보와 주민자치의 자생력을 강화하고, 지역 현안에 대한 읍·면 주민자치(위원)회 조직 간 협업체계의 구축 및 중장기적 정책사업을 권역별로 합동 추진하기로 했다.

김석환 군수는 "주민 중심의 진정한 지방자치가 실현될 수 있도록 지방정부의 역량 강화에 힘쓰겠다"라며 "미래성장동력 구축을 위한 홍성군의 새로운 도약을 위해 홍성군민과 함께 최선을 다하겠다"라고 말했다.

'주민이 만드는 미래' 마을계획 수립

하늘을 찌를 듯한 대나무와 맑은 댓잎의 향기가 가득한 '죽녹원'은 담양의 대표적인 관광명소이다. 그래서 이 지역에서 나는 대나무로 만든 죽세공품이 유명하다. 또한, 메타세쿼이아 나무가 도로 양쪽으로 길게 서 있는 메타세쿼이아 길은 드라마에 자주 등장할 정도로 이국적이고 아름다운 풍경을 자랑한다.

담양군(군수 최형식)은 주민이 직접 제안·공유·숙의하는 과정을 통해 주체적으로 지역사회의 문제를 파악하고, 해결방안을 마련할 수 있도록 주민자치회를 중심으로 분과를 운영하여 해당 읍·면의 마을 전체 의견을 수렴하여 마을계획을 수립할 수 있도록 하고 있다. 주민이 중심이 되어 현안사업과 지역자원, 특성 등의 여건을 분석하고, 해당 지역의 특성을 반영한 비전과 목표를 제시하여, 주민들이 희망하는 사업을 행정 전문가와 협의해서 실현 가능한 사업이 되도록 계획을 수립하고 있다.

2019.10.30 마을계획 수립단 발대식

주민자치회를 법인화하여 사업비 1억 원(국비 50%, 도비 15%, 군비 35%

)을 투입해서 주민이 계획하고 실행하는 마을계획 수립을 지원하고, 마을계획 수립을 위한 주민 공감대를 형성하고 역량을 강화했다. 분과별 마을계획서를 만들고, 마을계획 수립에 따른 실행계획 수립 및 주민 의견 수렴을 통한 마을계획 수립 매뉴얼을 제작했다.

2020년 7월부터 2021년 3월까지 사업비 1억 원(국비 50, 도비, 15, 군비 35)을 투입해서 '주민이 만드는 미래' 읍·면 마을계획 수립과 지역공동체 육성 사업을 실시했다. 담양읍과 봉산면, 고서면, 가사문학면, 대덕면, 월산면 등에서 읍·면 마을계획을 수립하고 실행하기 위한 주민총회를 6개 읍·면에서 개최했다.

2020년 10월 30일, 담빛 농업관 3층 대강당에서 2020년 마을계획 수립을 위한 추진단 발대식을 온라인으로 진행했다. 마을계획 수립 대상지인 담양읍, 봉산면, 고서면, 가사문학면, 대덕면, 월산면의 회의실에서 각각 온라인 화상회의 방식으로 회의가 진행됐다.

2020년 마을계획 수립 추진단 발대식

마을계획 수립 추진단은 주민들과 함께 각 읍·면의 대표성을 찾아내고 주민 의견 수렴, 지역 문제발굴과 해결방안 모색 등을 위해 공유회의, 역량 강화 교육, 주민총회의 과정을 거쳐 마을계획을 수립해 나갈 예정이다.

담양군은 주민이 참여하는 정책개발을 통한 현안 문제 해결로 주민이 공감하는 정책효과를 높이고, 주민자치회와 읍·면 협업을 통해 풀뿌리 주민자치의 실질적인 제도적 기반을 마련하게 될 것으로 기대하고 있다.

담양군은 '담양군 자치계획 수립'을 추진해서 2021년 행정안전부 공모사업에 선정되었다. 2021년 10월부터 2022년 4월까지 사업비 5천만 원(국비 2,500만 원, 도비 750만 원, 군비 1,750만 원)을 투입하여 창평과 금성, 용, 수북 등 4개 읍·면에서 자원조사와 의제발굴 및 읍·면별 자치계획 추진체계를 구축하고, 주민총회 개최, 자치계획 세부실행계획을 수립하고 평가할 계획이다.

최형식 군수는 2020년 마을계획 수립 추진단 발대식에서 "지방자치의 핵심은 주민이며, 주민이 살고 싶은 마을을 직접 만들고, 지역 발전을 위해 함께 고민하고 모색하는 시간은 담양군의 발전을 이끄는 원동력이 될 것으로 기대된다"라며 주민들의 많은 관심과 참여를 부탁했다.

다산행정복합타운

고령군은 가야연맹 시절에는 대가야의 중심지이자 가야금 문화를 꽃피운 지역이다. 대표적인 대가야 체험 축제를 비롯해 가야금 연주와 제작 체험까지 지역색을 고스란히 이어가고 있다. 또한, 700여 개가 넘는 무덤들이 능선을 따라 끝없이 늘어져 있는 지산동 고분군도 꼭 가볼 만한 명소이다.

고령군(군수 곽용환)은 문화·교육·복지·행정지원 시설 등 생활 밀착형 SOC 복합화를 통해 생산성과 효율성을 극대화해서 주민 삶의 질을 향상하고, 일자리창출과 주민 생활에 활력을 불어넣고 있다.

고령군은 2014년 9월부터 2018년 4월까지 총 사업비 192억 원(국비 37억 원, 도비 5억 원, 군비 150억 원)을 들여서 다산면 상곡리 134-2번지 일대의 8,121㎡ 부지에 지하 1층, 지상 4층으로 5,208㎡ 규모의 다산 행정복합타운을 건립했다.

이를 위해 고령군은 2014년 09월에 행정복합타운 개발계획과 기본계획을 수립해서, 2015년 10월부터 2016년 9월까지 부지를 매입해 착공하고, 2018년 4월, 다산 행정복합타운을 준공하고 면사무소와 보건지소가 입주했다. 2018년 5월에는 장난감도서관과 다산도서관이 입주했으며, 2019년 2월에는 주민자치 사랑방 '휴(休) 카페'가 문을 열었다.

유사하거나 중복되는 시설들을 과감하게 통합해서 만들어 개별시설 건립보다 다산 행정복합타운 건립에 약 10억 원 정도의 건축비와 약 20억 원의 토지매입비를 절감할 수 있었다. 문화, 복지, 교육, 행정 등 생활 밀착형 SOC 복합화로 효율성을 극대화하여 지역주민의 소통과 다양한 문화적, 정신적 욕구의 충족, 주민 삶의 질 향상, 행정의 효율성을 증대시켰다. 또한 주민자치 사랑방 '휴 카페' 조성으로 주민자치위원, 전문가, 행정가 간의 소통을 통해 주민자치를 실현하고 있다.

다산 행정복합타운 조감도

	〈 문화+복지+교육공간 〉	〈소통공간〉	〈행정지원공간〉
4층	취미교실(주민 교양강좌), 장난감도서관		
3층	취미교실(주민 교양강좌), 자원봉사센터, 정보화실(열람, 동아리), 대가야 교육원	다목적 강당	
2층	치매 검진실, 치매 프로그램실 종합자료실, 열람실, 디지털열람실	'휴 카페' 회의실	
1층	보건지소(치료실, 진료실), 어린이 자료실(도서관), 육아용품대여소	메인 광장	면사무소 (복지, 민원, 시설관리, 도서관 운영 등)

다산 행정복합타운은 2018년 11월, 경상북도 건축문화제에서 '최우수상'을 수상하는 등 건축물에 대한 평가도 매우 높았다.

고령군은 계속해서 관계기관이나 급식센터 등과 연계해서 문화·복지·교육·행정·치안 등 원스톱 생활서비스를 제공할 계획이다.

곽용환 군수는 준공식에서 "신축 공사를 마치고 문을 연 행정복합타운은 주민 삶의 질 향상에 한몫할 것으로 기대된다"라고 말했다.

다산도서관

시민과 함께 키우는 치즈공방, '회현연가'[1]

김해는 영남에서 창원 다음으로 인구가 많은 도시다. 진영읍 봉하에는 노무현 대통령의 생가와 묘역이 있어 매년 많은 추모객이 방문하고 있다. 국립김해박물관에는 가야 제국의 흥망성쇠를 비롯한 다양한 유물이 전시되어 있으며, 김해 김씨의 시조이자 가락국을 창건한 수로왕릉이 있다.

김해시(시장 허성곤)는 회현마을공동체와 회현연가 협동조합을 설립해서 김해지역의 자원을 활용한 특화상품을 개발했다. 이를 통해 지역 특색을 강화한 지역사회문제 해소를 위해 미래지향적 거버넌스 모델 구축과 일자리를 창출하고 있다.

'회현연가' 외부 모습

2018년 6월부터 2021년 11월까지 봉황동 121-1에 회현마을공동체, 회현연가 협동조합은 시민과 함께 키우는 치즈공방, '회현연가'를 설립했다.

1) 대한민국 좋은 정책대상 최우수상 선정

2018년 3월, '회현연가 치즈 연구소'를 설립하고, 2019년 7월에는 김해 장군차, 김해 산딸기와인 유청스타터를 개발했다. 2020년 6월에는 '회현연가 준비위원회'를 발족하고, 2020년 8월에 김해 장군차, 김해 산딸기와인 천연발효균(모균주) 배양에 성공했으며, 10월에는 회현마을공동체 회현연가협동조합을 설립하고 건물을 착공했다. 그리고 2021년 3월에, 김해 토종균주 상표권과 특허권을 신청하고 '회현연가' 운영을 개시했다.

2013년, 회현동 지역의 폐지 줍는 할머니들로 구성된 '회현당 사회적 협동조합'을 모태로, 2016년에 도시재생 대학으로 지역주민들이 주민공동체를 직접 만들기 위해 '회현연가'를 설립했다.

2019년 7월부터 토종균주 개발을 위한 노력이 이어졌는데, '김해 토종균'을 만드는 재료 역시 김해산으로 사용했다. 바로 장군차와 산딸기와인이었다. 1년이 넘는 악전고투 끝에 2020년 8월, 드디어 천연발효 유산생성균주 배양에 성공하며 '모균'을 만들었다. 이를 통해 '락토바실러스 퍼맨텀(Lactobacillus fermentum)'과 '스트랩토코크스 서모필러스(Streptococcus thermophilus)' 2종의 토종균을 확보했다. 이것을 동결건조, 액상화해 임실에서 1.5t의 치즈 생산에 성공했다.

2021년 8월 기준으로 367명의 시민설립자가 지역의 문제 해결을 위해 동참하였으며, 지속해서 설립자를 모집 중에 있다. '회현연가' 운영에 필요한 기계설비 등 운영기반을 마련하고자 2021년 1월부터 약 8억 원을 목표로 크라우드 펀딩을 진행하고 있다.

'회현연가'는 지역주민이 지역사회 문제를 스스로 해결하는 주민공동체를 구축하고자 설립하였으며, 사업의 계획부터 추진까지 직접적인 참여로 만들어가고 있다. '회현연가'는 사회적 경제조직이 도시재생사업에 참여하는 선진사례로서 사회문제 해소를 위한 자립기반 구축(펀딩)과 거점을 조성하여 지역 내 사회적 가치 실현과 확산의 기반을 마련했다.

'회현연가'는 난치병 아동을 둔 부모, 마을주민들과 함께 치즈와 요구르트 생산, 교육 등의 활동을 펼칠 계획이다. 이외에도 치즈와 피자 체험, 레스

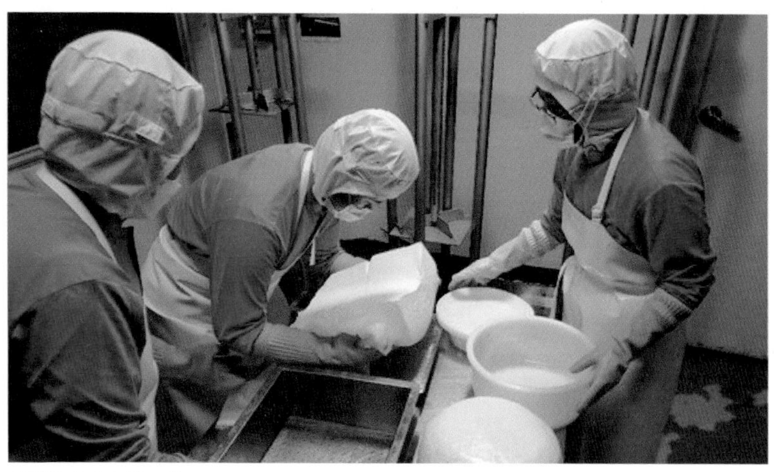
'회현연가'의 토종균 치즈

토랑 운영 등 지속해서 지역 중심의 일자리 창출을 위한 사업들을 추진하고 있으며, 이를 '프랜차이즈'화해서 청년들의 소자본 사업에 도움을 주기 위한 판로를 개척하고 있다.

김해시는 '회현연가'를 통해 취약계층의 일자리 창출과 사회적·경제적 선순환 구조를 구축하고, 원도심 지역의 상징적인 거점 역할로 외부 방문객을 유입해서 지역경제 활성화에 기여하고 있다. 또한, 다른 지역의 사회적·경제적 조직의 선진사례를 벤치마킹하여 김해시에 맞는 지역특화산업으로서 경쟁력과 지속성을 확보하기 위해 노력하고 있다.

허성곤 시장은 "김해 스토리 커피를 비롯해 관내 환아 부모의 일자리 창출을 위한 회현연가와 차상위계층 노인 일자리 창출을 위한 남산별곡 등의 사회적경제조직 육성사업을 통해 지역의 문제를 주민 주도적으로 해결할 수 있는 기반을 마련해 나가 지속가능한 도시재생사업이 되도록 하겠다"고 말했다.

시민의 시정 참여와 민주적 숙의를 위한 제도 구축

춘천은 경춘선 청춘열차와 함께 일상 속에서 한 발짝 더 가까워진 낭만의 도시이다. 춘천의 대표 여행지로 손꼽히는 남이섬은 사계절마다 다채로운 모습으로 늘 새로운 공간을 연출하고 있다. 김유정 작품의 무대가 되었던 실레마을을 걷다 보면 점순이 등 작품 속 인물들이 마중 나올 것만 같다.

춘천시(시장 이재수)는 '시민주권 활성화 기본조례'를 제정해서 시민의 시정 참여 권리를 선언하고, 시민주권위원회의 구성으로 민주적 거버넌스를 구축하고 있다.

강남동 주민자치회 주민총회

후평2동 주민자치회 주민총회

춘천시는 시민주권 활성화 정책의 협의와 조정기구를 운영하고, 온라인 시민소통플랫폼 운영을 통해 시민 공감 정책을 발굴하여 읍·면·동 주민자치회로의 전환을 촉진하고 있다.

2018년 11월, 시민주권 활성화 기본조례 제정을 통해 시민주권위원회 구성과 숙의 공론장, 제도 개선을 위한 근거 규정을 마련했다. 2019년 1월부터 시민주권위원회 구성과 운영을 통해 춘천시 시민주권 활성화 기본계획을 수립했다. 2019년 5월부터 온라인 시민소통 플랫폼 '봄의대화'를 구축, 운영하고, 2020년 6월엔 전국 최초의 출연 기관으로 (재)마을자치 지원센터를 설립해서 운영하고 있다. 2019년 11월부터는 연령별, 직종별로 정책에 참여할 수 있는 '당사자청'을 설립, 운영하고 있으며, 청년청과 (재)춘천지혜의숲, 장애인지적 정책심의위원회를 구성하고, 춘천농어업회의소를 설립, 운영하고 있다.

춘천시는 2019년에 도시형 폐기물종합처리시설의 운영방식과 2020년엔 대중교통 운영방식 등 주요 정책을 시민 공영화를 통해 결정했다. 이를 위해 설문 조사, 정책제안, 온라인교육, 주민총회 등 온라인 시민소통 플랫폼을 만들었다.

춘천시민학교 운영과 마을공동체 지원, 아파트자치회 활성화 지원, 마을돌봄 교육공동체 사업추진 등 (재)마을자치지원센터를 운영했다.

토크콘서트, 주민자치회 활동사례 발표, 당사자협의체 토론회 등 정책박람회를 개최했으며, 코로나19 확산에 따라 비대면 온라인 회의방식을 적극적으로 활용하고 있다.

주민자치회 지원 촉진으로 25개 읍·면·동 중 13개 지역의 전환을 완료했다. 이는 전국 사례에 비해 높은 전환율을 달성했으며, 이에 따라 주민자치회가 본격적으로 활동할 수 있게 되었다.

퇴계동 주민자치회는 2021년, 제20회 전국주민자치박람회에서 '최우수상'을 수상하는 등 전국 주민자치회의 모범이 되었다. 춘천시에 따르면 퇴계동은 코로나19로 인해 심각해진 돌봄 문제를 마을에서부터 주민주도로 해결하기 위해 '다다다 꾸러기 자람터' 사업을 주민자치회와 '어깨동무초등방과후', '한봄사회적협동조합'이 공동으로 진행하고 있다.

심사에서 주민자치회를 중심으로 협력체계를 구축해 사업을 추진한 점과 방학 중 돌봄 사업인 '구해줘 방학'을 통해 주민들의 요구가 실질적으로 반영된 사업을 시의적절하게 진행한 점이 높게 평가받았다.

퇴계동 주민자치회는 상시 돌봄 공간 확보와 주민 학습모임 추진, 청소

2021.5.23. 퇴계동 주민자치회 녹색 장터

년 자율사업 확대 등 마을돌봄교육사업을 지속해서 확대해나갈 계획이다.

춘천시는 2021년 12월, 제2차 시민주권 활성화 기본계획의 수립을 통해 주민자치회 사무 위탁 등 실제적 거버넌스를 구현했으며, 2022년까지 춘천시 전 지역에서 주민자치회로의 전환을 완료할 예정이다. 또한, 2021년부터 2025년까지 마을공동체 돌봄 사업의 정착과 지원을 통해 공동체 내 위기 가구를 발굴하고 지원하는 체계를 정착할 계획이다.

이재수 춘천시장은 2021년 12월 31일, 강원도민일보와의 인터뷰를 통해 "'시민이 주인'이라는 개념이 지역에 잘 뿌리내린 만큼 이제는 스스로 작동할 차례"라며 "내년에도 시민주권을 실현하는 일에 매진하겠다"라고 말했다.

너도 나도 지방세 처리 박사 시스템

태백시의 대표 관광지인 태백산은 해돋이와 해넘이의 명소이다. 각종 석순과 종유석을 볼 수 있는 용연동굴이 있고, 낙동강과 한강의 발원지인 황지연못과 검룡소가 유명하다. 또한, 대한민국 산업화의 에너지가 되어주었던 폐석탄광산에 만들어진 태백석탄박물관도 태백에 있다.

태백시(시장 류태호)는 지방세 제증명 민원창구를 징수팀(3명)에서 윤번제로 근무하고 있어 인력이 부족함에 따라 세무과 소속 전 직원에게 근무명령을 내려 지방세 민원창구 근무를 실시하고 있다.

담당별	담당창구업무	근무인원	근무방법
징수팀	지방세 상담 및 증명서 발급 등	3명	윤번제
세정팀	취득세, 등록세, 면허세, 지역자원시설세	3명	상시근무

3명이 근무하는 징수팀은 지방세 체납액 징수업무에 따른 인력 부족이 심각하다. 거기에 민원창구 특성상 근무시간은 물론 중식 시간 근무 등 어려움을 호소하고 있었다.

이에 따라 태백시는 단계별 추진계획을 세웠다. 1단계로는 지방세 제증명 민원창구를 우선 추진하고, 2단계로 세정팀의 업무인 취득과 등록, 면허세 업무경력자를 파악해서 중식 시간에 지원하는 것을 검토했다.

세목별 과세 및 납세증명, 고지서 발급, 체납액 징수, 지방세 수납, 민원상담 등 민원창구에서 취득세 창구 인원을 제외하고, 세무과 소속 전 직원에 월 1회 근무명령을 내렸고, 사유가 발생 시 근무자 간 자율 조정 근무를 하고 있다.

행정기관 내 코로나19 확산에 대비하여 직원 격리 또는 입원 등의 사태

태백시청 민원창구

가 발생할 경우, 각종 증명서와 고지서 발급, 세무 상담 등 기본적인 세정서비스의 차질을 최소화하기 위해 자체 대응능력 강화가 필요하다고 판단해 '너도 나도 지방세 처리 박사' 시스템을 운영하기로 했다.

태백시는 지방세 민원창구 대응능력을 강화해서 누구나 원스톱 민원처리로 너도 나도 지방세 민원처리 전문가로 양성하고, 창구 민원 근무로 시민의 세무행정 요구들을 파악해서 지방세 민원에 대한 대응능력을 강화하고, 민원창구 근무직원들의 근무환경 개선으로 감정노동의 여건을 개선하게 되었다.

지방세 민원처리체계에 대한 적극 행정 구축으로 세무과 전 직원 누구나 원스톱으로 민원처리가 가능한 '민원처리 전문가'로 양성해서 민원창구의 인력난을 해소하고 전문적 지방세 업무연찬 기회를 마련하며, 징수팀의 인력난 해소로 근무여건을 개선했다.

이를 통해 2020년 하반기에 1488건, 5억6백만 원에서 2021년 상반기엔 1679건, 7억7천8백만 원으로 민원창구를 통한 지방세 수납실적이 191건, 2억7천2백만 원 증가했다.

태백시의 너도 나도 지방세 처리 박사 시스템은 2020년, 강원도 적극 행정 우수사례로 선정되었으며, 2021년 강원도 종합감사에서 '모범사례'로 선정되었다.

류태호 시장은 "앞으로도 코로나19 대응과 원활한 세정서비스 제공을 위해 지방세 처리 박사 시책을 지속해서 추진하고, 미비한 사항을 개선해 시민들의 세정 민원처리에 불편이 없도록 노력하겠다"라고 말했다.

생활민원바로처리 운영

경상북도 내에서 가장 높은 지형을 이루는 영양군은 북쪽의 일월산(1,219m)과 통고산(1,066m), 동쪽의 백암산(1,004m) 등 1,000m가 넘는 태백산맥의 지맥이 군의 3면을 둘러싸고 있다. 영양군의 주실마을에는 한국 현대시의 완성이자 근대시의 시초인 조지훈 시인의 생가와 그의 시비가 있다. 현존하는 한글 최초의 조리서인 '음식디미방'이 존재하는 두들마을에 가면 전통주부터 상차림까지 다양한 음식체험을 할 수 있다.

전동스쿠터 수리

영양군(군수 오도창)은 취약계층과 소외된 지역의 주민들에게 생활 밀착형 복지서비스를 제공하여 복지 사각지대를 해소하고 있다.

영양군은 2019년 3월부터 '영양군 생활민원 바로 처리반 설치 운영에 관한 조례'에 근거하여 전 군민을 상대로 생활 밀착형 복지서비스를 제공하고 있다. 전동스쿠터 점검 및 수리와 보일러 점검 및 수리, 전기배선 등의 소규모 수리, 수전·전등·전선 수리 및 교체 등 기본적인 생활에 도움이 되는 서비스를 시행하고 있다. 일반 가정에서는 필요한 자재를 사전에 준비해야 하지만, 빈집이

방충망 수리

'생활민원 바로처리반' 활동 모습

나 사업장, 기관 단체가 운영하는 시설, 20세대 이상의 일반 다가구 주택, 100㎡ 이상의 비주거용 건축물 등은 제외 된다.

영양군 '생활민원 바로처리반 서비스'는 2019년 3월에 발대식을 하고 군민들의 큰 관심 속에서 많은 성과를 거두며 추진되어 있다.

민선 7기에서는 정부의 생활 밀착형 행정 추세에 맞추어 '생활민원 바로처리반'을 신설하여 주민들의 일상 고충과 민원을 바로 처리할 수 있도록 했다. 여기에는 평소 오도창 군수의 신념인 '감동 행정'의 실현을 통해 민원서비스에 대한 만족도를 높여서 군정 업무에 활력을 불어넣겠다는 의지가 반영됐다.

구분	민원 접수 (건)	처 리 결 과(건)									
		계	전동스쿠터 (휠체어)	가정 내 소규모 수리·정비							기타 불편 민원
				전기 배선	보일러 설비	배관설비 (부엌, 화장실, 수전 등)	방충망 수리	동절기 에어캡 ·방풍비닐	문고리 교체	용접	
누계	**4,933**	**4,933**	**130**	**824**	**468**	**701**	**856**	**233**	**430**	**6**	**1,285**
2019년	1,108	1,108	33	273	174	216	227	78	0	0	107
2020년	1,545	1,545	39	256	137	202	305	99	156	6	345
2021년	2,280	2,280	58	295	157	283	324	56	274	0	833

'생활민원 바로처리반' 서비스는 본격적으로 시행된 지 3년 차에 접어들

었고, 이제는 군민들이 가장 필요로 하는 대표 민원서비스로 자리 잡았으며, 기본적인 가사 도움 서비스(전구, 콘센트 수리)와 전동 휠체어 수리, 간단한 배관설비 수리 등 다양한 서비스를 제공하고 있다.

2019년에는 1,108건의 민원을 처리했고, 2020년에는 1,545건을, 2021년엔 2,280건을 처리하는 등 해가 갈수록 호응이 좋아졌다.

이렇게 생활 불편 민원해결요구가 날로 증가해서 현장출동 근무조의 신속한 민원해결이 어려울 정도이다. 이에 영양군은 향후 '생활민원 바로처리반' 근무조의 인력을 충원하는 등 확대, 운영할 계획이다.

오도창 군수는 "군민의 삶 가까이에서 군민에게 언제나 도움의 손길을 줄 수 있는 작은 행정의 시작으로, 적극적이고 능동적인 행정을 통해 군민의 눈높이에 맞춰 함께 나아가 행복 영양을 만들겠다"라고 말했다.

밀양형 신 교통정책 추진

밀양은 의열단 단장인 독립운동가 김원봉의 고향이다. 천황산 중턱에 있는 얼음골 계곡은 한여름에도 얼음이 얼고 처서가 지날 무렵부터 얼음이 녹는 이상 기온 지대로, 얼음골 사과가 유명하다. 밀양강과 어우러진 영남루의 야경은 밀양을 대표하는 명소이다.

밀양시(시장 박일호)는 대규모 아파트와 상가 밀집 지역의 이면도로에 양방향으로 주·정차하는 차들 때문에 교통체증과 교행 불편사항이 지속해서 발생하고 있다.

이에 밀양시는 2020년 10월부터 '밀양형 신(新) 교통정책'을 추진하고 있다. 도심지에 있는 유휴부지(사유지)를 활용해서 '공한지 주차장'을 조성하고, 교행 불편사항을 해소하기 위해 '한 방향 주차허용구간'을 운영하고 있다.

공한지 주차장 조성

공한지 중 2년 이상 개발계획이 없는 토지를 대상으로, 장기 미사용 공한지의 토지소유자와 협의해서 재산세를 감면해주는 혜택을 주고 공영(무료) 주차장을 조성했다.

2020년 7월, 공한지 주차장 조성을 골자로 한 주차공간 조성을 위한 내부 검토를 마쳤으며, 9월에는 공한지 주차장 조성부지를 발굴하고 12월에는 새마을금고와 지엘리베라움 2차 아파트 앞에 공한지 주차장 2개소 70면을 조성했다. 2021년 3월, 어린이놀이터, 삼문아파트 인근에 2개소 85면을 추가 조성했고, 8월엔 '강북박돼지' 옆 등 3개소 103면을 조성하고, 12월에는 현대아파트 옆, 향교 앞에 2개소 50면을 추가 조성하였다, 이렇게 마련된 공한지 주차장은 총 9개소 285면에 이른다.

공한지 주차장

공한지 주차장 현황

구분	위 치	상세위치	면적	면수	조성일
합계	9개소		8,495㎡	285면	
1	삼문동 494-1	새마을금고 옆	795㎡	32면	'20.12.
2	삼문동 595-4	지엘리베라움 2차 앞	991㎡	38면	'20.12.
3	삼문동 520-11	삼문아파트 인근	648㎡	20면	'21. 3.
4	삼문동 604	어린이 놀이터 옆	1,602㎡	65면	'21. 3.
5	삼문동 516-5	강북박돼지 옆	854㎡	34면	'21. 8.
6	삼문동 517-6	서훈웰빙 옆	472㎡	17면	'21. 8.
7	내일동 508 외 1	의열기념관 인근	1,392㎡	52면	'21. 8.
8	교동 781-2 외 1	향교 앞	1,091㎡	20면	'21. 12.
9	내이동 1520-11 외 1	현대아파트 인근	650㎡	30면	'21. 12.

시민참여 유도를 위한 캠페인 및 홍보

2021년 3월부터 밀양시와 밀양경찰서, 밀양소방서, 삼문동 청년회 등 사회단체가 참여하여 '주차는 주차장으로', '착한 걸음 5분 걷기'에 대한 홍보를 시작했다. 이면도로의 주정차 차량을 대상으로 홍보물을 배부하고, 펜스나 전봇대에 주차금지 및 주차장 이동 홍보물을 부착했다. 차량을 이용해서 1일 2회 홍보 방송을 하고, 인근 상가나 아파트단지에 홍보물 4,000부를 배부하고, 수시로 방송을 통한 홍보를 실시했다.

한 방향 주차허용구간 추진

양방향 주차로 인한 교통체증이 발생하는 넓이 8m 이상의 도로에서 이면도로 중앙선을 제거하여 한쪽 주차를 허용했다.

이를 위해 2020년 10월, 도로교통법 및 도로의 구조, 시설기준 저촉 여부에 대한 도로교통공단과 경찰서의 자문과 협의를 거쳐, 11월에 한 방향 주차허용구간 운영계획을 보고하고, 한 방향 주차허용구간 사업을 추진했다.

구분	구 간	길이(m)	시행일	비고
합계	3개소	1,630		
1	북성회전교차로~제일여자고등학교	770	20.11.	내이동 718-1
2	밀양시립도서관 뒤편~밀양시보건소	330	21. 3.	삼문동 183-13
3	내일행복센터 뒤~영남루 공영 노외주차장	130	21. 3.	내일동 265-1
4	하남읍 하나로마트~경남 5차 아파트	400	21. 11.	수산리 467-128

밀양시의 신 교통정책 시행으로 신삼문동 내 교통사고가 2020년 274건, 월평균 23건에서 2021년 49건, 월평균 16건으로 월평균 30%가 감소했다. 불법 주정차와 이면도로 주차는 불편하다는 인식이 확산하면서 스스로 교통법규를 지켜야 한다는 시민의식이 정착되었다. 방치된 공한지를 주차장으로 활용하면서 쓰레기 불법 투기가 근절되고 여름철 각종 벌레가 없어지는 등 도심지의 환경개선에도 효과를 보았다.

인근 대단위 아파트의 입주민과 상가 업주 등의 참여와 협조 속에 소방서, 경찰서 및 삼문동 기관단체와 유기적 운영체계를 구축하여, 사업을 조기에 정착시킬 수 있어 시민 만족도를 높일 수 있었다.

박일호 시장은 "보행자와 운전자 모두에게 교통편의를 제공하기 위해 내년에도 공한지 주차장과 한 방향 주차허용구간을 확대 운영해서 안전하고 쾌적한 교통환경을 조성하겠다"라고 밝혔다.

의령군 찾아가는 코로나19 백신 추가접종

의령군의 대표 관광지인 일붕사에는 기네스북에 등재될 만큼 세계 최대의 동굴 법당이 있다. 한우산에는 설화가 하나 내려오는데, 도깨비마을 설화원에 그 이야기가 곳곳에 쓰여있어 하나하나 읽어보는 소소한 즐거움이 있다. 또한, 의령읍에는 홍의장군 곽재우의 생가와 의병박물관이 있다.

의령군(군수 오태완)은 의료기관 부재와 거동불편으로 백신 접종이 힘든 읍·면 지역의 고령층을 위한 백신 접종기회 확대를 도모했다.

2021년 12월 13일부터 21일까지 7일간 읍·면 보건지소에서 60세 이상의 접종 완료 후 3개월이 지난 어르신을 대상으로 의사 2명과 간호사 4명, 행정 인력 등으로 구성된 12명을 2팀으로 나누어 방문접종을 시행했다.

어르신들에게 마을에서 읍·면별 보건지소까지 교통편의를 제공하고, 읍·면별 보건지소에 추가 접종센터를 설치해서 운영했다.

추가 접종센터의 원활한 운영을 위해 보건소에서는 60세 이상 고령층의 추가 접종계획을 수립했다. 읍·면에서는 추가 접종계획에 대한 안내와 홍보를 하고, 의령군 행정과에서는 읍·면별 추가 접종계획을 수립하고, 안전관리과에서는 교통편의 제공을 위한 세부계획을 수립했다. 읍·면 보건지소에서는 찾아가는 읍·면별 추가 접종을 실시하는 등 관련 부서 간 경계 없는 정보교류와 협업을 추진했다.

의령군에서는 어르신들에게 마을회관에서 읍·면 보건지소를 왕복 운행하는 이동수단을 제공했으며, 읍·면 보건지소를 기점으로 시간대별로 주민 순환수송을 했다.

전담 공무원과 의사, 간호사, 구급요원으로 구성된 방문접종 2개 팀은 15일엔 화정면과 부림면, 16일엔 정곡면과 궁류면, 17일에는 용덕면과 유곡면, 20일에는 가례면과 봉수면, 21일에는 의령읍 순으로 접종을 진행했다.

사전예약 없이 당일 현장 예약 후 거주지 보건소와 보건지소에서 접종할 수 있도록 했다.

읍 · 면 보건지소 추가 접종센터 운영

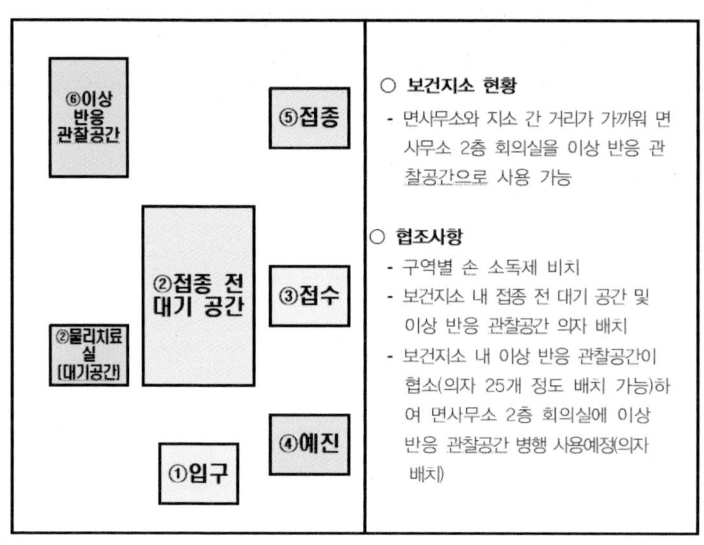

보건지소 전경	접종 전 대기공간	이상 반응 관찰공간

고령층이 많은 의령의 특성상, 대중교통 이용에 어려움이 많은 어르신을 위한 교통편의 제공으로 군민들의 큰 호평을 받았다. 시내의 의료기관이 아닌 60세 이상 고령층 거주지인 읍·면 보건지소에서 백신 접종을 가능하게 함으로써 어르신의 접종 참여율을 높였다. 실재로 찾아가는 방문접종 시행 전 40%의 60세 이상 고령층 접종률을 시행 일주일 만에 77.6%로 끌어올렸다.

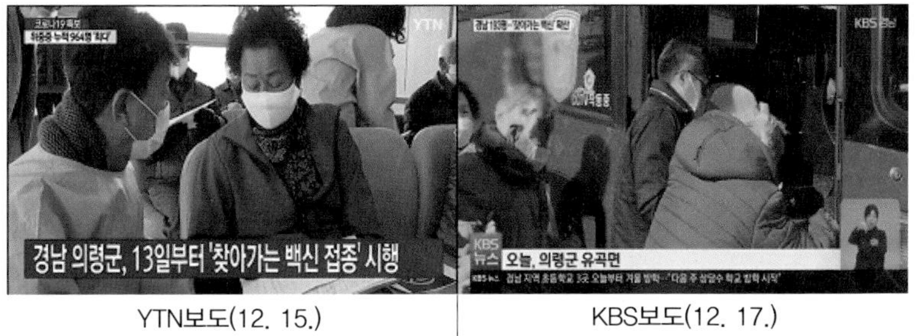

YTN보도(12. 15.)	KBS보도(12. 17.)

의령군은 의료기관 접근성이 부족한 읍·면 지역 군민들을 위해 보건지소를 통한 찾아가는 추가 접종을 지속해서 추진할 계획이다.

오태완 군수는 "코로나 감염 예방은 추가 접종을 속도전으로 끝내는 것이 최선이므로, 현장의 군수이신 읍·면장께서 직접 백신 접종 현장에서 열심히 뛰어줄 것"을 당부했다.

02

일자리 창출

구로 청년 공간 '청년이룸' 구축

1964년, 한국 최초로 준공된 구로공단은 국가 경제에 큰 역할을 했다. 그 주역은 우리의 어린 누이들이었다. 그들은 부모와 오빠, 동생의 뒷바라지를 위해 봉제, 섬유, 가발 공장 등에서 땀을 흘려야 했다. 조세희의 소설 <난장이가 쏘아올린 작은 공>에 나오는 '은강공단'은 구로공단에서 영감을 얻은 것이다.

그 구로공단이 2000년에 '서울디지털산업단지'로 이름이 바뀌면서 정보통신과 벤처기업 중심으로 업종을 전환했다. 공장 중심엔 패션타운이 들어서고, 공장 형태도 아파트형으로 바뀠다. 그래도 김수영의 시 <거대한 뿌리>에서 '나에게 놋 주발보다도 더 쨍쨍 울리는 추억이/ 있는 한 인간은 영원하고 사랑도 그렇다.'라고 한 것처럼 그 시대의 우리 누이들을 잊지 말고, 구로를 함께 기억해야 할 것이다.

구로구(구청장 이성)는 구로공단의 추억이 서려 있는 곳에 유휴공간을 마련하고, 일자리 토탈 플랫폼인 '청년이룸'을 구축해서 청년들의 취업 지원과 일자리를 연계해 주체적인 미래설계를 지원하고 있다.

청년실업과 청년층의 구직 단념자 증가 등으로 청년 일자리 창출을 위한 다양한 취업 지원 인프라 구축이 필요했다. 그리고 G밸리 입주기업 중 IT업체와 SW업체가 79.8%를 차지하지만, 전문인력의 부족으로 인력 불균형이 발생하고 있었다.

이런 점을 고려하여 구로구에서 2017년부터 천왕역 지하 1층(2,244㎡)에 구로 청년 공간 '청년이룸' 시설을 만들었다. A존에는 AI/VR 면접체험관, 스터디 공간 등이 있고, B존은 스터디룸, G밸리 일자리 매칭센터와 상담실, C존은 IT 및 취업교육 공간, 전시공간, 스마트팜 등으로 구성되었다. 청년 구직자, 창업준비자 등 지역주민을 대상으로 국비 22억5천, 시비 7억, 구비

구로구 천왕역 지하 1층에 조성된 '청년이룸'

5억5천, 총 35억 원가량의 사업비를 들여 구로구와 서울시, 서울교통공사의 협력사업으로 추진했다.

'청년이룸'에서는 취업준비생을 위한 다양한 교육이 진행되고 있다. G밸리와 연계한 청년 일자리 창출을 위해 AIoT, 빅데이터 등 4차산업 관련 IT 전문교육 과정이 있고, 비즈니스 전략 시뮬레이션, 기업 실무과제 수행을 통해 취업역량을 강화하는 '미니인턴(298명)' 등을 통해 실무능력을 배양할 수 있는 프로그램이 있다. 또한, 포트폴리오와 자기소개서 작성, 면접 코칭, 인·적성 탐색 등 채용 경향을 반영한 취업특강도 열린다. 특히 AI-VR 면접체험관은 비대면 면접 증가에 따라 청년들의 적응력 향상을 위한 면접 프로그램 운영하는데, 답변 속도와 시선 처리, 말투, 목소리의 떨림 등 언어적, 비언어적 요소까지 평가할 수 있다.

교육뿐 아니라 다양한 분야의 취업을 모색하고, 새로운 활력을 찾을 기회도 마련되어 있다. 재직자에게 직접 듣는 직업의 세계, 디지털 노마드 등 미래의 근무환경과 좋아하는 일을 제2의 직업으로 만든 사례, 인문학, 문화예술 체험 등을 할 수 있다.

2020년 7월, '청년이룸'은 서울시 광역 일자리 카페로 선정되어 서울 서남권과 인근 경기지역의 거점형 청년 일자리 지원 인프라로 성장했다. 일자리 플랫폼, 스마트팜, 사회적 경제 빌리지 등 일자리 인프라 조성에 이바지하고, 33개 프로그램에 4,787명을 교육하는 등 청년취업 지원 종합서비스를 제공하고 있다.

'청년이룸'이 제공하는 프로그램이 알차다 보니 취업과 창업 결과물도 상당히 좋은 편이다. '청년이룸'에 따르면 센터를 거쳐 간 취준생들의 7.2%가 취업에 성공했다고 한다.

이러한 성과를 바탕으로 지자체가 운영하는 청년 공간 구축과 모범적인 운영사례로 타 기관에 전파되어 서울시의회, 지자체, 청년 관련 기관 등이 50회 정도 벤치마킹을 했고, 6건의 MOU 체결이라는 성과를 이루어냈다.

또한, 2019년에서 2020년, '전국 지방자치단체 일자리 대상'에서 고용노동부로부터 '최우수상'을 수상하는 등 좋은 평가를 받았다. 이를 바탕으로 정부와 서울시로부터 일자리 지원 프로그램을 위한 예산 7억7천만 원을 받아냈다.

향후 '청년이룸' 사업은 G밸리에 특화된 고용환경 개선과 AIoT 산업 스케일업(Scale-up) 생태계를 조성하고, 기업 인사관리 지침 검토, 근로여건 문제점 진단과 개선 등 지속적인 고용 확대 정착을 위한 컨설팅을 진행할 것이다.

2021년 9월에는 프로젝트 실험실 운영을 위해 SH공사와 반지하 공간을 활용하는 업무협약을 체결했다. 또한 청년의 주거안정을 위해 106세대의 청춘다락방 건립과 가리봉동에 246세대의 청년 주택을 지속해서 공급할 계획이다.

이성 구청장은 "청년이룸의 다채로운 구직 프로그램으로 울산과 경남 양산에서도 청년들이 찾아오고 있다"라며 "취업 전에 100번 이상 면접을 본 두 아들을 생각해서라도 관내 청년들이 저마다의 꿈을 이루도록 든든한 지원군 역할을 하겠다"라고 밝혔다.

지역과 함께하는 N번째 일자리, 신중년 인생 제2막을 꿈꾸다

1861년에 만들어진 김정호의 <대동여지도>를 보면 영등포는 지금의 한강성심병원 건너편 여의도 옛 강변에서 이제는 사라진 여의도 양말산을 오가며 한강 밤섬과 마포를 연결하는 소규모 나루터였다는 것을 알 수 있다.

영등포구(구청장 채현일)는 지역과 함께하는 중장년의 일자리를 위한 지원체계를 구축했다. 이를 통해 40, 50세대 전문분야 은퇴자의 '성취 지향적 삶'에서 '의미 지향적 삶'의 역할을 할 수 있도록 견인하고, 사회공헌을 위한 선순환 모델을 제시했다.

대한민국 사회는 해가 갈수록 퇴직 연령이 빨라지면서 평생직장 개념도 사라지고, 조기 퇴직자도 증가하고 있다. 최근 10년 사이 서울시 전체 인구 중 중장년층 비율은 2.3% 상승했다. 2020년 12월 기준 영등포구의 중장년 비율은 38.7%를 차지하고 있다. 이런 환경 변화 속에서 지속적인 영·유아 수 감소 및 기대수명 연장으로 중장년층 일자리 지원의 필요성이 사회적으로 대두되었다.

100세 시대에 증가하는 신중년 은퇴자를 위한 맞춤형 지원이 절실해졌다. 여가활동이나 일방향 강좌를 통한 일자리 교육에서 벗어나 중장년층의 전문성을 활용한 재능기부, 사회공헌 등 선순환 일자리 모델로의 확장과 전환이 요구되었다.

영등포구는 중장년층 제2의 인생 도약을 위해 기존의 취약계층 또는 고령 세대와는 차별화된 일자리 지원 서비스를 제공하고 있다. 또한, 뜻과 가치가 맞는 중장년이 만나 서로의 생각을 공유하고 발전시킬 수 있는 공간 조성과 시공간 부여를 통한 관계 회복 및 일자리 계획을 현실화할 수 있도록 지원하고 있다.

'중장년 일자리희망플랫폼' 시설을 만들어 1인 사무공간 '청춘 Re 스타트

신중년의 인생 2막 거점 공간 '중장년 일자리희망플랫폼'

업 존'을 제공하고, 개인의 역량 강화를 위한 생애 설계 프로그램을 진행하며, 은퇴자들의 경력을 활용하기 위해 '신중년 일자리 설계사'를 채용했다.

이를 통해 '성취 지향적 삶'에서 '의미 지향적 삶'으로의 40, 50세대 인생 전환을 지원하는 효과와 함께 중장년층 네트워크를 운영해서 일자리 정책의 발전과 민관협력 체계를 구축할 수 있었다.

YDP 미래평생학습관 4층에 '중장년 일자리희망플랫폼' 시설을 만들어 1인 사무공간과 다목적 협업공간, 일자리상담실, 휴게공간을 조성해서 중장년 간의 만남과 소통, 일자리 창출, 사회공헌 활동을 위한 공간으로 활용하고 있다. 공유 오피스, 맞춤형 일자리 상담, 중장년 협업 커뮤니티 활성화를 통해 중장년 일자리 창출을 위한 거점 공간으로서 기반을 구축했다는 평가를 받고 있다.

1인 사무공간 '청춘 Re 스타트업 존'은 일자리나 사회공헌 활동에 대한 사업계획이 있는 관내 중장년을 대상으로 1인 사무공간과 개인 PC, 공유 사무기, 사업자 등록지를 제공한다. 또한, 입주자를 대상으로 한 컨설팅 및 리딩 프로그램, 커뮤니티 형성을 지원하는 등 사업 제안의 Think tank 역할을 하고 있다.

중장년 퇴직준비자 또는 은퇴자 맞춤형 프로그램을 개발, 운영하고, 역량 강화와 생애 설계지원, 창작 아카데미 및 전문자격 취득 과정을 지원하며, 'YDP 미래평생학습관'과 연계하여 중장년층을 위한 생애 전환기 노후준비 교육과 디지털 역량 강화 교육 등 다양한 프로그램을 운영하고 있다.

'그들의 일자리는 그들의 손으로'라는 신조로 중장년층의 경력을 활용한 '일자리 설계사' 5명을 채용해서 시설과 프로그램 운영, 일자리 상담 등 자생적으로 일자리를 해결할 수 있도록 지원하고 있다.

1인 사무공간 입주자모집과 프로그램을 통해 사업계획을 현실화하고, 퇴직 전후 중장년층의 재취업, 창업지원 공간 운영을 통한 인적 자원 개발, 지역사회의 일자리 문제 해결 및 사회적 가치 창출을 위해 입주 중장년층의 인큐베이팅을 통한 재능기부와 사회참여 모델의 구축이 필요하다.

채현일 구청장은 "중장년층의 일자리희망플랫폼이 4060신중년 세대와 구민 모두의 뜻과 가치를 나눌 수 있는 열린 커뮤니티의 장으로 애용되길 바란다"라며 "중장년의 풍부한 경험과 역량이 지역사회의 중요한 밑거름으로 재탄생할 수 있도록 최선을 다하겠다"라고 말했다.

청년이 잡(JOB)고 싶은 일터, 인천 남동구

인천 남동구는 인천시청과 교육청, 농수산물 도매시장, 인천 종합문화회관이 있는 인천의 중심지다. 특히 소래포구는 인천시민뿐만 아니라 서울과 경기도 사람들이 가장 많이 찾는 포구이다.

남동구(구청장 이강호)는 전국의 다른 지자체에 비해 청년 인구의 비율이 높은 곳으로 청년 중심의 일자리 전략이 필요한 곳이다. 그래서 남동구는 청년이 스스로 일자리를 창출하고, 청년이 정착하고 싶은 도시를 만들기 위해 청년들에게 부족한 시간과 공간, 기회를 주는 정책을 추진하고 있다.

청년예술인 지원사업 '우리는 푸를 나이 JOB CON'

남동구는 2018년 8월부터 전국 최초로 '청년예술인 월급제' 사업을 시작해서 일자리 제공과 청년예술인을 육성하고 있다. 청년예술인들에게는 자신의 재능을 살릴 수 있는 일자리를, 지역주민에게는 문화공연을 즐길 수 기회를 제공해서, 지역문화 콘텐츠 개발을 통한 지역 활성화에 기여할 수 있는 선순환 구조를 만들었다.

'청년예술인 월급제'를 통해 고용된 170명의 청년예술인은 2021년 6월 30일 기준으로 272회에 걸쳐 문화공연 활동을 펼쳤다. 또한, 이들은 유튜브 채널 운영이나 공연콘텐츠 제작, 지역문화 콘텐츠 개발 등의 작업을 하고 있다.

청년창업 지원주택사업, 창업과 주거안정 두 마리 토끼를 잡다

남동구는 2019년 12월부터 당시 행복주택으로 승인된 주택을 LH공사와 협의해서 일부 주택을 청년주거 및 창업지원 주택으로 지원했다. 창업 시설 1,332㎡와 238세대가 2022년 6월에 입주 예정이다.

남동구 청년 미디어타워 조성 '청년 중심 4차산업 특화 인재 양성'

남동구는 방치된 건축물을 이용해서 청년 미디어 콘텐츠의 창작과 제작 역량 강화를 위한 청년 미디어타워를 조성했다. 이곳에서 미디어 분야의 취업과 창업을 연계하는 사업을 추진하고, 4차 산업에 특화된 미래인재를 양성하고, 지역 일자리 창출을 위한 사업도 하고 있다.

2020년 9월 22일에 개소한 청년 미디어타워에는 녹음·영상 스튜디오와 1인 창작실, VR체험관, 카페, 문화공간 등을 갖추고 있다. 지금까지 미디어타워 사용 인원은 3,365명, VR체험관 이용 인원은 261명, 영상 및 음향 스튜디오 대관은 72회, 영상미디어 아카데미는 20명이 될 정도로 좋은 운영성과를 보이고 있다.

남동구 청년창업 지원센터 1호점 개소 '꿈꾸는 청년창업 마을'

남동구는 청년 취업난 해소와 청년창업 활성화에 기여하기 위해 청년창업 생태계(HUB)를 조성했다. 청년창업기업을 발굴해서 육성하고, 청년창업 프로그램과 창업상담을 운영하며, 창업이나 취업을 준비하는 청년을 위한 청년 커뮤니티 기능을 지원하고 있다.

전국 최초로 청년에게 창업공간을 무상으로 제공해서 24시간 개방하고 있다. 이곳은 청년들이 직접 운영하고 있으며, 청년을 센터장으로 고용했다. 2019년 4월 16일에 개소한 청년창업 지원센터에는 창업 사무공간과 협업공간, 공유 OA(Office Automation), 카페, 공방 등이 들어섰다. 그리고 2021년 10월, 만부마을에 개소한 창업지원센터 2호점은 청년창업의 인큐베이터로서 6개소의 여성 창업자들을 위한 특화 사무공간과 6개소의 주거공간을 제공하는 등 청년들의 취업과 창업을 위한 요람이라는 평가를 받고 있다.

청년창업 지원센터 1호점에는 30개 기업이 입주해서 139명의 일자리를 창출해 총 매출 5,346만 원의 성과를 냈다. 531회의 창업상담과 취업과 창업 프로그램을 77회 실시해서 2,945명이 교육을 받았다. 또한, 659명이 멤버십에 가입했고, 46,911명이 시설물을 이용하는 등 활발한 활동을 하고

있다.

청년참여단 설립 '청참시(청년 참여 시점)'를 시작하다

남동구는 2019년 4월 19일에 청년 기본조례를 제정해서 2020년 1월 1일, 일자리정책과에 청년정책전담팀을 신설했다. 그리고 2020년 5월 28일에는 27명의 청년이 청년 일자리와 청년자립기반, 청년문화예술 3개 분과로 구성된 '청년참여단'을 설립해서 청년들이 자신들의 삶의 문제를 공유하고 고민해서 참여까지 끌어낼 수 있는 제도적 장치를 마련했다.

남동구는 이러한 노력으로 2021년 6월 16일, 인천지역 최초로 국회사무처 소관의 '(사)청년과 미래'가 주관한 '청년 친화 헌정 대상 소통대상'에 선정되었다.

이강호 남동구청장은 "앞으로도 청년들에게 꿈과 희망을 주는 참신하고 적극적인 청년 정책을 펼쳐나가고, 구민과 약속한 공약사항을 성실히 이행하도록 최선의 노력을 다하겠다"라고 밝혔다.

화성시 M.I.H(Made In Hwaseong) 프로젝트 예술단

화성시는 해안과 육지를 넘나드는 체험이 가능한 곳이다. 바다낚시를 즐길 수 있는 궁평항과 하루에 2번 바닷길이 열리는 제부도에서는 갯벌 체험이 가능하다. 궁평리와 매향리를 잇는 화옹방조제 도로에서는 시원한 드라이브 코스를 즐길 수 있고, 도로 양쪽으로는 자전거와 인라인을 탈 수 있다.

화성시(시장 서철모)는 코로나19로 생존 위기에 내몰린 지역 내 문화예술인들에게 관련 일자리를 제공해서 실질적인 도움을 주고, 화성시민으로 구성된 M.I.H(Made In Hwaseong) 프로젝트 예술단을 운영하여 예술인의 예술 활동을 독려했다.

2020년 8월 10일부터 11월 30일까지 화성시민 중에서 관련 분야 전공자 또는 경력자를 대상으로 관현악, 합창, 스트릿 댄스 분야에서 71명을 주4일 16시간 동안 최저시급제를 지급하는 조건으로 고용해서 M.I.H(Made In Hwaseong) 프로젝트 예술단을 운영했다.

2021년 3월 9일부터 11월 19일까지는 관현악, 스트릿 댄스, 보컬, 국악 분야에서 75명을 주3일 15시간 동안 화성시 생활임금인 10,000원의 시급제로 고용해서 M.I.H(Made In Hwaseong) 프로젝트 예술단을 운영했다.

정량적 성과

구분	2020년	2021년
연습일수	62일	108일
기획공연	1회	24회(예정)
초청공연	4회	5회(예정)
영상콘텐츠	27편	50편(예정)

주요 활동 내용

연번	활동내용	
1	화성시 M.I.H 프로젝트 예술단. 합창단 및 연습 시작	관현악단, 스트릿댄스, 합창단으로 구성된 프로젝트 예술단 정기연습 진행(매주 월~목, 1일 4시간)
2	화성시장과 함께하는 프로젝트, 예술단 간담회	격려사와 질의응답 등 간담회를 통한 소통의 시간
3	뚝딱뚝딱미디어 〈Libertango〉편 촬영	현악 3중주와 팝핀 댄스의 콜라보레이션 공연 영상 촬영
4	뚝딱뚝딱미디어 〈Paroles, Paroles〉편 촬영	프랑스 샹송, 걸리쉬댄스, 클래식 기타, 콘트라베이스, 타악기의 콜라보레이션 공연 영상 촬영
5	뚝딱뚝딱미디어 〈Air on the G String〉편 촬영	첼로 2중주와 비보이댄스의 콜라보레이션 공연 영상 촬영
6	합창단 '못 잊어' 등 연습 영상 촬영	못 잊어, 바람이 불어오는 곳, 버터플라이 연습 영상 촬영
7	동탄목동이음터 과학강연 '다들배움' 초청공연 출연	스트릿댄스 팀 공연
8	화성시민의 노래 합창 버전 제작	현악악단과 합창단 녹음 참여
9	기획공연 M.I.H Collaboration Stage : THE ONE	관현악단, 스트릿댄스, 합창단의 분야별 무대와 장르가 융합된 콜라보레이션 공연
10	2020 화성시 시민참여주간 〈코로나19 마음 방역 예술프로젝트〉	화성시 자치행정과 주최 시민참여주간 오프닝 공연 출연(영상)
11	뚝딱뚝딱미디어 〈THE ONE 에필로그〉	기획공연 'THE ONE' 공연 후기 영상

M.I.H 프로젝트 예술단의 활동을 통한 일자리 창출은 기존 단순 노무의 일자리를 탈피해 지역 청년예술가의 발굴과 육성이 가능한 창조적 일자리를 제공했다. 또한, 코로나로 생계에 어려움을 겪고 있는 예술인 중에서 2020년엔 71명, 2021년엔 75명을 직접 지원했다.

그리고 코로나 장기화로 위축된 공연예술 활동 촉진과 성장 동력을 회복해서 창작의 발판을 마련했다. 네트워크를 형성해서 예술인 주도의 융복합

M.I.H 프로젝트 예술단 '보헤미안의 꿈'

다원 문화를 구현하고, 관현악, 스트릿 댄스, 보컬, 국악 공연예술 등 4개 장르의 예술인 인프라를 구축했다.

2020년엔 5회 공연과 27편의 콘텐츠 제작 및 송출, 2021년에는 29회 공연과 50편의 콘텐츠 제작 및 송출 등 시민들에게 다양한 문화예술의 경험을 제공하고, 문화향유의 기회 확대 및 지역 문화예술 발전에 기여했다. 또한, 화성시의 이러한 운영사례는 전국으로 전파되어 대구광역시, 나주시 등 타 지자체로부터 초청공연 요청이 잇따르고 있다.

서철모 시장은 M.I.H 프로젝트 예술단의 통합기획공연인 '보헤미안의 꿈' 관람을 마치고 "'보헤미안의 꿈'처럼 관습이나 규율을 벗어나 국악, 보컬, 관현악, 스트릿 댄스 단원, 모두의 꿈이 이뤄지고 자유롭게 예술을 할 수 있는 무대였다"라면서 "앞으로도 화성시는 청년예술인 지원을 통해 예술인들이 꿈꾸고 사랑하며 시민들이 그 예술과 함께 행복해질 수 있는 화성시가 되도록 노력하겠다"라고 밝혔다.

전국 최초의 청년 기업 인증지원제도운영

문수산은 '김포의 금강산'이라 불릴 만큼 사계절 모두 아름다운 경치를 자랑한다. 자연경관이 좋은 하동천에서는 생태계의 보물창고로 불릴 만큼 다양한 관속식물과 포유류 등을 만날 수 있다. 김포 국제조각공원은 산책하면서 조각품을 감상하는 재미가 있으며, 김포를 대표하는 대명포구에서는 싱싱한 횟감을 맛볼 수도 있다.

김포시(시장 정하영)는 저성장 시대에 구조적 불평등과 청년세대의 불안이 심화하고 있는 상황에서 미래성장동력인 청년들의 창업과 기업 활동을 적극적으로 지원해서 청년의 경제적, 사회적 지위를 높이고 지역경제의 선순환효과를 만들고자 했다.

2018년 기준으로 김포시 내에 있는 사업체를 조사한 결과, 전체 31,385개 기업체 중 청년기업체 수는 4,966개로 15.8%에 불과했다. 게다가 전체기업의 생존율은 27.3%인데 반해 청년 기업의 5년간 생존율은 23.45%밖에 되지 않았다. 이렇게 청년 기업의 낮은 생존율로 위기가 심화하고 있는 상황에서 청년의 창업과 기업 활동을 적극적으로 지원할 필요가 있다고 인식했다.

이에따라 '청년이 살아야 지역이 산다'는 김포시의 의지를 실현하기 위해 청년을 포용적 정책의 대상, 도시 성장을 견인할 수 있는 주체로 인식하고, 이를 정책화하기 위해 2018년에 전담 부서를 신설하고 기본조례 제정을 추진했다. 이와 함께 정책 심의와 자문을 위한 '청년 정책위원회', 청년의 시각과 목소리를 수렴할 수 있는 '청년 정책 네트워크'를 구성하여 청년 대상의 정책을 확산해 나갔다.

공약 핵심과제는 '도전하는 청년의 도시'로 설정하고, '청년 창업지원센터 설립 등 6개 사업'을 공약 주요사업으로 선정해서 '청년을 위한' 정책을 펼치겠다는 민선 7기 시장의 의지를 밝혔다.

김포시는 청년에게 실질적인 도움이 되는 정책을 제공하기 위해, 정책의 영역을 '복지'에서, '일자리' 중심으로 확대했다. 이를 위해 청년 정책 전담업무를 경제 총괄부서로 이관하고, 4개 분야에서 30개 사업을 추진했다.

김포시는 전국 최초로 「청년 기업 육성 및 지원 조례」를 제정하고 청년 기업 육성 계획의 수립, 청년 기업 지원사업, 청년 기업 인증 및 절차, 청년 기업 제품의 우선구매 등의 사업을 시행했다.

또한, 전국 최초로 '청년 기업인증 제도'를 시행해서 청년 기업인증을 바탕으로 관내에 있는 청년 기업의 데이터베이스를 구축, 지원사업과 연계하여 활용하고 있다.

□ 청년 기업인증 인센티브(2021년)

구분	지 원 내 용	비고
자금지원	· 중소기업 · 소상공인 운전자금 이자차액 0.5% 추가보전 · 특례보증 연계 – 담보력이 부족한 청년 기업에게 보증서를 제공하여 은행에서 자금조달을 원활하게 할 수 있도록 지원	
	· 2021년 김포 사랑 청년재직자 내일채움공제 사업 우선 선발	신규
마케팅 지원	· 국내 및 해외 전시회 지원사업 신청 시 가산점 부여(3점) · G-FAIR KOREA 김포시 단체관 및 특별관 신청 시 가산점 부여(3점) · 시 홈페이지에 '청년 기업인증 현황' 월별 게시	
	· 김포시 공식 SNS를 통한 홍보 실시 · 해외지사화 지원사업 신청 시 가산점 부여(5점) · 인증받은 청년 기업 제품 우선구매 지원(김포시청 대상)	신규
기업애로 해소 지원	· 소규모기업 환경개선사업 신청 시 가산점 부여(3점) · 시장 현장 행정실시 및 간담회 실시 · 기업 SOS 현장기동반(관련 부서+기업지원사업 지원기관 등)을 통해 기업애로 해소	
기술 지원	· 공기관 대행(경기도경제과학진흥원, 경기테크노파크)사업을 통해 청년 기업의 기술, 생산공정 등, 문제점을 진단하여 수요 맞춤형 기술지원 연계 * 중소기업의 개발 · 생산 · 판로 등 맞춤형 지원, 디자인 개발 지원, 지식재산 창출 지원 등	

김포시는 청년 기업의 판로 강화를 위해 청년 기업 제품을 우선 구매해

서 간접홍보 및 시장 활성화를 도모하고 있다.

2021년엔 담보력 부족으로 융자가 어려운 청년 기업의 보증 지원을 위한 청년 기업 특례보증 지원사업을 통해 제조업엔 1억 원, 비제조업엔 5천만 원 이내의 보증 한도를 지원하고 있다. 또한, 관내 중소기업에 재직 중인 34세 이하 청년에게 '김포 사랑 청년재직자 내일채움공제'에서 월 12만 원의 청년부담금과 월 20만 원의 기업부담금을 3년간 지원하는 등 청년 기업지원을 확대했다.

청년지원공간 창공 사우 센터, 유튜브실.

청년 기업 CEO 지원을 위해 2019년 11월, 원도심인 사우동에 '사우 청년지원센터'를 건립했다. 청년 기업의 취업과 창업상담, 취업과 창업지원에 관한 정보를 제공했다. 2020년 7월엔 한강신도시 구래동에 '구래 청년지원센터'를 건립하여, 협업공간과 청년 기업 CEO 공유카페 등을 열었다. 특히, 청년 기업 CEO들의 미디어 교육과 유튜브 등 동영상 제작과 지원을 통해 기업판매수익의 증대 효과를 내고 있다.

김포시는 청년 기업인증의 범위를 제조업 중심에서 서비스업 등 비제조업 분야로 확대해서 일자리 창출과 지역경제 선순환에 청년의 역할을 높이고 있다. 청년 기업이 안정적으로 자립할 때까지 지속해서 지원할 수 있도록 지원사업 참여시 자부담 비율 경감 등 지원사업의 규모를 확대하는 방안을 계속 강구하고 있다.

정하영 시장은 "그간 코로나19 장기화로 경영에 어려움을 겪고 있는 청년 기업이 많을 것이다. 이번 특례보증 지원으로 위기를 극복하고 더 크게 도약할 수 있는 기회가 되었으면 한다"라며 "앞으로도 청년 기업에게 힘이 되는 정책으로 지역경제 활성화를 위해 최선을 다하겠다"라고 포부를 밝혔다.

구리시 청년 행복 시책

구리시는 남한에서 고구려 유적이 가장 많이 남아 있는 곳이다. 고구려 대장간 마을은 고구려의 철기 문화를 엿볼 수 있는 테마공원이고, 고구려의 군사유적으로 중요성을 인정받은 아차산은 산세가 험하지 않아 가볍게 산행하기에 좋다. 우리나라 최대규모의 왕릉군인 동구릉은 도심 속 휴양지로 알려져 해마다 많은 관광객이 방문하고 있다.

구리시(시장 안승남)는 미래의 성장 동력인 청년이 행복한 도시를 구현하기 위해 일자리 창출, 기본권 보장과 관련한 다양한 시책을 발굴, 추진하고 있다.

2018년 12월부터 청년의 눈높이에 맞춘 고용 촉진과 능력 개발, 복지정책 강화로 청년의 사회적 기본권을 보장하고 경제적 자립을 지원하고 있다. 청소년 행복 설문 조사 연구용역 결과를 청소년 정책 개발에 활용하여 청년기까지 이어지는 건전하고 행복한 사회 풍토를 조성하기 위해 구리시 '청년창업지원센터'와 구리시 공유주방인 '공드린 주방'을 운영하고 있다.

구리시 '청년창업지원센터'는 2021년 1월 1일부터 2023년 12월 31일까지 광운대학교 산학협력단(센터장 1명, 매니저 3명)을 통해 구리시의 39세 이하 청년을 대상으로 성장단계별 맞춤형 창업을 지원해서 고용성과를 창출하고 있다. 또한, 예비 청년 창업가에게 창업공간을 제공하고, 창업 멘토링과 교육, 사업화와 마케팅 지원, 입주기업 성과평가 및 판로개척 등을 지원하고 있다.

청년창업지원센터는 연 1,621명이 이용했으며, 청년 창업자 59명을 발굴하고, 822명에게 창업교육 및 컨설팅을 제공했으며, 5개 팀에게 5백만 원씩 창업비용을 지원했다.

구리시는 2020년 10월, 중소벤처기업부 지역혁신 창업 활성화 지원사

업 공모를 선정(1,600만 원)하고, 2021년 6월부터 10월까지 구리시 공유주방인 '공드린 주방'의 리모델링 공사(660㎡)를 추진해서 2021년 11월부터 18개 실의 개별주방과 교육장 등을 운영하고 있다.

전국 최대규모이자 지자체 최초의 공유주방인 '공드린 주방' 운영을 통해 공공기관 최대규모의 융합형(교육+배달+제조유통+창업) 외식 창업공간을 조성해서 외식 창업 희망 청년에게 23㎡를 개별 및 공유주방으로 제공했다. 이곳에서 맞춤형 전문가의 컨설팅과 교육을 1:1로 제공하고, 주변 농수산물도매시장과 대형 마트, 전통시장과 연계하고 있다. 2021년 8월 15일에는 구리시 '공드린 주방' 예비입주자 21명이 기본교육과정을 수료했다.

구리시는 2020년 11월 12일, '구리시 입영지원금 지급 조례'를 제정, 시행하고, 2020년 11부터 구리시 입영지원금 지급 계획 수립과 추진체계 구축 및 운영에 들어가서, 전국 최초로 입영자에게 지역화폐로 10만 원씩 '구리시 입영지원금'을 지급하고 있다. 2021년 9월까지 구리시는 400명에게 입영지원금 4천만 원을 지급했다. 이를 인해 2021년 1월, 병무청으로부터 감사패를 받았다.

구리시는 2021년 8월 10일에는 청년복지 분야 정책토론회를 개최했으며, 2021년 9월 17일엔 총 20명으로 구성된 구리시 '청년정책위원회'를 구성했다. 전국 최초로 '구리시 청소년 행복 증진방안 공동연구 용역'을 실시하고, 구리시 청소년 2,000명을 대상으로 한 '행복 설문 조사'의 결과를 분석해서 정책에 반영하고 있다.

구리시는 청년창업지원센터의 청년창업실적 및 지역경제 활성화 기여도를 평가하고, 2021년 10월엔 구리시 '공드린 주방' 개관과 운영에 들어가서 18개 실에 대한 모집을 완료했다. 2021년 10월, 구리시는 입영지원금 지급 대상 확대를 위한 조례 개정을 추진하고, 11월에는 구리시 청소년 행복도 조사 연구용역을 완료해서 2022년부터 구리시민 행복정책에 반영하기로 했다.

안승남 시장은 "2022년은 구리시가 4차 산업혁명의 선도도시로 도약하는 해로서, 구리시 청년 기업가들의 창업 도전을 위해 창업 성공의 기회를 제공하고, 일자리 창출은 물론 구리시를 대표하는 청년 기업을 발굴, 육성하여 청년이 행복한 도시를 조성하는 데 최선을 다하겠다"라고 말했다.

여주시 출자법인 ㈜푸르메여주팜 설립[1)]

여주시는 한민족 5천 년 역사에서 최고의 성군으로 추앙받는 세종대왕의 영릉이 있는 곳이다. 또한, 조선 시대의 『세종실록지리지(世宗實錄地理志)』에는 '도기소(陶器所) 하나가 여주 관청의 북쪽 관산(串山)에 있다' 라는 기록이 있을 만큼 여주지역은 도자기 역사에서 매우 중요한 곳이다.

여주시(시장 이항진)는 민·관·공 협력으로 중증장애인의 행복한 일자리 창출을 위해 오학동 47번지 일원 12,883㎡에 전국 1호 컨소시엄형 표준사업장인 '㈜푸르메여주팜'을 설립했다.

여주시 출자기관 형태로 여주시가 2억 원, 푸르메소셜팜이 5억 원, 한국지역난방공사가 3억 원을 출자해 자본금 총 10억 원으로 설립한 ㈜푸르메여주팜은 장애인 60명과 비장애인 10명 등 약 70명을 고용해서 스마트팜(토마토와 표고버섯) 작물을 재배하고 있다. 또한, 포장 및 판매, 지역 농산물을 가공 판매하고 중증장애인에 대한 영농훈련을 시행하고 있다. 아울러 이곳에서 생산된 농산물을 SK하이닉스 및 관련 업체에서 구매하도록 했다.

이를 위해 여주시는 2020년 2월 14일, 출자기관 '㈜푸르메여주팜' 설립계획을 수립하고, 5월 19일엔 출자기관 설립 협약식을 개최하고, 9월 25일에 '㈜푸르메여주팜' 법인을 설립했다. 같은 해 10월 29일에 '㈜푸르메여주팜' 착공식을 하고 12월 1일에는 발달장애 청년 15명과 고용계약을 했다. 2021년 3월 19일에는 '㈜푸르메여주팜' 청년인턴 16명에 대한 2차 합격자를 발표하고, 4월 6일엔 '㈜푸르메여주팜'의 유리온실 개장과 토마토 식재 행사를 진행했다. 5월 1일에 발달장애 청년 11명과 고용계약을 체

1) 대한민국 좋은 정책대상 최우수상 선정

푸르메여주팜 유리온실 개장 2021.4.6

결하고, 추가로 6월 10일에도 발달장애 청년 8명과 고용계약을 진행했다.

'㈜푸르메여주팜'은 그동안 우리 사회의 관심 밖에 있던 발달장애인과 그 가족들에게 안전하고 행복한 일터를 제공하여 희망과 기대가 넘치는 일상과 그들이 꿈과 행복을 실현할 수 있도록 지원하고 있다.

여주시에서 사회적 약자인 발달장애인의 취업여건은 매우 어려웠으나, ㈜푸르메여주팜은 2021년 7월 기준으로 34명의 발달장애인을 고용했고, 2023년까지 최대 60명의 장애인을 고용할 계획이다.

여주시의 기존 장애인 일자리는 79.8%가 최저임금 이하의 기간제가 대부분이었으나 ㈜푸르메여주팜은 최저임금 이상의 급여와 안정적인 고용을 보장하는 양질의 일자리를 창출했다.

여주시 OO보호작업장에는 32명의 장애인 일자리를 위해 매년 약 6억 원의 보조금을 지원하는 반면, ㈜푸르메여주팜은 1회 2억 원의 보조금으로 최대 60명의 장애인 일자리 창출이 가능할 정도로 매우 효율적인 장애인 일자리를 창출하고 있다.

또한, ㈜푸르메여주팜은 농업의 가치추구와 지역사회 상생발전의 새로운 모델을 제시했다.

12,883㎡ 규모의 ㈜푸르메여주팜은 36명의 발달장애인을 포함해 44명의 직원이 근무하고 있다. 현재 농장을 비롯해 사무실과 교육실, 휴게실을 갖추고 있으며, 기숙사, 게스트하우스, 카페, 파머스마켓, 도서관 등이 2022년 완공을 앞두고 있다. 발달장애인 직원은 오전과 오후로 팀을 나눠 하루 4시간 근무로 매달 100만 원가량의 급여를 받고 있다.

발달장애 청년농부들의 토마토 재배 2021.8.17

전국에 발달장애인은 25만 명으로 추정되지만, 교육과 취업의 문턱은 높기만 하다. 2020년 고용노동부 통계 자료에 따르면, 발달장애인의 취업률은 23.3%로, 전체 장애인 고용률인 34.9%에 비해 현저히 낮다. 그래서 취업 환경이 열악한 발달장애인에게 안정적인 고용 기회를 제공한다는 소식에 전국에서 문의가 잇따르고 있다. ㈜푸르메여주팜에는 발달장애인 자녀의 취업을 위해 온 가족이 경북 구미에서 여주로 터전을 옮긴 직원도 있다.

여주시는 지속해서 장애인 일자리를 창출하기 위해 ㈜푸르메여주팜 제2호 사업장의 확대를 검토하고 있다.

이항진 시장은 2021년 11월 28일에 열린 '대한민국 좋은 정책대회'에서 '최우수상'의 영예를 안고, 수상소감에서 "모델 구축에 많은 난관이 있었는데 각계각층에서 도움을 주면서 안정적 일자리가 가능할 수 있었다"라며 "사업모델이 전국으로 퍼져 16%에 불과한 발달장애인의 취업률이 획기적으로 높아지고, 장애인이 안전한 환경에서 꾸준히 일할 수 있는 여건이 조성되길 희망한다"라고 밝혔다.

양평군, 토종자원 클러스터 기반 구축

남한강과 북한강이 합류하는 두물머리는 영화와 드라마에 자주 등장하는 명소 중의 명소이다. 새벽에 피어오르는 물안개의 신비로움 때문에 출사지로도 유명하다. 또한, 42m에 이르는 용문사의 은행나무는 가을이면 노란 은행잎이 만발해 절경을 이루고 있다.

양평군(군수 정동균)은 '토종자원'을 활용한 '토종농산물'의 보존(증식)과 생산, 가공뿐만 아니라 이것을 상품화해서 유통과 소비까지 이어지는 먹거리 순환체계 모델과 융복합산업 플랫폼을 구축했다. 이 사업으로 농가소득의 증대와 거시적인 식량 주권을 실현하고 있다.

대표적인 그린뉴딜 사업으로, 100년 후의 포스트 코로나 시대를 대비한 일상과 먹거리를 준비하고, 유기농과 무농약으로 대표되는 '친환경 농업 특구'라는 명성을 얻고 있다.

토종으로부터 새로운 패러다임을 부여해서 한국판 뉴딜과 함께 '대한민국 토종자원'을 신(新) K-Culture로 전환할 필요가 있었다.

2014년부터 2018까지 5년간 해외에 지급한 종자 로열티가 590억 원이다. 농업인이 자가 채종을 통해 종자 주권을 확립하고, 과거 거대기업에 잠식되어 점점 소멸해가는 토종 씨앗의 부흥을 도모할 필요가 있다. 양평 지역에서부터 대한민국 전체에 이르기까지 안전한 먹거리 수호와 면역력 체계 향상에 기여하기 위해 우리 땅, 우리 주변에서 우리 몸에 맞게 이어온 토종 씨앗의 종자 주권을 강화해야만 한다.

양평군은 2021년부터 2025년까지 국비 37억 원, 기초단체 112억 원, 자부담 2억 원, 총사업비 151억 원을 들여 토종 씨앗 채종포, 스마트농업 테스트베드, 소규모 가공 및 연구시설, 체험시설 등 융복합사업을 연계한 토종사업을 집약(集約)해 생산과 가공, 유통, 서비스 체인을 조성하고, 토종자원 보존을 위한 거점 단지 조성 사업을 시행하고 있다.

토종농산물의 다품목 소량생산과 자체인증 및 소득보전 체계를 마련하기 위한 생산기반을 조성하고, 토종농산물의 고부가가치 창출을 위해 가공창업지원 시스템을 구축해서 가공기반을 조성하고 있다.

고소득 부가가치 브랜드 및 상품 개발과 공공급식과 연계하는 등 유통플랫폼 구축을 통해 유통기반을 조성하고, 토종유전자원의 수집과 증식, 보존, 확대보급 및 DB관리, 씨앗은행 설치를 통해 토종자원을 보존하기로 했다.

생산과 소비의 네트워크 확산을 위한 참여형 교육프로그램 운영을 통해 교육과 체험기반을 조성하고, 토종자원에 대한 국내외 교류를 위한 학술 및 홍보 행사를 개최하는 등 홍보와 마케팅 기반을 조성하고 있다.

이를 위해 2016년부터 2018년까지 양평군 내 6개 면, 36개 리의 농가를 방문해서 38개 작물, 67개 품종, 198점의 토종 씨앗을 수집했다. 2020년에는 토종자원 보존의 거점기반을 위한 계획을 수립하고, 국유지의 활용 승인으로 32,753㎡에 이르는 '토종자원 보존 거점 단지' 부지를 확보했다.

2020년부터 2021년까지 토종씨드림, 경남농업자원관리원, 고려대학교, 농업회사법인 ㈜우보농장과 토종자원을 위한 산·학·연 협력 네트워크

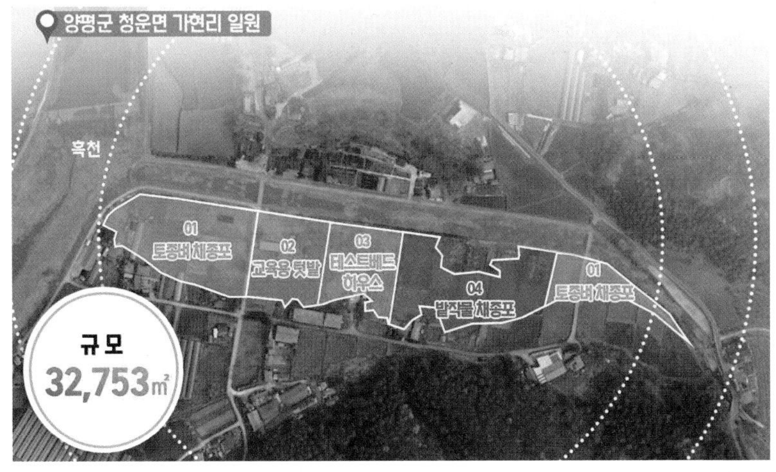

를 구축하고 업무협약을 체결했다.

2021년 3월엔 토종자원 클러스터 기본계획을 수립하고 학술용역을 완료했다. 또한, 토종자원 보존 및 육성에 관한 조례를 제정했다.

2021년 5월, 10.2ha에 22개 농가가 참여해서 125품종의 토종벼를 재배하고, 0.35ha에 6개 농가가 8품종의 밭작물을 재배하는 등 모두 10.55ha에 28개 농가가 토종자원 채종포 재배단지를 구성했다.

2021년 8월에는 비닐하우스 6동을 설치(24m×7m×6동)해서 육묘베드(1.2m×20m×4줄)를 만드는 등 종자 산업을 위한 기반 구축사업을 추진했다.

양평군은 친환경 생산기반을 지지하고 가치(價値)적, 경제(經濟)적, 유기(有機)적 토종산업의 육성 기반을 조성하여 토종자원의 메카로 성장했다. 전국 최초로 '친환경 농업 특구'의 위상을 재확립해서 지역주민의 소득 증대와 지속 가능한 농업 생산환경을 조성했다. 우리 땅과 우리 몸에 맞게 이어온 토종의 '종자 주권'을 강화하고, 현세대와 미래세대를 잇는 대한민국의 미래 100년의 건강 먹거리를 수호하겠다는 계획이다.

정동균 군수는 "수백, 수천 년 동안 기후변화를 견뎌낸 토종 씨앗의 산업화를 통해 우리 군민은 물론 1,350만 우리 도민, 더 나아가 우리 국민의 안전한 먹거리를 우리가 생산해 낼 것"이라고 말했다.

동두천 희망나눔 행복드림(착한일터)

동두천시는 한국전쟁 이후 미군 부대가 주둔하면서 급격히 발전한 기지촌(基地村)이다. 한때 주한미군에서 유입된 경제적 효과와 서구문화로 문화적 풍요를 누리기도 했다. 서울의 미8군 클럽과 함께 1970년, 1980년대에 전성기를 누리던 대중가수들의 요람이기도 했다.

동두천시(시장 최용덕)는 정부 주도의 복지사업 한계로 복지의 사각지대가 발생하고 있는 것을 파악하고, 이를 해소하기 위해 2018년 8월부터 '희망나눔 행복드림(착한일터)' 사업을 시행하고 있다.

'희망나눔 행복드림(착한일터)' 사업은 비예산 사업으로, 관내에 있는 개인이나 사업체가 매월 일정액을 자발적, 정기적으로 기부하여 지역사회보장협의체나 자원봉사센터를 통해 이웃 돌봄을 실천하는 것이다.

정기 후원을 희망하는 사업체는 지역사회보장협의체나 자원봉사센터에 1계좌당 5,000원 이상을 후원하여, 화재 가구 지원이나 주거환경개선사업 등 민간주도의 복지사업을 하고 있다.

2021년 7월까지 104곳의 사업장 단위로 '착한일터'가 조직되어 '희망나눔 행복드림' 정기 후원 및 일시후원을 통해 약 11억2천만 원을 모금했다. 이 기금으로 화재 가구 지원과 희귀난치병 환자 지원, 주거환경개선사업 등 민간주도의 66개 복지사업을 시행했다.

2018년 8월, '착한일터' 1호 가입식 후 2년 8개월 만에 전국 최초로 100호가 탄생했다.

동두천시가 '착한일터' 1호로 가입을 시작하면서 커피 한 잔, 밥 한 끼의 적은 금액이지만 후원자가 모이면 모일수록 큰 시너지를 발휘해 다양한 민간주도의 복지사업을 수행할 수 있다는 '5000원의 기적'을 보여주었다.

사회복지공동모금회는 지정 후원금을 2년 이내에 소진하지 않으면 일

착한일터 100호 가입식

반성금으로 전환되기 때문에 '착한일터' 후원금은 일반성금으로 전환되기 전에 8개 동의 지역사회보장협의체를 통해 연간 배분 계획을 수립해서 100% 시민을 위해 사용되고 있다.

정기 후원으로 연간 1억7천여만 원이 모금되는 점을 고려해 후원금 100%를 동두천시에 거주하고 있는 어려운 이웃을 돕는 데 사용하고 있다.

후원금으로 추진하고 있는 대표 사업 중 하나로, 1인 가구의 고독사 예방을 위한 안전확인 서비스인 '안녕하세요'가 있다. 1인 가구의 증가와 고독사 발생에 따른 대책 방안으로 안전을 확인할 수 있는 상시 보호 체계를 운영해서 위험 상황 예방과 고위험 1인 가구에 대한 관리체계를 강화하는 사업이다.

또 '실버트리 안부드림' 사업은 관내에 있는 고등학교 동아리 학생들과 연계해 홀로 사는 노인 가구를 매주 방문해서 대화를 나누고 색칠 공부나 한글 공부 등 취미활동을 지원해서 우울증 예방과 정서적 안정에 큰 도움을 주고 있다.

이외에도 지역사회의 복지문제 해결을 위해 주민 참여를 통한 지역사회 돌봄체계를 구축하고, 70여 개의 특화사업을 기획, 추진해서 복지의 사각지대에 놓인 어려운 이웃을 발굴, 지원하고 있다.

'착한일터'는 행정절차를 간소화해서 긴급상황에 놓인 대상자에게 필요한 의료비나 생계비 등을 긴급지원하여 지역사회의 복지 체감도를 높이는데 최선을 다하고 있다.

동두천시는 '희망나눔 행복드림(착한일터)'의 지속적인 후원으로 민·관 협력의 복지사업을 시행하고, 촘촘한 그물망 복지지원으로 복지의 사각지대를 없애 저소득층 지역주민의 삶의 질을 높이겠다는 계획이다.

최용덕 동두천시장은 "동두천시의 나눔 문화가 나날이 확산하고 있다는 것을 체감하고 있다"라며, "착한일터를 통해 모인 후원금은 취약계층뿐만 아니라 코로나19로 인해 어려워진 이웃들에게 사용할 수 있도록 하겠다"라고 감사의 말을 전했다.

과천시, 공사장 등 안전관리 시민감독관 운영

관악산, 청계산이 솟아 있는 과천시는 한국의 대표적인 전원도시다. 국내 최대규모의 공원인 서울대공원과 경마공원이 있어서 주말 나들이 코스로 최적의 조건을 갖추고 있다. 또한, 미래를 경험할 수 있는 '국립과천과학관'과 한국 근현대 미술과 세계 미술의 맥을 짚어볼 수 있는 '국립현대미술관'이 있다.

재건축 등 건설공사장에서는 시민들의 안전을 저해거나 불편사항 등이 발생할 수 있다. 이런 문제들을 해결하기 위해 과천시(시장 김종천)는 시민이 직접 감독관으로 참여하여 공사장 안전에 관한 다양한 민원들을 사전에 해소하고, 안전사고 방지와 전문인력을 활용한 일자리 창출을 위한 사업을 진행하고 있다.

지식정보타운 조성과 재건축 추진 등으로 공사장 안전관리 감독이 중요해지고, 안전에 불안해하는 시민들을 위해 공사현장에서 직접 안전관리를 할 수 있는 체계가 필요했다.

과천시의 '안전관리 시민감독관' 사업은 경기도의 '일자리정책마켓' 공모사업에 선정되어 도비를 확보해, 2019년부터 2022년까지 약 10억9천만 원(도비 6억7천만 원, 시비 4억2천만 원)의 사업비를 투입해서 '공사장 등 안전관리 시민감독관'을 운영하고 있다.

과천시는 '과천시 공무직 및 기간제 근로자 관리 규정'에 근거하여 2019년 16명, 2020년 15명, 2021년 8명 등 시민감독관을 채용했다. 시민감독관으로 활동하려면 과천시민으로서 안전관리에 대한 능력이 있는 자, 안전 관련 분야에서 근무한 경력이 있는 자, 산업 및 건설안전과 관련된 자격증을 소지하고 있는 자여야 한다.

시민감독관 공사현장 점검

시민감독관으로 임명되면 하루 5시간씩 주 4일 근무를 하게 되며, 시급 12,000원으로 교통비와 피복비가 포함된 월 140만 원의 기본급을 받게 된다. 이들은 재건축아파트 현장, 지식정보타운 조성 사업장, 갈현동 641 공동주택(우정병원), 오피스텔 건축사업장, 소규모 건축사업장 등에서 근무하게 된다.

시민감독관은 주민과 시공사 간의 갈등 사항에 대한 중재 역할을 하고, 공사장의 안전관리계획 준수사항 등에 대한 이행 여부를 확인해야 한다. 과적 차량과 신호 위반 차량 등에 대한 시정조치 및 안전이행 건의, 공사장의 날림먼지, 등하교 시간대 통학로 안전관리 등 민원 발생 사항을 시정하거나 건의해야 한다.

운영절차

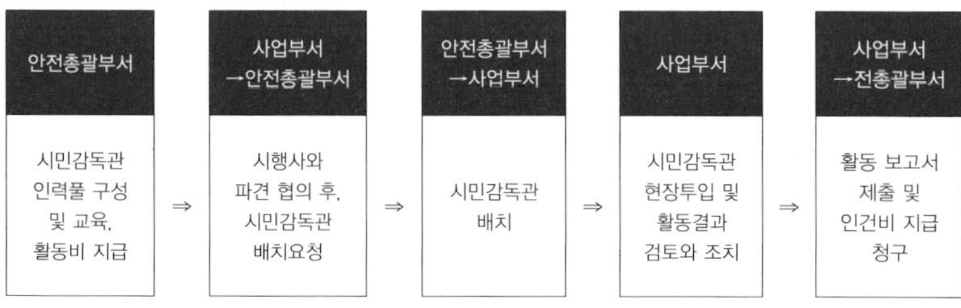

시민감독관은 사업부서와 시민감독관의 전용 카톡방을 통한 민원 및 건의사항의 빠른 처리로, 2019년 555건, 2020년 805건, 2021년 1분기 209건 등 총 1,569건의 공사장 등 안전관리에 대한 시정 및 건의사항 조치를 완료했다. 교통안전 및 보행 안전에 대한 시정 및 건의사항이 전체 59%로 공사장 주변의 도로나 인도에 대한 사항이 가장 많았다.

시민감독관 활동 모습

주요 시정 및 건의사항을 살펴보면, 공사장과 관련해서는 펜스 훼손, 낙하물 방지망, 타워크레인 운영 등이 있고, 교통과 도로 관련해서는 도로파손, 공사 차량 불법 주·정차, 도로오염 등이 있다. 보행과 인도 관련해서는 인도파손, 불법 주·정차, 신호수 배치, 지반침하, 자재 적치 등이 있고, 날림먼지에 대해선 분진망 훼손, 먼지 발생, 미세먼지 측정기 고장 등이 있다. 또한, 소음 관련해서 소음규제치 초과, 소음측정기 고장 등이 있으며, 기타 계도로 전선 노출, 건축폐기물 방치, 안전 장구 미착용 등이 있었다.

공사장 등 안전관리 시민관독관의 시정 및 건의사항의 비중은 공사장 관련이 6%, 교통(도로) 32%, 보행(인도) 27%, 날림먼지 10%, 소음 6%. 기타 계도가 21%이다.

활동이 끝난 시민감독관은 근무경력을 인정받아 2019년 1명, 2020명 1명, 2021년 2명이 재취업했다.

과천시는 시민감독관의 활약으로 안전의식 고취와 사고 예방 감소에 기여하고, 건설공사장 주변 주민의 안전에 대한 불안감과 불편사항 등 다양한 민원을 사전에 해소할 수 있었다. 이 사업을 지속해서 추진하여 공사장의 안전관리 재고 및 주민의 삶의 질 향상에 기여하고, 정년 퇴직자나 안전 분야 전문가 등 전문인력을 활용하여 일자리 창출 및 재취업의 발판을 마련할 것으로 기대하고 있다.

김종천 시장은 "시민의 일상이 항상 안전할 수 있도록 앞으로도 안전증진을 위한 사업을 지속해서 추진하고, 시민이 주도하는 안전 인프라 구축에 최선을 다하겠다"라고 말했다.

영동군, 지역자원을 활용한 맞춤형 일자리 창출

영동은 '한국의 알프스'라는 별칭만큼이나 수려한 산세를 품고 있다. 대표적인 사찰로 '영국사(寧國寺)'를 비롯해 비봉산, 봉황대 등은 양산 팔경에 속한다. '달도 머물다 간다'는 월류봉은 우암 송시열의 많은 시문학을 남긴 곳이며, '송호국민관광지'는 전기 사용도 불가능하고 캠핑 장비도 손수레를 이용해 하나하나 옮겨야 하는 번거로움이 있지만 진짜 아날로그 캠핑을 즐길 수 있다.

이렇게 국토의 중심부에 위치해 천혜의 자연환경과 다양한 관광 자원을 보유하고 있는 영동군(군수 박세복)은 '과일의 성지'라는 지역자원을 활용해서 안정된 일자리 창출로 인구감소 및 고령화에 대응하고 있다.

영동군은 2014년 7월부터 지역 농산물과 일라이트(illite) 자원을 활용해서 지역형 일자리와 기업유치 및 투자 활성화를 통한 신규 일자리를 창출하고 있다.

대한민국 와인 1번지 영동, '대를 잇는 와이너리'로 청년 일자리를 창출하고 있다.

영동군은 와인아카데미와 41개소의 와이너리, 그리고 2018년에 준공된 영동와인터널과 대한민국 와인축제 및 와인트레인 등을 운영하고 있다. 전국 과실주 제조업체의 14%에 해당하는 영동군의 41개소 와이너리 매출액은 2019년 대비 11억 원이 증가했으며, 734명이 와인아카데미를 수료했다.

영동군 대표 농산물(May-vill), 6차 농산업 육성을 통한 기반을 형성하고 있다

새해 농업인 실용교육에 2,240명이 참여했고, 농업기계 순회교육에는 3,509가구가 참여했다. 영동감 가공유통 체험장과 산지유통센터 조성 등 인프라를 구축했으며, 곶감축제를 열어 판촉 행사와 TV광고 등 홍보를 강화하고 있다.

이를 통해 농가소득이 극대화되고 귀농 인구도 늘고 있으며, 지속적인 소득 창출이 이루어지고 있다. 포도 농사의 경우, 2,183개 농가에서 15,654t을 생산해서 가구당 평균수입이 3,500만 원으로 전년 대비 1,400만 원이 증가했다. 곶감의 경우 2,024개 농가에서 2,342t을 생산해 가구당 수익이 약 1,930만 원에 이르고 있다.

청정 관광브랜드 영동! 미래의 100년 먹거리 '레인보우힐링관광지' 조성

영동군의 군정 목표와 군민들의 염원을 반영하여 지역의 새로운 변화를 모색하기 위해 2017년엔 과일나라테마공원, 2018년에 와인터널, 2019에 복합문화예술회관, 웰니스단지 등 '레인보우힐링타운'을 조성했다. 2014년부터 2023년까지 541,727평에 2,675억 원의 사업비를 투입한 이 사업으로 3,800명의 고용을 창출하고, 1,470억 원의 부가가치를 창출하고 있다.

전형적인 농업군에서 산업물류기반 중심으로 일자리 대이동

영동군의 군민 28% 정도가 농업에 종사하고 있다. 그래서 제조업 비중을 높이기 위해 영동군은 2014년에 황간물류단지와 주곡산업단지, 황간산업단지, 2018년엔 영동산업단지를 조성했다. 이렇게 조성된 산업단지를 통해 397명 인원을 고용했다. 앞으로도 영동군은 지속해서 민간사업 투자와 유치를 진행할 계획이다.

세계 유일, 일라이트 산업기반 일자리 터전 마련

영동군은 일라이트(illite) 산업기반을 통한 청년 기업과 스타트업 기업의 창업을 지원하기 위해 2021년부터 2023까지 150억 원의 사업비를 투

일라이트 지식산업센터 투시도

입해서 '일라이트 지식산업센터'를 만들고 있다. '일라이트'는 중금속 흡착과 항균효과, 유해물질 탈취 등 다양한 효능이 있는 광물로 영동군에 5억t가량이 매장되어 있는 것으로 알려져 있다. 4개의 허가된 광산업체에서 연 2500여t의 일라이트를 생산해 천연 화장품이나 수처리제, 보조 사료, 친환경 건축자재 등 각종 산업 분야에 공급하는 고부가가치 산업으로 성장하고 있다. 일라이트 지식산업센터가 준공되면 529명의 신규 일자리가 창출될 것으로 기대된다.

새로운 성장 동력원, 양수발전소 건설사업 유치

한국수력원자력(주)의 신규 양수발전소 건설사업에 영동군이 최우선 순위에 선정되었다. 총사업비 약 1조2천억 원, 설비용량 500MW, 사업 기간 약 12년이 소요될 양수발전소 건설사업을 유치하게 되면 사업비는 468억 원, 경제적 파급효과는 1조 3,500억 원, 고용 유발효과는 6,777명에 이를 것으로 기대하고 있다.

영동군은 '레인보우힐링관광지'와 '일라이트 지식산업센터' 조성과 운영을 통해 '지역고용거버넌스'를 구축해서 경제, 농업, 관광산업 활성화를 통한 일자리 창출과 청년창업 지원 등을 위한 적극적인 행정을 펼쳐나갈 예정이다.

박세복 군수는 2021년 12월 31일, 뉴시스와의 신년 인터뷰에서 "늘머니 과일랜드 부지가 '레인보우힐링관광지'로 탈바꿈했다. 공공시설이 속속 들어서고 있고, 힐링센터와 기반시설의 마무리 공사가 한창이다. '일라이트'를 활용한 다양한 제품개발과 연구로 '일라이트' 산업의 잠재력을 일깨우고, 양수발전소를 활용한 주변 지역의 관광 자원화와 지역주민 소득증대를 위한 기본계획도 수립해서 영동의 신성장 동력을 확보했다"라고 밝혔다.

지역 미래를 이끄는 '나는 김제 청년 E:DA(이다)'

김제평야는 끝없이 펼쳐진 들판으로 국내에서 유일하게 하늘과 땅이 만나는 지평선을 볼 수 있는 곡창지대이다. 조정래의 장편 대하소설 『아리랑』의 배경이 된 김제평야에는 이를 기념하여 <아리랑문학마을>이 있다. 또한, 백제 시대에 창건된 흥복사와 금산사를 비롯한 귀신사까지 다양한 사찰을 만날 수 있다.

김제시(시장 박준배)는 청년이 꿈꾸고 도전할 수 있는 다양하고 실질적인 지원을 통해 안정적인 지역정착 환경을 조성하고 있다.

김제시 전체 인구 81,406명 중 청년 인구는 14,764명으로 인구 대비 18.1%를 차지하고 있어 인접 지역 중 청년 인구 비율이 최저이다. 거기다 청년 인구감소도 연평균 3.17%로 전라북도 전체 평균 감소율 1.58%에 비해 도내 6개 시 지역 중 가장 높은 감소세를 보인다.

김제시는 교육이나 문화, 취업 등을 이유로 청년 인구가 감소하는 것은 청년 문제를 '세대'의 문제가 아닌 '시대'의 문제로 인식하고, '청년이 김제의 미래'라는 신념으로 김제에서 나고 자란 청년들이 고향을 떠나지 않고 안정적으로 정착할 수 있는 여건 조성이 절실해졌다. 그래서 청년의 자립을 응원하고, 청년이 공감할 수 있는 '김제형 청년 정책'을 마련했다.

청년 일자리 중심의 조직개편을 위해 '경제진흥과'를 신설하고, 시장 직속으로 일자리위원회를 설치, 운영해서 '청년 정책 시정 운영' 체계를 구축했다. 또한, '김제시 청년 기본조례' 제정으로 '청년도시'를 위한 통합지원체계를 마련했다. '청년 창업농 간담회'와 20명으로 구성된 '청년정책위원회' 출범 등을 통해 청년의 능동적 사회참여를 유도하고 있다.

김제시는 전북 최초로 꿈을 찾는 청년이 꿈꾸는 공간 'E:DA(이다)'를 운영하고 있다. 'E:DA(이다)'를 통해 김제 청년 활동의 구심점 역할과 취업·창업을 위한 플랫폼 역할을 하고 있다. 또한, 청년의 역량 강화와 소통을 통해 삶의 질을 높일 수 있게 되었다. 이곳에서는 매월 입주자 간담회를 마련해서 청년의 의견을 수렴한다. 또한, 자유로운 의견제시를 위한 오픈 카톡방 및 밴드 같은 SNS를 활용해서 창업과 취업, 소통 등 다양한 활동을 지원하며, 3개 분야에서 7개 프로그램을 운영해 500여 명이 참여하고 있다.

김제시는 전국 지자체 중 처음으로 청년에게 든든한 취업 버팀목이 되어줄 '취업청년정착수당'을 지급하고 있다. 관내의 중소기업이나 중견기업에 취업한 청년에게 정착수당을 지급하여, 장기근속을 유도하고 안정적인 지역정착으로 청년유출을 방지하고 있다. 관내 상시근로자 5인 이상의 기업에 재직 중인 김제시 청년을 대상으로 1인당 최대 5년간 1,800만 원을 지원하고 있는데 2019년엔 35명, 2020년 27명, 2021년 60명 등 총 122명이 지원을 받았다.

김제 전통시장 청년몰 '아리락'

청년창업 데스벨리 극복과 상인주도형 사업추진을 통해 청년 상인의 자생력과 경쟁력을 강화하고, 전통시장에 새로운 활력을 불어넣기 위해 '아리락(樂)'을 조성했다. '아리락(樂)'은 창업교육과 컨설팅, 모범사례 견학 및 실습 등 청년 상인을 위한 인큐베이팅 역할을 하고, 마케팅과 홍보, 이벤트, 환경개선 등 청년몰 활성화를 위한 지원사업을 하고 있다. 요식업 점포 9개, 잡화점 1개 등 10개 점포를 운영 중이며, 청년몰 협동조합을 조직하고, 주 1회 간담회를 통해 상생방안 논의 및 판로개척 활동을 하고 있다.

영농 초기에 소득이 불안정한 청년 농업인의 정착을 유도해서 지역농업의 성장 동력을 확보하고 고령화된 농촌 인구구조 개선을 위해 독립경영 3

년 이하의 청년 농업인에게 월 80만 원에서 100만 원까지 영농 정착지원금을 지급하고 있다. 전국에서 제일 규모가 큰 '청년창업농' 육성을 위한 정착지원금은 2018년엔 32명, 2019년 36명, 2020년 43명, 2021년 48명 등 총 159명에게 지원되었다.

열악한 취업 환경으로 인한 청년층의 '탈김제' 현상이 가속화 하는 것을 저지하기 위해 전국 최초로 '공무원시험 준비반'을 운영하고 있다. 3-Track(직강, 관리형 독서실, 동영상 강의) 교육프로그램을 운영해서 수강생 209명 중 63명의 합격자를 배출했다.

체계적인 프로그램 지원을 통해 창업 활성화 및 성공기반을 조성하기 위해 청년 창업가 '아리(All-Re)'를 발굴, 육성하고 있다. 이 사업을 위해 최대 3천6백만 원의 창업 초기 비용과 교육·맞춤형 멘토링을 지원하고, 전라북도 최초로 '전북창조경제혁신센터'와 업무협약을 체결했다.

청년층의 안정적인 정착을 유도하기 위해 '청년주거 3종 패키지'를 지원하고 있다. 무주택 청년 부부에게 매월 10만 원씩 최대 10년간 지급하는 '청년 부부 주택수당'과 관내 행복주택 입주를 희망하는 사회 초년생이나 청년, 신혼부부 등에게 2천만 원 한도, 최대 6년까지 '행복주택 임대보증금'을 지원한다. 또한 무주택자 청년 및 신혼부부에게 연 200만 원 한도에서 최대 7년 동안 '전세자금 대출이자'를 지원하는 등 청년들이 경제적인 사유로 김제를 떠나지 않고 안정적으로 정착할 수 있는 환경을 조성하고 있다.

김제청년공간 E:DA

김제시에 소재하는 특성화고나 마이스터고 졸업자 또는 이와 동등한 학력 소지자로 학교장 추천을 받은 자를 기술직 공무원으로 임용하는 '지역 기술계고 졸업(예정)

자를 위한 지방공무원 특별채용'을 통해 지역인을 육성하고 학력 중심의 사회구조를 타파하는 데 일조하고 있다.

김제시의 청년 정책은 2021년, 행정안전부가 주관하는 지역 주도형 청년 일자리 공모사업에 선정되어 국비·도비 16억 원을 확보하고, 141명의 일자리를 추가로 창출했다.

2021년, '한국매니페스토실천본부'가 주관하는 매니페스토 우수사례 경진대회에서 '우수상'을 수상했고, 2021년, '한국신뢰성협회'로부터 대한민국 우수지방자치단체 평판대상을 받았다. 그리고 2021년엔 고용노동부로부터 전국 지방자치단체 일자리 대상에서 '우수상'을 수상하는 등 높은 평가를 받았다.

김제시는 관 주도의 청년 정책을 지양하고, 청년들의 정책 참여로 실효성 있는 사업 발굴을 위해 '청년정책위원회'와 '서포터즈' 역할을 강화했다. 지역 여건과 특색을 반영해 청년이 즐길 수 있는 문화향유권 및 인프라를 확대하고, 김제형 '한 달 살기' 등 정주형과 체류형의 Two-Track 청년 정책을 추진할 계획이다.

박준배 시장은 2022년 1월 2일, 전북도민일보와 인터뷰에서 "김제에서 나고 자란 청년들이 지역을 떠나지 않고 일자리와 주거 걱정 없이 결혼해서 행복한 삶을 영위할 수 있도록 청년 중심의 생애 단계별 삶의 질 향상에 힘써왔다"라며, "2022년에도 김제시가 지역균형발전의 씨앗인 청년 유턴의 1번지가 될 수 있도록 모범적인 '청년정착과 성장의 생태계 구축'을 위해 더욱 노력해 나가겠다"라고 말했다.

진안 청년의 비빌 언덕이 되어줄게! (일자리·주거 OK)

진안의 마이산은 우리나라에서 가장 늦게 벚꽃을 볼 수 있는 곳이다. 군 대부분이 산간 지역이지만 인접한 무주군과 장수군에 비교하면 지세가 그리 험하지 않고 산지의 기복이 적어 '진안고원'이라 불린다. 호남의 지붕이라고 불리는 이 진안고원에서 금강과 섬진강, 만경강이 발원했다.

진안군(군수 전춘성)은 지역 청년들의 관외 유출 및 고용·취업 문제가 대두되는 상황에서 청년들의 안정적인 지역정착을 돕기 위한 청년지원책 마련이 시급했다.

관내 청년 인구수가 2018년 6,146명, 2019년 5,837명, 2020년 5,420명으로 3년 연속 감소함에 따라 지역 인재의 관외 유출 문제가 대두되는 상황이었다. 매년 청년층으로 분류되는 15세에서 29세 취업자 수가 2016년 1,100명에서 2020년엔 200명으로 감소하였고, 고용률 역시 동기간 47.7%에서 37.2%로 급감했다. 이에 청년들의 주거안정과 경제적 자립 등을 위한 청년지원책 마련이 시급해졌다.

진안군은 '진안 청년창업 지원사업'과 '진안 청년주거비 지원사업'을 실시하고 있다.

진안군의 '진안 청년창업 지원사업'은 2021년 1월부터 12월까지 1억5천만 원을 들여 진안군에 6개월 이상 거주하는 청년과 예비 또는 사업자등록 후 7년 미만의 청년 창업자(만18세에서 만45세)에게 창업 자금과 전문가 컨설팅 등 효과적인 창업지원을 하는 것이다. 청년 창업가를 발굴해서 지역 일자리를 창출할 수 있는 청년 창업가의 성장 동력을 집중적으로 지원하여 잠재된 창업 기업을 발굴하고 있다.

진안군은 공정한 심사를 위해 외부 전문가를 선정해서 사업대상자 평가와 면접 인터뷰를 시행한다. 사업장 개선비와 기계장치 구매비, 마케팅 활용비 등 창업에 필요한 비용을 자부담 20%를 조건으로 1개소 당 최대 2,000만 원을 지원한다.

2021년, 청년창업 지원사업 대상자 오리엔테이션

진안군은 2021년 4월 23일, '2021년 청년창업 지원사업 대상자 오리엔테이션'을 실시했다. 선정자들을 대상으로 한 오리엔테이션에서 '청년창업 지원사업'의 추진 절차와 보조사업의 올바른 집행, 정산 시 유의사항, 사후관리 등 실무적인 교육을 진행하고, 질의응답을 통해 사업 진행에 대한 궁금증을 해소하는 시간을 가졌다.

진안 청년주거비 지원사업은 2,700만 원을 투입해 2021년 8월부터 2022년 7월까지 진안군에 주민등록을 두고 취업 중인 청년으로, 전·월세 임대차 계약을 맺은 중위소득 150% 이하 무주택 청년가구주에게 월 15만 원씩, 1년간 최대 180만 원의 생애 1회 주거비를 지원하고 있다. 이를 위해 2020년 12월, '진안군 청년 기본조례'를 개정해서 청년 연령 확대와 지원 근거를 마련했다. 2021년 2월에는 제1차 청년 정책위원회 안건을 상정하고, 2021년 6월, 보건복지부와 사회보장제도 신설에 관한 협의를 완료했다. 2021년 7월부터 '청년주거비 지원사업'을 추진해서 관내에 취업한 청년의 주거비 지원으로 지역정착을 유도하고 주거와 관련한 경제적, 심리적 부담을 완화했다.

진안 청년창업 지원사업(2019년부터)

구분	2019년	2020년	2021년
예산	200,000,000원	200,000,000원	150,000,000원
실적	16명 195,412,000원	11명 199,718,000원	11명 149,998,000원

진안 청년주거비지원사업(2021년부터)

구분	2019년	2020년	2021년
예산	-	-	27,000,000원
실적	-	-	19명 추진중

진안군은 시설과 기계 구축 등 기존의 자본적 항목부터 임차료까지 지원하는 '청년창업 지원사업'의 지원 항목을 확대하고, 대상자 확대 방안을 모색하고 있다.

전춘성 군수는 "청년 정책 마련을 위해 일자리, 주거, 문화 등 다양한 분야의 설문 조사 결과를 바탕으로 올해 진안군에 거주하는 청년들과 자주 소통하는 자리를 마련했다. 청년들이 원하고, 청년들에게 실질적으로 도움이 될 수 있는 청년 정책 개발에 힘쓰겠다"라고 밝혔다.

강진형 일자리 '고려청자'에서 답을 찾다

강진군에는 동백숲이 일품인 백련사와 다산 정약용 선생의 유배지이자 학문의 꽃을 피웠던 다산초당이 있다. 또한, 약 500여 년 동안 고려청자의 본향으로서 '고려청자박물관'이 있고, 청자 문화를 알리기 위한 '강진청자축제'가 매년 열리고 있다.

강진군(군수 이승옥)은 주력산업인 농수축산업 분야의 거래량이 급감하면서 일자리 위기가 발생했다. 코로나19로 인한 위기 산업에 비대면 지역경제 활성화 전략을 추진해서 일자리 안정을 도모하고 있다. 또한, 여성과 청년, 고령자 등 일자리 취약계층의 경제활동 참여 의사를 증대시키고, 주민공동체에 기반한 지역자원을 활용해서 관광사업체를 육성하고 있다.

코(고)로나19 청정 지역 구축 및 일자리 피해 최소화

인구감소와 고령화로 상권이 쇠퇴하고 중심상업의 기능이 상실되고 있다. 디지털 사이니지를 통한 비대면 관광을 활성화하고, 스마트시범상가를 도입해서 비대면 스마트 결제시스템을 구축했다. 배달음식의 수요 증가에 따른 '공공 배달앱'을 개발해서 운영하고 있으며, 전국 최초로 화훼(花卉)를 온라인 직거래로 판매하는 시스템을 구축했다.

여(려)성 일자리 환경개선 및 참여기회 확대

쌀과 귀리, 묵은지 등을 산업화해서 여성 일자리를 창출하고, 공동육아카페나 육아 지원센터를 운영해서 결혼한 이주여성의 취업과 창업을 지원하고 있다.

청년 친화적 일자리 환경 구축을 위한 인프라 조성

강진군은 청년협의체를 구성하고, 청년 정책의 기본계획을 수립했다. 또한, 청년의 정주 여건 개선을 위한 도시재생사업을 추진하고, 중앙정부와 광역시, 강진군이 연계해서 청년 지역정착 정책사업을 추진하고, 청년 구직자를 위한 청년 일자리 카페를 운영했다.

자립형 공동체 활성화로 인구유출과 고령화 문제 해결

마을 교육 및 농어촌 유학생 유치추진단을 통한 작은 학교 살리기와 도시재생사업 추진을 위해 '마을관리사회적협동조합'을 설립했다. 또한, 관광두레 사업을 추진하기 위해 주민주도형 관광 네트워크 법인을 설립했다.

스마트시범상가 비대면 관광, 스마트결제시스템 구축

강진군은 '강진품애'라는 공동 브랜드를 만들고, '강이', '진이' 캐릭터를 개발했다. 대표상품으로 '강진책빵'을 홍보하고, 극장통길, 중앙통길, 보부상길, 도깨비시장길, 미나리방죽길 등 테마 거리를 조성했다. '강진 GOOD(Go강진, On투어, Off스트레스, Do미션) 페스티벌'을 개최하고 라이브 커머스 및 유튜브를 통해 홍보와 방송을 했다.

'공공 배달앱'의 개발과 운영을 통해 48개소 가맹점에서 수수료제로의 혜택을 보았으며, 1,312명이 앱을 설치해서 사용하고 있다. 또한, 스마트오더(60), 스마트기술(35), 디지털사이니지(3) 등을 도입해서 98개소의 스마트상점가를 구축했다.

전국 최초 화훼 온라인 직거래 판매시스템 구축

코로나19로 입학식과 졸업식 등 주요행사들이 취소되면서 화훼 가격의 폭락으로 지역 농가의 피해가 발생하고 있다. 강진군은 장미, 수국, 꽃작약, 스타티스 4종의 화훼를 관내·외 기관단체와 대도시 소비자들을 대상으로 화훼 소비촉진 운동과 직거래 판매를 추진해서 농가 매출이 7억9천만 원 증가했다.

또한, 청자골 화훼 직거래 판매운영반을 편성해서 26명의 일자리를 창출했고, 농협파머스마켓 로컬푸드 직매장에 청자골 화훼 장터를 상시 개설해서 운영하고 있다.

강진군 대표 맛산업으로 여성 일자리 창출 추진

강진군은 지역의 산업환경과 노동시장의 구조상 여성 일자리 문제 해결의 어려움이 있었다. 이를 해결하고자 지역 맛산업의 브랜드화(化)를 위한 전략과 여성특화 일자리 전략을 수립해서 지역의 맛산업 상품을 개발했다. 지역특산물인 묵은지 매뉴얼을 제작하고 행정절차를 지원해서 17개 업체가 창업했고, 쌀과 귀리 분말, 국수면, 고추장 등 가공식품을 개발해서 10종, 13개 업체가 창업했다.

청년-노인 세대공감 프로젝트 '차이나는 배달소' 운영

강진군에는 전통시장을 선호하는 어르신들을 위한 장보기 대행서비스가 없었다. 이 문제를 해결하기 위해 청년 64명, 자원봉사 172명으로 구성된 '차이나는 배달소'를 만들었다. 어르신과 장보기에 동행해서 버스 정류장까지 짐을 운반해주는 장보기 대행서비스이다. 또한, 군내버스가 도착하기 전까지 물건을 임시보관해주는 물품 보관서비스와 세대공감 문화 프로그램 운영을 통해 청년과 노인 간의 소통과 공감을 강화하고 있다.

강진군은 '청년중심협의체'를 구성하고, 세대 간 공감대 형성과 불편 해소를 위해 노력하고 있다. 서울시와 연계해서 청년 창업지원 '넥스트 로컬'을 통해 8개 업체가 창업했다.

강진군은 지역경제 활성화를 위한 일자리 발굴과 환경개선 사업을 지속하고, 다양한 매체를 이용해 화훼 온라인 직거래 판매시스템을 적극적으로 홍보하고 있으며, 지속적인 관리를 통해 '차이나는 배달소'의 역할을 강화해 나갈 계획이다.

일자리 창출 역량 강화 워크숍

이승옥 군수는 "일자리 창출을 민선 7기 군정의 최우선 정책으로 삼고 적극적인 투자유치를 해서 강진산업단지의 100% 분양을 완료했다"라며 "앞으로 상생형 지역 일자리를 통해 양질의 일자리를 만들어 청년들이 강진에 정착하고, 더 나아가 외부에서 오고 싶은 강진이 될 수 있도록 최선의 노력을 다하겠다"라고 말했다.

03

지역문화 활성화

용산 역사문화 르네상스 특구

지금처럼 개발이 되기 전의 용산 지역은 남산자락이 후암동을 지나 남쪽으로 뻗어 내려간 구릉 지대였다. 마포구의 오른쪽부터 용산구에 걸쳐 야트막한 산지를 형성했는데, 그 봉우리 이름이 용산이었다. 용산구에는 세계적으로 유명한 이태원이 있다. 이태원에는 미국, 유럽, 아랍에 이르기까지 세계 각국의 문화가 조화를 이루고 있다.

효창공원은 과거에 효창원(孝昌園)으로 불렸다. 조선 22대 왕 정조의 장자로 세자책봉까지 받았으나 5세의 어린 나이로 죽은 문효세자의 무덤이 있던 곳이다. 하지만 1945년 3월, 일본은 이곳에 있던 왕가의 묘까지 고양시에 있는 '사삼릉'으로 강제 이장해버렸다. 해방 이후, 백범 김구 선생이 이곳에 이봉창, 윤봉길, 백정기 삼의사(三義士)의 유해를 모셨다. 안중근 의사의 가묘도 나란히 세웠으며, 임시정부 요인인 이동녕, 차이석, 조성환 선생의 유해를 모셨다.

용산구(구청장 성장현)는 이러한 역사와 문화를 가지고 있는 장점을 살려서 '용산 역사문화 르네상스 특구(Yongsan Historical & Cultural Renaissance Special Zone)' 사업을 시작해서 지역경제 활성화의 원동력으로 삼고 있다. 역사 거점 구축 사업을 통해 '역사와 문화의 도시, 용산'을 브랜드화했다. 도심 속에 스며드는 역사문화 사업과 역사문화 콘텐츠 확장 및 연계사업을 통해 세대 맞춤 체험공간을 확충하고, 역사문화 일

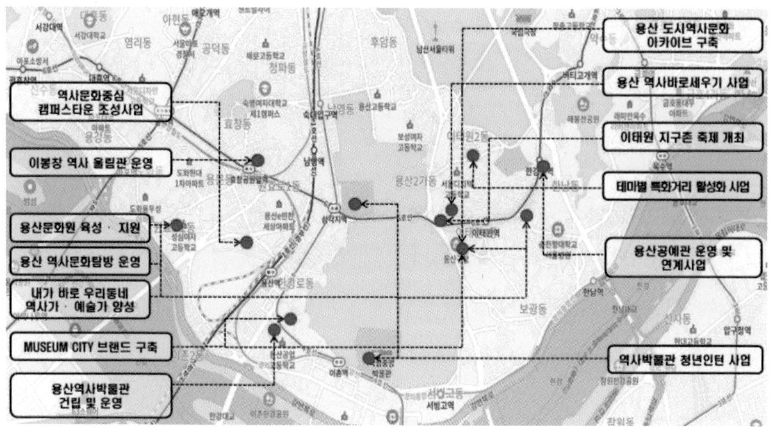

용산 역사문화 르네상스 특구

자리 발굴 사업으로 융합 일자리 창출을 목적으로 하고 있다.

'용산 역사문화 르네상스 특구' 사업은 총 577,866.7㎡에 걸쳐서 시행되며, 총사업비 510억 원(국비 27억 원, 시비 118억 원, 구비 164억 원, 민간 201억 원)을 투입하기로 했다. 이를 통해 예상되는 경제효과는 국내생산유발 효과 925억 원, 소득유발 효과 132억 원, 부가가치유발 효과 395억 원, 직·간접고용효과 1,000명을 목표로 하고 있다.

도심 역사거점 구축의 일환으로 용산역사 박물관 건립과 운영(2022년 3월 건립 예정), 이봉창 의사 역사울림관 건립과 운영(2020년 10월 개관), 'MUSEUM CITY' 브랜드 구축(2022년 예정), 박물관 특화 거리와 버들개 문화공원 조성, '용산, 문화동행' 및 용산역사 학술 심포지엄 개최 등 '용산은 역사를 싣고 프로그램'을 운영하고 있다.

삶 속에 스며드는 역사문화의 일환으로 '용산역사 바로 세우기' 사업 추진 및 효창공원 의열사 상시 개방과 체험 프로그램 운영, 유관순 열사 추모비 건립(2015년)과 추모제(9월 28일) 개최, 용산 도시·역사·문화 기록 보관서를 구축(2021년 4월)했다.

용산문화원 육성과지원사업으로는 문화예술강좌 운영, 용산예술인 초대전과 용산 국제 미술제, 무료가훈 및 명구(名句) 써주기 사업, 우리 문화

기행, 용산 시니어 합창단 등을 운영하고 있다.

역사문화 콘텐츠 확장 및 연계사업으로 '이태원 지구촌 축제'를 개최(2002년부터 계속)하고, 주제별 특화 거리 활성화 사업과 이태원 세계 음식 거리, 베트남 퀴논 거리 정비, BTS 거리조성(예정), 다시 찾고 싶은 경리단길,할랄 음식 문화거리,용산공예관 카페거리를 조성하고 있다. 또한, 용산 역사문화탐방 '용의 산을 찾아서'는 대상에 따라 해설사를 동행하는 차별화된 역사탐방 프로그램을 개발하고 있다.

융합 일자리를 창출하고자 「내가 바로 우리 동네 역사가·예술가」를 양성하고, 우리 동네 역사가와 전통 국악인 양성, 문화예술창작소·구립합창단을 운영하며, 생활문화체계를 구축하기 위해 생활예술동아리와 연합축제를 지원하고 있다. 그리고 용산공예관 건립 및 연계사업(2019년 8월 개관)으로 공예품 판매장을 운영하고, 공방 운영과 교육 프로그램을 진행하고 있으며, 공예전을 개최하고 있다. 아울러 역사박물관 청년인턴 고용(2018년부터 계속), 관내 박물관과 MOU(memorandum of understanding)를 체결해서 관련 전공자에게 직장체험형 일자리 기회를 제공하고, 역사문화 중심 캠퍼스타운 조성 사업(2016년부터 2023년)을 시행하고 있다.

역사문화 르네상스 사업을 본격화(2024년까지 510억 원 투입)하게 되면 이태원과 경리단의 지역상권 활성화와 직·간접 일자리 창출은 물론, 역사문화의 중심도시로서 용산구의 브랜드 가치가 높아질 것으로 기대한다.

성장현 구청장은 "'역사문화 르네상스 특구 사업'을 통해 용산의 자산가치를 높이고, 지역발전을 견인하고 싶다"라고 밝혔다.

주민의 삶과 도시의 기록저장소, 성북 마을 아카이브

성북구(구청장 이승로) 하면 중학교 교과서에 나오는 김광섭 시인의 <성북동 비둘기>라는 시가 생각난다. '새벽부터 돌 깨는 산울림에 떨다가 가슴에 금이 갔다'라는 구절이 유명한데, 비둘기를 통해 현대 문명을 우의(寓意)적으로 비판한 시다.

성북동 한성대입구역에서 각국의 대사관이 밀집된 북악스카이웨이 쪽으로 가다 보면 만해 한용운 선생이 거처했던 심우장과 이육사 시인의 생가가 있다. 그리고 백석 시인과 자야의 러브스토리로 알려진 길상사가 있고, 간송미술관도 있다. 또한, 태조 이성계의 계비 신덕왕후 강 씨의 능, 정릉과 경종의 두 번째 왕비 선의왕후 어 씨의 능, 의릉이 있다. 이렇듯 성북구에는 역사문화의 공간이 많다.

성북구의 역사문화 콘텐츠 자산과 디지털 기술을 결합한 '성북 마을 아카이브'를 만들었다. 주민이 마을 기록의 수집과 생산 주체로서 기록 민주주의 실현을 위한 기록저장소이다.

아카이브(archive)란 소장품이나 자료들을 디지털화하여 한데 모아 관리해서 그것들을 손쉽게 검색할 수 있도록 모아 둔 파일을 의미한다. 4차 산업혁명 시대를 맞아 이용자 간 쌍방향 소통과 콘텐츠 간 연결성 강화, 콘텐츠 확장을 위해 마을 기록을 체계적으로 관리하는 시스템을 만들 필요가 있었다. 지역 내 역사문화 자원의 콘텐츠화는 민주주의와 공동체성 발현의 토대이며, 주민이 기록의 주체가 된다는 점에서 자치분권 시대에 부합한다. 그래서 성북지역의 역사문화 콘텐츠에 대한 새로운 소비 욕구가 등장했다.

※ '성북 마을 아카이브'란?

성북구의 역사문화 자원, 주민 생활에 관한 기록들을 수집하고 디지털 아카이브 시스템에 보관하여, 누구든지 쉽게 성북구 마을 기록을 찾아볼 수 있도록 만든 홈페이지

※ 왜 '성북 마을 아카이브'인가?

- 성북지역은 간송미술관, 만해 한용운의 심우장, 이육사 생가 등 우리나라 근현대사를 대표하는 독립운동가와 문화예술인이 거주했고 그들의 삶과 예술 활동의 흔적을 담은 지역이다
- 축적된 관련 기록을 활용한 기록의 날, 선잠 제례, 선녀축제 등 역사문화 행사 개최

북구와 성북문화원이 협력하여 공공의 목적을 위해 구축한 성북 마을 아카이브는 지역을 기반으로 하는 공동체 아카이브이자 디지털 아카이브이다. 성북구민이 기억하고 싶은 이야기를 스스로 기록하고 서로 소통하며 연대하는 살아있는 아카이브를 지향하고 있다.

'성북구 마을 기록 아카이브 사업'은 2018년에 5개년 사업으로 출발했다. 이를 위해 서울시 최초로 '민간기록물 수집 및 관리에 관한 조례·시행규칙'을 제정하고, 민간기록물 자문위원회를 운영했다.

특히 주민이 직접 주민 기록단에 참여하여 기록의 생산과 보존, 활용의 주체로 민간차원에서 기록물이 생산되었다. 그리고 이 기록들이 아카이브를 통해 일반 국민에게 공개되면서 자치분권 시대의 주민참여 향상을 꾀하였다.

2020년 1월 1일, 성북구와 관련한 기록이나 파일을 영구적으로 안전하게 보관하고, 주민이 손쉽게 접근할 수 있도록 '성북 마을 아카이브'를 구축하고 홈페이지를 오픈했다.

※ 홈페이지 구성

주제로 보는 성북	· 이야깃거리와 기록을 주제별로 분류 · 코로나19, 독립운동, 사찰과 불교 문화, 전통시장, 미아리고개, 동신제, 한옥 밀집 지역, 성북천과 정릉천
이야깃거리	· 성북구의 인물, 사건, 장소, 작품 등을 유형 · 시대 · 지역별로 해설
구술 인터뷰	· 우당 이회영 손자 이종철 등 성북구의 다양한 인물들의 인터뷰 자료
기록물	· 성북구와 관련된 사진, 영상, 간행물 등 기록물 열람
주민기록단	· 성북구 주민들의 기억과 이야기를 기록하는 주민기록단 활동
성북 마을 발견 + 문학 + 독립운동	· 문학 작품에 등장하는 성북구의 여러 장소를 지도에서 탐색 · 성북에서 일어난 176건의 독립운동 일화와 100명의 독립운동가 이야기

이를 통해 생산된 콘텐츠는 다른 이용자들에 의해 2차 콘텐츠로 가공되고, 기존에 없던 새로운 유형의 역사문화 자료가 끊임없이 재생산될 수 있는 기반을 마련했다.

앞으로도 주민참여형 아카이브 시스템 운영으로 마을 기록의 지속적 수집과 관리를 통해 체계적으로 주민들의 활동과 지역의 역사, 문화, 생활에 대한 기록으로 채워지고 보관될 것이다.

이승로 구청장은 “시간이 지나면 사라지기 쉬운 주민들의 활동과 일상생활의 흔적을 수집하고 소중한 기록으로 보존하겠다”라며 “지역주민들이 자긍심을 느낄 수 있도록 기록 문화 발전을 위해 힘쓰겠다”라고 말했다.

강북구 대한민국 최장수 청소년 문화축제 '추락(秋樂)'

서울시민이 가장 좋아하는 산이자, 단위면적당 방문객이 세계에서 제일 많은 산이 북한산이다. 또한, 서울에 소재하고 있는 유일한 국립공원이기도 하다. 북한산의 우이동 자락에는 대한민국에서 두 번째로 지정된 국립묘지인 4·19 국립묘지가 있다. 국립묘지 주변에는 수많은 애국열사릉이 있다. 서울에서 가장 수려한 산 북한산과 4·19 국립묘지를 품고 있는 곳이 바로 강북구이다.

전국 각지에는 그 지역의 특색에 맞는 수많은 축제가 있다. 하지만 대부분 축제는 주최 측에서 준비하고, 외지 사람들이 방문하여 축제를 즐기는 형태이다. 특히 주최 측은 보통 관이 주도하며, 축제의 참여대상도 소비력이 풍부한 기성세대를 대상으로 하는 경우가 많다.

요즘 젊은 세대들에게는 딱히 놀이문화라는 것이 없다. 주로 노래방이나 PC방, 인터넷 게임 등을 하며 논다. 청소년들의 놀이문화를 바꾸기 위해서는 같은 취미를 가진 사람들이 모이는 소모임을 꾸리는 것이 효과적인 방법일 것이다.

코로나19로 인해 2020년과 2021년은 진행할 수 없었으나, 2019년까지 무려 22년 동안 진행된 청소년 문화축제가 있다. 바로 '가을 추, 즐거울 락'을 뜻하는 강북구의 '추락'이다. 이 프로그램은 기획부터 진행, 마무리 청소까지 청소년이 직접 꾸리는 마을잔치라고 할 수 있다.

2019년에 오후 1시부터 5시까지 강북구청 주차장에 마련된 무대에서 즐거운 댄스로 축제는 시작되었다.

1998년에 '품 청소년 문화공동체'에서 시작되어 일방적이고 일회성이 아닌 청소년 스스로 기획하고 참여하는 강북구의 대표적인 청소년 문화축제로 매년 축제의 장이 열렸다.

10대 청소년이 축제기획단, 참여 동아리, 학생회 등이 거리축제의 주체가 되어 준비한다. 이 과정을 통해 참여 청소년들은 경험과 성장에 많은 도움을 받고 있다. 해마다 강북 청소년문화축제를 위해 '추락' 축제기획단이 구성되는데, 기획단에서는 참여단위들의 과정을 지원하고, 교류 활동, 전체 모임을 통해 축제의 질을 높이는 역할을 한다.

횟수를 거듭하면서 청소년문화축제에서 지역주민들이 함께 참여하는 축제가 되었다. 다 같이 함께 어울리고 뒤섞일 수 있는 축제의 장을 조성하고, 누구나 쉽게 참여할 수 있는 열린 마당과 세대와 문화를 고려한 풍성한 놀이마당을 구성했다.

이제 '추락'은 청소년문화축제를 넘어서 2008년부터는 청년, 어르신, 다문화 가정 등 세대별, 유형별로 참여단위가 확장되었다. 강북구 내 여러 학교와 연계해서 청소년들의 참여를 적극적으로 유도하고 있다. 하지만 청소년이 축제의 중심이라는 기조는 변하지 않고 있다.

이 축제를 통해 동네 프로젝트, 동네 소모임, 동반성장 프로젝트 등 일상에서 자연스러운 지역 만남이 이루어졌으며, 지역 풀뿌리 단체, 소모임, 지역활동가들의 실질적인 관계망이 형성될 수 있었다.

'추락' 축제의 행사장에는 놀이, 먹거리, 체험, 전시 등 다양한 부스와 이벤트가 진행된다. 청소년들의 춤과 랩, 뮤지컬공연을 통해 재능과 끼를 마음껏 발산할 수 있다.

어느덧 20년을 넘는 축제가 되다 보니, 축제에 참여하는 사람들도 많이 늘어나고, 사진과 영상 자료들도 풍부해졌다. 청소년 문화공동체 '품'의 전시관에는 그동안 축제의 흔적들이 전시되어 있다.

매년 축제 슬로건도 바뀌고, 내용도 풍부해졌다. 평소 학업 스트레스

에 찌들었던 청소년에게 풍부한 상상력을 발휘하고, 열정이 넘치게 만드는 계기가 되어주고 있다.

박겸수 구청장은 2019년, 22회 '추락'에서 "청소년들의 거침없는 열정과 상상력이 가미된 문화 콘텐츠가 행사장 분위기를 한껏 고조시킬 것이다. 많은 분께서 참여해 깊어가는 가을, 시월의 마지막 주말을 활기차게 보내시기 바란다"라고 말했다.

주거 취약계층을 위한 기본생활 보장 '마포 하우징'

마포구(구청장 유동균)는 그동안 발전에 장애가 되었던 매립장 매립지에 대한 안정화 사업과 상암 지구 택지개발, 2002년 서울월드컵경기장 건립 등으로 이 일대에 대단위 아파트단지가 건설되면서 각종 편의시설과 녹지공간이 조성되고, 지하철 6호선까지 개통되어 살기 좋은 마포구로 탈바꿈하게 되었다.

그러나 상암동, 합정동의 빠른 발전의 이면에는 여전히 주거가 불안전한 취약계층이 존재하고 있다. 해가 갈수록 심화하는 저출산, 고령화, 1인가구 증가, 부동산 가격 상승 등 사회경제적 변화에 따라 저소득주민의 주거안정 욕구도 지속해서 증가했다. 고시원, 숙박업소 등에 거주하는 최저주거기준 미달 가구에 대한 주거안정과 주거수준을 향상할 필요가 있었다.

그래서 저소득층의 주거위기와 취약가구를 위해 주거공간을 제공하고, 공공임대주택 입주 등을 지원했다. 저소득주민의 주거비 부담완화와 주거안정을 도모하고자 '마포 하우징' 사업을 시작했다. 중앙정부 차원의 공공임대주택이 있지만, 지역 수요에 비해 공급이 부족할뿐더러, 주거비 부담 상승으로 주거위기 및 취약가구의 주거안정과 주거수준 향상을 위한 자체적인 지원체계가 매우 필요했다.

2018년 11월부터 마포구는 '마포 하우징' 사업을 시행해서 주거위기 가구와 저소득층 주거 취약가구를 대상으로 긴급 주거위기 가구의 주거안정을 위한 임시거소를 운영하고 있다. 주거 취약가구에 주거안정자금을 융자 또는 지원하거나 매입 임대주택을 확보해서 입주자를 모집하고 있다. 그리고 2022년 1월 착공 예정으로 임대주택을 건설하기로 했다.

'마포 하우징' 사업의 탄력적 추진을 위한 제도적 근거를 마련하기 위해 '마포구 저소득주민 주거안정기금 조례'를 제·개정(2020년 7월 9일)하고, '마포구 저소득주민 주거안정기금 조례 시행규칙'을 제·개정(2021년 2월 4일)했다.

긴급 주거위기 가구의 주거안정을 위한 임시거소 운영 방침에 따라 총 49세대 중 23개 가구에게 공공임대주택 입주를 지원해서 거주하게 했고, LH공사, SH공사와 협업을 통해 총 26개소의 유·무상 임차주택을 마련했다.

마포구 자체 예산으로 총 8개소의 임대주택을 매입해서 운영하고 있으며, 건설임대주택을 자체적으로 확보하거나 수요자 맞춤형 주택을 확보하기로 했다. 2023년 완공을 목표로 연남동 공영주차장에 총 29개소의 임시거소 확보를 위한 '마포 하우징 건립사업'을 추진하고 있다. 마포로 3구역에 도시형 재개발사업 기부채납으로 23개소의 임대주택을 확보했으며, SH공사와 협업으로 수요자 맞춤형 주택 20개소를 건립해서 2021년 9월에 입주자모집 공고를 했다. 또한, 지역사회 통합돌봄 차원에서 '케어 안심 주택' 23개소를 설치하기 위한 계획을 추진 중이다.

마포구는 주거안정자금 융자 및 지원사업을 추진하고 있다. 주거안정자금 융자는 입주보증금 1천만 원 이하, 이율 1%를 적용하고 있으며, 주거안정자금 지원은 1가구당 1백만 원 이하로 40여 가구에 총 2,400만 원을 지원했다.

해비타트 연계 집수리 추진	신촌교회 냉방기 설치지원	(주)크래프트제이 연계 집수리

또한 '마포 하우징 주택' 입주 지원을 위해 민간자원과 연계해서 집수리, 냉방기 설치 등 맞춤형 서비스를 지원하고 있다.

'마포 하우징 사업'의 지속적인 사업과 마포형 주거복지정책의 브랜드 가치를 위해 마포형 한글 서체인 마포 서체를 만들어 2000년 7월 7일에 상표등록을 했다.

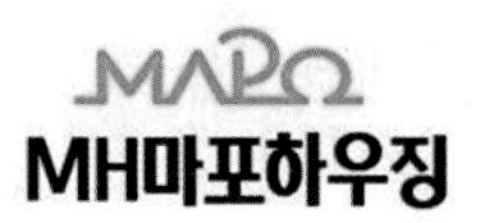

상표등록(1)

상표등록(2)

마포구는 LH공사, SH공사와 주택 유·무상 임차 및 협력을 통해 맞춤형 공공임대주택을 확보하고, 주거안정자금 융자 및 지원사업도 상시 추진할 계획이다.

연 도		계	2019	2020	2021	2022
주택수	소 계	95	16	25	34	20
	자체매입·건설 등	35	3	5	27	–
	LH · SH 협약	60	13	20	7	20
주거안정자금 지원 가구 수		80	8	24	24	24
소요 예산(억 원)		94억	9억	19억	45억	21억

이렇게 활발한 사업 추진으로 애초 목표인 '마포 하우징' 95개소를 초과 달성하여 현재 106개소가 확보된 상태이다. 또한, LH공사와 협의해서 '마포형 케어 안심 주택' 23개소를 추가로 확보할 예정이며, 임시거소 추가 확보 등 향후 3년에서 4년 이내에 130개소에서 150개소의 '마포 하우징 주택'을 운영하여 종합적인 주거복지서비스를 지원할 계획이다.

유동균 구청장은 "아무래도 자치구 입장에서 자체 예산으로 주택을 짓기엔 예산 부담이 크다. 여유가 있는 주차장 특별회계를 활용해 지하엔 주차장을 짓고 지상엔 마포 하우징을 지어 극복했다. 일시에 해결할 수는 없어도 저희가 뜻을 갖고 추진하려고 하니 길이 열리고 있다. 행정은 사람들에게 희망을 줘야 한다"라고 말했다.

양천 '장(醬)문화', 전통·건강·사람·일자리를 잇다

양천구는 서울특별시의 남서부에 있는 자치구로 인구밀도는 26,211명/㎢로 전국의 모든 기초자치단체 중에서 가장 높다. 1987년 7월 1일에 문을 연 목동 파리공원은 한국의 공원 역사에서 중요한 의미가 있는 곳이다. 서울의 여러 공원 중에서 유일하게 프랑스 수교 100주년을 기념하여 조성됐다는 점에서 특별한 역사성을 갖는 상징적 공간이다.

불과 30여 년 전만 해도 우리나라에는 장독대가 없는 집이 없었다. 살림집에 장독대는 필수였고, 서울에서도 흔하게 찾아볼 수 있었다. 장독대의 위치는 햇볕의 기(氣)가 장에 잘 스며들어야 해서 언제나 햇볕이 잘 드는 곳이었다. 그리고 장독대 주변에는 항상 맨드라미나 봉선화 같은 화초를 심었다. 파리가 꿀벌처럼 꽃(꿀)을 좋아해서 꽃향기로 유인해 장독대의 청결을 지킬 수 있었다.

양천구(구청장 김수영)는 전통문화를 이어가고, 일자리 창출을 위해 '장(醬)문화'를 활용한 '양천 장독대사업'을 추진하고 있다. 해가 갈수록 산업화와 도시화로 인한 환경오염 등 다양한 요인으로 먹거리에 대한 불안감이 증폭되고 있으며, 이를 해소하기 위한 대책이 필요해졌다. 더군다나 코로나19 감염병 위협으로 친환경적이고 면역력을 높일 수 있는 먹거리가 절실해졌다.

양천구는 다수의 주민이 참여하는 공론장을 열어 '양천 장독대사업'을 시작했다. 이를 위해 '건강·문화·도시·양천'을 실현하기 위한 사업 로드맵을 만들었다.

안전한 바른 먹거리를 위한 생태계 조성을 통해 먹거리에 대한 불안감을 해소하고, 유치원, 학교, 평생학습센터 등 교육 분야에서 장담그기 프로그램을 시행해서 사라져가는 전통 장을 담그는 문화를 계승하고, 세대 간의 소통을 늘리고자 했다. 이를 통해 지역주민과 장을 담그며 전통문화를 공유하는 시간을 가지고, 전문적인 장류제조관리사를 양성해서 일자리 창출과 확충을 계획하고 있다.

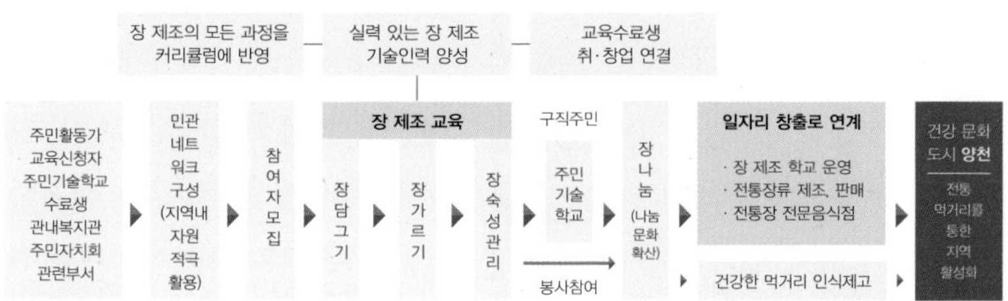

1단계로 2019년에 2,300만 원을 들여서 주민 150명, 주민자치위원회, 복지관, 구청 등이 주체가 되어 장독대사업 추진을 위한 거버넌스를 구축하고 발대식을 열었다. 신정, 목동, 신월 등 권역별로 장독대 조성과 운영을 위한 '이웃과 함께하는「양천마을 장독대사업」'을 추진해서 장독대 60개를 조성했다.

2단계로 2020년에 주민 240명, 주민자치위원회, 복지관, 학교, 구청 등 민·관·학이 주체가 되어 약 6천만 원의 예산으로 '오감 톡톡 건강 스쿨 학교 장독대' 사업으로 장독대 163개를 조성했다. 마을공동체가 생산한 건강한 먹거리와 장 나눔 활동을 전개해서 기부문화를 조성했고, 이 활동에 초등학생 550명이 참여해서 다양한 경험을 쌓았다.

3단계로 2021년에는 18개 동의 구민과 다문화 가정, 북한탈주민 등으로 구성된 '양천 장독대 활동가'들이 참여해서 약 1억9천만 원의 예산으로 양천 도시농업공원 내에 279개 장독대를 조성했다. 20개 팀에게 장독대를 분양하고, 도시농업사업으로 텃밭체험과 장담그기 체험 활동을 했으며, 장류제조와 관리사 양성을 위한 주민기술학교를 운영했다. 이때 520명의 지역주민과 550명의 초등학생이 참여했다.

'양천 장독대'를 설치해서 현장교육장으로 활용하기 위해 양천 장독대 부지조성 공사를 실시했다. 도시농업공원에 있는 온실 옆 부지(신월동 산

174-1)에 3,200만 원을 들여 장독대 안전 펜스와 CCTV, 안내판 등을 설치했다.

'장류제조와 관리사 양성을 위한 주민기술학교'는 전통장류의 제조와 관리에 대한 지식과 실제 활용능력을 교육한다. 전통발효 장류 5대 식품인 된장, 간장, 고추장, 청국장, 별미장을 제조 및 실습하고, 장류제조와 관리사에 대한 민간자격증 검정 과정을 운영하고 있다. 2021년 8월에서 12월까지 13회에 걸쳐 주민기술학교를 운영해서 관내 거주 지역주민 100명이 교육생으로 선발되어 교육을 받았다.

김제청년공간 E:DA

양천구는 2021년, 도시농업공원에서 '양천마을 장독대 발자취'라는 홍보부스를 운영하고, 전통장류를 활용한 요리 경연 출품작 및 발효 장류 전시 부스를 운영했다. 12월에는 관내 취약계층에게 전통 간장과 된장을 전달하여 장으로 이루는 양천 민관협치를 구축하고, 나눔과 기부문화 확산에 힘을 보탰다.

양천구는 TF를 구성하여 다양한 의견교류와 피드백으로 실행 가능한 장기 계획을 수립하여 사업을 추진하고, 우수사례 벤치마킹과 워크숍 개최, 전문업체를 통한 컨설팅 등을 진행할 예정이다.

김수영 구청장은 "이 사업은 전통 음식문화를 보급·발전시킬 뿐 아니라 이웃과 함께 즐겁

양천 장독대 장나누기 행사

게 장을 담그며 공동체의 가치를 회복하기 위한 것"이라며 "우수한 전통 장문화 교육을 통해 바른 먹거리에 대한 인식을 확산하여 '건강 도시 양천'을 실현하기 위해 힘쓰겠다"라고 말했다.

1,023일의 기록, 피란수도 부산 서구

우리나라 역사상 가장 큰 피해를 준 한국전쟁은 1950년 6월 25일, 북한군의 남침으로 시작되었다. 전쟁이 시작되자마자 북한군에 밀린 한국군은 지금의 경상북도 일부, 경상남도 지역까지 계속 후퇴했다. 이런 난국에 부산은 임시 수도로 지정되어 임시 대통령 관저, 정부청사, 국회의사당, 국방부 등이 자리하게 되었다. 이런 관공서 뿐만 아니라 흥남부두 철수를 통해 들어온 이북의 피난민들과 이남에서 인민군을 피해 들어온 피난민들까지 부산으로 모여들었다.

부산 서구(구청장 공한수)는 일제 강점기에는 경남도청으로, 한국전쟁 때는 임시수도로 정부청사(現 동아대 박물관)와 대통령 관저(現 임시수도 기념관)가 위치했던 근현대사의 행정과 문화의 중심지이다.

서구에 있는 산복마을에는 한국전쟁 당시 피란민들이 임시 주거를 위해 지었던 판잣집 모습을 고스란히 간직하고 있다. 그래서 이 지역은 피란민들의 절박했던 삶을 잘 보여주는 역사적 상징성을 가지고 있다. 서구는 피란 유산의 지속적인 보존과 발굴 사업을 통해 문화 도시로서의 위상을 정립하고, 도시 브랜드 가치를 높이고 지역문화 활성화를 도모하고자 '1,023일의 기록, 피란수도 서구'를 조성하기 시작했다.

서구는 2016년에 시작해서 2025년까지 마무리하겠다는 계획으로 부산시 서구 일대에 '피란수도 부산 야행' 등 문화행사를 개최했다. 피란수도 테마 거리를 조성하고, '아미·초장 도시재생 프로젝트'를 추진하고 있다. 피란수도 유산 중에서 3개소를 세계문화유산 등재를 추진하며, 독립운동가 한형석 선생의 '자유아동극장' 복원 사업을 추진하고 있다.

2016년부터 부산광역시와 부산시 서구가 주최하고, 문화재청과 석당박물관의 후원으로 '피란수도 부산 문화재 야행(夜行)'을 매년 개최하고 있

2020 피란수도 부산 문화재 야행

다. 피란수도의 역사적 의미와 가치를 널리 알리기 위해 임시수도 정부청사 등 근대문화유산 일원에서 시작하여 부산 중구까지 확대하고 있다. 투어, 공연, 전시, 체험, 먹거리, 숙박, 시장 등 이른바 '8야(夜) 테마' 프로그램을 운영하고 있으며, 다양한 이색 체험공간도 꾸며져 있다. 임시수도 정부청사 광장에는 헌병의 검문을 통과해야 입장이 가능한 세트장이 있는데, 육군 제53사단 장병들이 군용차량을 비롯해 기관총, 유탄발사기, MG50 등 각종 화력 기기를 선보이고 있다.

2017년부터 2021년까지 4년 동안 5억 원의 사업비로 피란수도 테마 거리를 조성하기 위해 '1023 피란수도 흔적 길' 조성사업을 했다. 이곳에는 피란 행렬 길 조형물과 안내판, 피란 갤러리 등이 들어섰다. '천마산 산복도로 흔적 길' 조성사업에는 5억 원의 사업비를 투입해서 아미동과 초장동, 남부민1동 일대의 바닥 정비와 산복마을 이야기 벽 조성, 옹벽 개선 등 다양한 사업을 진행했다. '서구 근대역사 흔적 길 조성사업'에는 10억 원의 사업비를 들여 부민동과 충무동 일대에 보행 환경개선과 갤러리 조성, 포토존을 조성했다.

감천문화마을

2016년부터 2021년까지 아미동과 초장동 일원에 100억 원의 사업비를 투입해 '아미·초장 도시재생 프로젝트'를 시행했다. 경제기반이 상실되고, 근린생활 환경이 열악한 도시 내 쇠퇴지역에 대한 경제적, 사회적, 물리적인 도시재생사업이었다. 이를 위해 정주 환경개선과 근린경제의 활력, 역사문화의 보전, 주민참여 확산 등 4개 분야 14개의 단위사업을 추진했다.

아미동 비석마을 우물터

이 지역은 한국전쟁 당시 피란민들과 철거 이주민들이 새로운 삶의 터전을 찾아 정착하면서 형성된 곳이다. 특히 아미동 비석마을은 일본인들의 공동묘지 위에 비석과 상석 등으로 집을 지어 생긴 곳이다. 주거지 자체가 무계획적으로 형성되었고, 각종 개발사업에서 소외된 지역으로 20년 이상 된 노후 건축물 비율이 88.9%에 이르렀다. 그래서 서구의 '평생 살고 싶은 마을'은 정주 환경개선에 목표를 두고 산동네 피난촌 주택의 열악한 실내 생활공간을 개선해서 주민들이 안심하고 거주할 수 있는 안전한 주거지를 조성하기 위한 사업이다.

공한수 구청장은 2021년 11월, '자유아동극장' 복원 사업 착공식에서 "1023 피란수도 세계유산 탐방길 조성사업과 세계문화유산연구센터 유치, 부민산 피란수도 역사평화공원 등을 추진해 한국전쟁 1,023일간 대한민국 임시수도 부산의 중심부였던 서구의 역사성과 공간적 특성을 살려 역사와 문화의 도시로 브랜드화하겠다"라고 밝혔다.

명란로드 조성

부산 동구(구청장 최형욱)에는 근현대역사의 명소인 '이바구길'이라는 1.5㎞가량의 골목길이 있다. '이바구'는 '이야기'의 경상도 사투리다. '이바구길'은 개항과 광복, 한국전쟁, 고도성장의 근·현대를 지나면서 이곳에 쌓인 서민의 삶과 이야기를 간직한 길이다.

조선 시대부터 먹었다고 알려진 최고급 젓갈이 명태의 알인 명란으로 만들어진 '명란젓'이다. 한해 37만 톤이 소비될 정도로 한국인에게 사랑받는 명란젓은 짭조름한 맛뿐만 아니라 단백질과 비타민E가 풍부하다.

주로 젓갈로 먹는 '명란'은 부산 동구에 있던 물류창고인 남선 창고에서 시작되었다고 한다. 남선 창고는 1910년 당시에 부산 최초의 해산물 보관 창고였다. 1900년대 명태의 주산지였던 함경남도 원산의 모든 명태는 부산으로 들어왔고, 초량 객주를 통해 전국으로 유통됐다. 북쪽에서 잡아 온 싱싱한 명태를 보관해서 '명태 고방'이라고도 불렸다.

일본 강점기에 일본은 명태잡이 사업을 독점했다. 일본인들은 조선 노동자들에게 명태의 창자나 알 같은 부산물을 임금으로 지급했다. 임금으로 받은 명태 알로 조선인들은 명란젓을 담가 먹었고, 부산에 널리 퍼지게 되었다. 특히 부산 동구의 '초량시장'에서 명란젓을 맛본 일본 상인이 일본에 전파했고, '멘타이코'라는 일본의 대중적인 식자재가 되었다.

부산 동구는 초량이 기원인 '명란'과 관련된 볼거리를 제공해서 '다시 찾는 초량 이바구길(명란 로드)'을 조성했다. 이 길을 관광 자원화해서 지역경제 활성화에 기여하고 있다.

동구는 '산복도로 르네상스' 사업으로 조성된 관광명소에서 '초량 이바구길'의 홍보를 위해 '명란'이라는 역사문화 콘텐츠를 보강하고 이야기를 입혔다. 부산을 대표하는 관광 상품으로 만들기 위해 '초량 이바구길'의 2단계로 '명란 로드'를 2019년 8월에 시작해서 2021년 12월에 준공했다.

2021년 12월, '명란 로드'는 국비 1억5천만 원, 시비 7천5백만 원, 특별교부금을 포함한 구비 10억 7천5백만 원, 총 13억 원을 투입해서 168계단과 모노레일 전망대부터 생활사전시관에 이르는 연결도로에 조형물을 설치하고 명란 소공원을 조성했다.

초량에 위치한 옛 남선 창고의 역사 스토리를 활용한 명란 관광 콘텐츠와 기반시설, 관광코스 등을 개발했다. 그리고 이모티콘, 만화, 스토리 등 관광캐릭터와 관련 콘텐츠를 개발했고, 명란 어묵, 명란 파스타 등 명란을 이용한 요리들을 지역특산품과 함께 개발했다. '명란 로드'와 명란 브랜드 연구소를 조성하고, 명란 셀프 쿠킹 체험행사와 '초량 이바구길'을 관광투어와 연계할 수 있도록 했다.

'명란 로드' 조성사업 추진 경과	
2019년 8월	2019년 생활 관광 활성화 사업 '명란한 동구' 공모 선정
2020년 2월	'명란 로드' 조성 사업비 확보 및 사업계획 수립
2020년 8월	이바구 충전소, 명란 셀프 쿠킹 체험장 개소
2020년 9월	명란 브랜드 연구소 조성 사업비 확보 및 콘텐츠 개발
2020년 11월	동구 관광캐릭터 '명란 삼 남매' 개발(저작권등록)
2021년 5월	명란 어묵 개발 및 품평회 개최
2021년 11월	'명란 로드' 와 명란 브랜드 연구소 개소

2019년, 생활 관광 활성화 사업에 '명란한 동구' 공모를 선정해서 3년간 총 3억 원의 사업비를 지원했다. 이 사업을 통해 명란 셀프 쿠킹 체험장 운영과 이바구길 골목 사진 투어, 명란 셀프 쿠킹 체험 스토리 투어, 비

이바구길

대면 이바구길 랜선 여행과 이바구길 홍보 영상 촬영, 그리고 주민해설사 39명을 양성하고 교육했다. '명란 삼 남매' 관광캐릭터 개발을 완료했으며, 초량 168계단 벽에 '명란 삼 남매' 캐릭터로 벽화를 조성했다. 지역 내 명란 및 어묵 제조자(초량 어묵)와 OEM 업무협약을 체결해서 수제 명란 어묵 5종 등 동구 특화의 명란 제품을 개발했다.

2021년 1월에는 캐릭터 상품, 명란 음식 및 음료 판매와 라이브 상거래, 옥상 전망대 운영 등 공간을 활용한 콘텐츠 및 프로세스 개발을 마쳤다. 2021년 11월에는 명란 브랜드 연구소 개소와 함께 '초량 이바구길'에 명란 브랜드 연구소, 명란 스토리, 명란 콘텐츠, 명란 로드를 추가하여 '이바구길 2.0' 선포식을 열었다.

'이바구길'에는 신사참배에 항거했던 주기철 목사가 목회하던 초량교회가 있고, 교회 옆 담장 갤러리에는 초량 출신의 유명인들인 개그맨 이경규, 가수 나훈아, 음악 감독 박칼린, 시인 유치환의 인물화가 벽에 걸려 있다. 여기에 동구만의 스토리가 있는 '명란 콘텐츠'가 더해지면서 이바구길의 관광 콘텐츠가 더욱 풍성해졌다.

최형욱 구청장은 "명란 브랜드 연구소가 명란 콘텐츠 개발의 중심이 되어 동구를 명란 관광의 성지로 만들 거라고 기대한다. 동구형 문화관광플랫폼 '이바구길 2.0'의 선포로 이바구길의 가치를 높이고 다시 한번 전국에 알리고자 한다"라고 말했다.

'우리 동네 마을계획단' 운영

연제구는 1957년부터 동래구에 속해 있었다. 그러나 도시산업화로 부산의 도시 공간이 확장되고, 특히 서면 쪽으로 신시가지가 들어서면서 인접한 연산동의 인구가 급속하게 증가했다. 그래서 1995년 3월에 동래구의 연산동과 거제동을 중심으로 연제구로 분구하게 되었다.

특히 1997년, 부산시청, 부산시의회, 부산지방경찰청의 신청사가 연제구로 이전하고, 뒤이어 부산지방법원, 고등법원, 지방검찰청, 고등검찰청까지 이전하면서 부산의 행정과 사법의 중심지가 되었다.

마을계획 수립 시뮬레이션

연제구(구청장 이성문)는 '주민이 주인이 되는 풀뿌리 민주주의 실현'이라는 비전 아래, 주민 스스로 마을에 필요한 사업을 발굴하고 직접 계획을 수립해서 실행하는 주민주도형 사업인 '우리 동네 마을계획단'을 운영하고 있다.

2020년 7월부터 주민자치회로 전환이 완료된 거제3동을 제외한 11개 동에서 주민자치회로 전환 때까지 동 주민자치위원회 산하에 '우리 동네 마을계획단'을 운영하고 있다.

'우리 동네 마을계획단'은 동별로 50명 내외로 마을계획단을 모집해서 마을계획단에 대한 기본교육과 선진지역 벤치 마킹 등의 일을 한다. 마을계획 전문 촉진자와 결합해서 컨설팅을 지원하고, 발굴된 마을 의제를 실행하기 위해 마을계획의 수립 및 사업을 공모하며, 주민참여예산 등 주민자치회 주도로 사업을 진행하고 있다.

이를 위해 연제구는 2020년 7월 13일부터 8월 14일까지 1개월간에 걸쳐 해당 동에 주민등록이 있거나 주소를 두고 있는 사업장에 종사하는 사람, 주민자치위원, 관내 기관장, 자생단체원, 지역주민 등 50명 내외로 마을활동가를 구성했다.

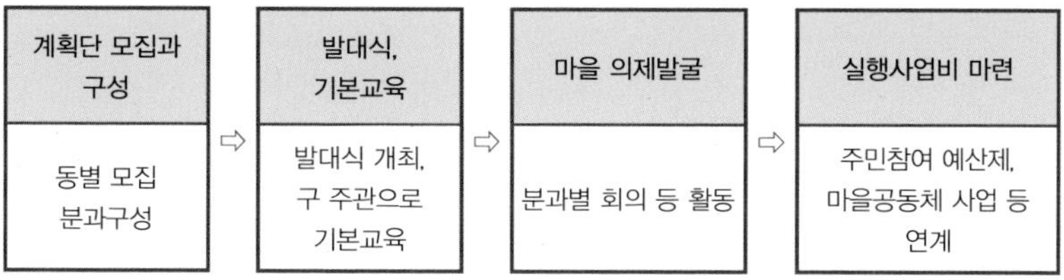

계획단 모집과 구성		발대식, 기본교육		마을 의제발굴		실행사업비 마련
동별 모집 분과구성	⇨	발대식 개최, 구 주관으로 기본교육	⇨	분과별 회의 등 활동	⇨	주민참여 예산제, 마을공동체 사업 등 연계

또한, 2020년 8월 25일부터 26일까지 하루 3시간씩 구청 2층에 있는 대회의실에서 마을계획 단원과 행정복지사무장, 담당자, 동별 6명 등을 대상으로 사단법인 '마을'의 지혜연 이사를 초청해서 주민주도의 마을계획 수립을 위한 '시뮬레이션 워크숍'을 진행했다. 워크숍을 통해 마을계획 과정을 이해하고, 마을계획단의 역할에 대한 공유, 발대식, 운영 체계 잡기, 분과구성, 자원조사, 의제발굴, 사업아이디어 찾기 등 마을계획을 위한 시뮬레이션을 수행했다.

동명	마을계획단 명칭	구성 인원	동명	마을계획단 명칭	구성 인원
거제1동	황새알 마을계획단	39명	연산4동	행복1번지 마을계획단	48명
거제2동	거제2동 마을계획단	33명	연산5동	연오 마을계획단	45명
거제4동	해맞이 마을계획단	49명	연산6동	양지마을 마을계획단	42명
연산1동	연산1동 마을계획단	52명	연산8동	온새미 마을계획단	56명
연산2동	연이 마을계획단	38명	연산9동	연산9동 마을계획단	39명
연산3동	밤골마을 마을계획단	43명	11개 동 484명		

2020년 9월부터 12월까지는 연제구 내 11개 동과 부산·경남지역의 마을계획 전문가로 구성된 6명의 전문 촉진자와 매칭 해서 퍼실리테이션을 실시해서 마을계획 수립 과정을 지원했다.

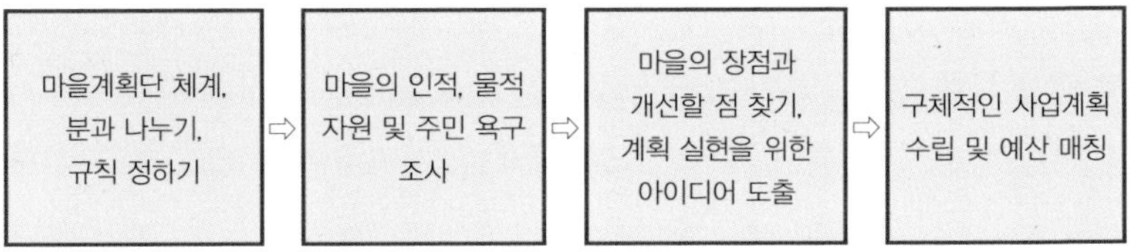

마을계획단 체계, 분과 나누기, 규칙 정하기	⇨	마을의 인적, 물적 자원 및 주민 욕구 조사	⇨	마을의 장점과 개선할 점 찾기, 계획 실현을 위한 아이디어 도출	⇨	구체적인 사업계획 수립 및 예산 매칭

연제구는 마을 의제발굴과 예산 매칭을 통해 총 34개 마을에서 의제 발굴한 청소년 UCC 공모전 등 22개 사업에 2천8백7십만 원을 지원했다. 부산시 최초로 마을계획단의 발굴 의제를 지원하기 위해 보조금을 지급하고, 주민참여예산 및 각종 공모사업과 연계해서 '황새 알 음악회' 등 12개 사업에 7천2백5십1만 원을 지원했다.

이러한 사업 결과로 마을계획단을 운영한 11개 동 중에서 5개 동이 주민자치회로 전환했다. 마을계획단 운영을 통한 주민공동체의 역량 강화로 주민자치회 전환의 교두보를 마련한 것이다.

연제구는 아직 주민자치회로 전환되지 못한 6개 동을 대상으로 마을계획단을 지속해서 운영하고, 2021년 12월부터 2022년 6월까지 주민참여예산 신청 및 각종 공모사업 연계 등 2022년도의 마을계획에 대한 실행사업비를 마련할 계획이다.

이성문 구청장은 "구정 전반의 사업 추진에 있어 주민의 참여를 가장 중요하게 생각한다"라며 "특히 주민자치회 전환 사업은 교육자치, 도시재생, 찾아가는 보건복지서비스 등 다방면으로 연계되어 있으므로 실질적인 주민자치 실현을 위해 지원을 아끼지 않겠다"라고 밝혔다.

마을 자원 발굴과 기록화 사업[1)]

광주광역시의 동구는 한국전쟁 이후 대한민국 현대사에서 가장 비극적인 역사를 가진 지역이다. 민주주의를 지키기 위해 끝까지 처절하게 저항했던 전남도청과 금남로, 전일빌딩, 그리고 5·18 광장을 품고 있는 곳으로 대한민국 민주화운동의 성지이다.

동구(구청장 임택)는 역사와 문화자원을 대상으로 2019년부터 2021년까지 2년 동안 동구의 인물과 역사적 장소, 오래된 가게 등 역사와 주민의 삶이 녹아있는 지역의 다양한 인문자원을 발굴하고 기록하여 주민과 공유하는 사업을 시작했다.

광주의 원도심인 동구의 다양한 역사와 문화자원을 통해 동구 지역만의 고유한 정체성과 다양성을 확립하고, 주민에게는 지역에 대한 자긍심을 심어주기 위한 사업이다.

동구 인문자원 발굴과 기록화 사업

동구는 '인물' 기반의 인문자원 발굴과 기록화 사업, '장소' 기반의 인문자원 발굴과 기록화 사업을 진행했다. 마을의 역사와 오래된 가게의 기록화 사업, 동구의 인문자원 교육콘텐츠 연구과 제작, 사진 기록물을 통한 인문자원 기록화 사업, 그리고 기록화 사업의 결과물들을 공유하는 사업을 진행했다.

이를 통해 동구의 근·현대사의 역사적 인물 38명의 이야기를 담은 『동구의 인물 1, 2권』을 발간하고, 전시회와 북토크를 열었다. 또한, 아동과 청소년층을 대상으로 한 <동구의 인물>도 발간했다. 학동의 재개발지역

1) 대한민국 좋은 정책대상 최우수상 선정

을 대상으로 마을 자원을 기록한 <학동의 시간을 걷다>도 제작했다. 그리고 2022년 발간을 목표로 재개발예정지역인 계림1, 3구역, 지산1구역, 산수3구역을 대상으로 한 기록화 사업을 추진하고 있다.

지역민의 삶의 터전이었던 '오래된 가게' 기록화 사업

2020년엔 광주의 구도심인 충장로4가와 5가에서 30년 이상 한 자리를 지키고 있는 '오래된 가게'에 대한 기록화 사업을 했다. 2021년엔 4가와 5가를 제외한 충장동와 계림동의 오래된 가게들과 마을 역사에 대한 기록화 사업도 진행했다.

2019년엔 지산동과 인쇄 거리, 동명동, 세 지역을 대상으로 마을의 역사와 자원에 대한 영상기록물을 제작했다.

'동구 인문 산책길'의 개발과 운영

동구는 발굴된 마을 자원을 주민과 함께 공유하기 위해 근·현대의 역사자원을 중심으로 4개 코스에 이르는 '동구 인문 산책길'을 만들었다. 그리고 2021년 3월부터 전문해설가가 이 길에 관해 설명해주는 해설 프로그램을 본격적으로 운영하고 있다. '동구 인문 산책길' 해설 프로그램은 광주시에서 설치한 '의병장 기삼연'의 처형지를 비롯해 광주 독립운동의 표지석 등 동구의 역사적 장소에 깃들어 있는 소중한 이야기들을 주민들과 함께 공유하는 사업이다.

동구는 2021년, 인문자원의 발굴과 기록화 사업을 지속해서 추진하고, 기록물을 주민과 공유하기 위해 '온라인 기록관'을 열었다. 또한, 동구의 인문자원을 공유하고 기록물을 활용하기 위한 사업으로, '흥학관' 준공 100돌을 맞아 시민갤러리에서 기념 전시회를 개최했다.

'흥학관'은 광주 청년들과 시민사회단체의 활동 무대이자, 야학 운동으로 청년들의 항일정신을 고취하던 계몽운동의 장이었다. 또한, 안재홍 선생과 방정환 선생의 초청 강연을 비롯해 다양한 문화행사와 체육행사도 개

충장동의 시간을 걷다

최하던 문화공간이었다.

임택 구청장은 "'동구 인문 산책길'은 동구의 인문자원을 통해 광주의 역사와 의미를 되새겨 볼 수 있는 사색의 길"이라며 "인문 산책길을 걸으며 선현들이 지향한 광주 정신을 다시 한 번 되새겨볼 수 있는 계기가 되기를 바란다"라고 말했다.

토닥토닥 마음e음 문화 1번지

대전시 동구 추동에 있는 대청호반에는 농림축산식품부와 한국농어촌공사가 선정한 '10월에 가기 좋은 농촌여행코스'에 오를 만큼 약 4km에 이르는 아름다운 갈대·억새 힐링 숲길이 있다. 그리고 내륙의 다도해라 불리는 백골산성의 낭만 길에는 연인이나 가족을 위한 분위기 좋은 카페와 음식점이 들어서 있어 데이트 코스로 자주 애용되고 있다. 또한, 대청호의 자연 수변공원과 농촌체험마을, 찬샘마을 등 다양한 볼거리가 있다.

동구(구청장 황인호)는 공공과 민간이 협력해서 공연예술단체의 안정적인 창작환경을 조성하고, 지역주민의 문화향유를 위한 기반구축과 참여기회를 확대하기 위해 2021년 1월부터 12월까지 '토닥토닥 마음e음 문화 1번지' 사업을 시작했다.

2021년 6월 3일부터 주 2회 가양동에 있는 동구의 국민체육센터 2층에 있는 백신 접종센터에서 백신 접종을 하는 어르신과 지역주민을 대상으로 대전광역시 동구가 주최하고, '대전문화예술네트워크협동조합'이 주관하는 백신 접종자의 불안감 해소를 위한 '백신 음악회'를 열었다.

원동 음악 창고

2021년 6월부터 12월까지, 원동의 공영주차장 옆에 있는 폐건물을 활용한 원동 창고에서 월 1회, 총 7회에 걸쳐 '대전문화예술네트워크협동조합'이 주관하고 대전 공공미술연구원이 후원해서 '원동 음악 창고'를 운영했다. 그리고 대전문화재단이 주관하고 대전시가 후원하는 상주단체를 육성, 지원해서 '솔리스트 디바'를 공연했다.

동구는 음악을 통한 심리안정과 정서함양을 위해 민간과 협력해서 문화예술 활동을 지원하고, 문화 네트워크를 활성화할 수 있었다.
문화예술단체의 활성화와 공연장 가동률을 높이고, 지역주민의 문화향유 기회를 확대하고 지역문화 활성화에 기여했다.

구분	일시	장소	대상	내용
1차	2021. 9. 29.(수) 12:30	대전광역시 동구청 공연장 (12층)	공무원	오페라, 뮤지컬, 갈라 콘서트
2차	2021. 10. 27.(수) 12:30		공무원	아름다운 한국가곡
3차	2021. 12. 11.(토) 14:00		주민과 공무원	창작 오페라
4차	2021. 12. 11.(토) 19:00		주민과 공무원	창작 오페라

황인호 구청장은 동구 예방 접종센터에서 열린 '백신 음악회'에서 "코로나19의 장기화와 계속된 방역, 백신 접종으로 일상이 황폐해지는 힘든 시기에 우리 동구민들의 원활한 접종을 위해 기꺼이 음악회를 열어준 '대전문화예술네트워크협동조합'과 '대전심포니오케스트라협동조합'에 감사하다"라며 "동구민들께서는 접종 전후에 좋은 음악을 들으며 지루한 시간도 날려 보내고 심신 안정에 도움이 되는 힐링의 시간을 보내시길 바란다"라고 말했다.

비정규직 노동복지 향상 및 지원 강화[1)]

수원은 정조대왕이 조선의 기득권 교체를 위해 천도를 고려해서 지은 '화성'이 있는 곳이다. 유네스코 세계유산에 등재된 '화성'은 처음부터 도읍지로 계획해서 만든 성곽도시이다.

노동환경의 급격한 변화로 다양한 유형의 노동 관련 문제가 발생함에 따라 비정규직 등 취약계층 노동자의 권리 보호 및 지원을 위한 지방정부의 적극적 역할 수행이 요구되고 있다.

공동주택 청소노동자 휴게시설 개선사업

수원시(시장 염태영)는 관내 50세대 이상 공동주택에 대해 단지 규모별 휴게시설 세부설치기준에 대한 지침을 마련해서 건축계획단계부터 적용하도록 하는 '공동주택 청소노동자 휴게시설 개선사업'을 실시하고 있다. 수원시는 2016년 6월 14일, 「수원시 주택조례」 일부개정을 통해 전국 최초로 공동주택 용역원 등 휴게시설 설치 규정을 법제화했다.

이후 다수의 공동주택단지에서 화장실 내부 및 비품 창고 등 휴식공간으로 적정하지 않은 장소를 용역노동자에게 제공하여 노동인권이 심각하게 침해되는 사건들이 발행하자 휴게시설 설치에 대한 법제화가 사회적으로 요구되었다. 2020년 1월 17일, 「주택건설기준 등에 관한 규정」 개정은 전국 공동주택 용역원 등의 휴게시설 설치를 법제화한 것으로서, 수원시 조례는 의미가 있다. 이에 발맞춰 수원시 용역노동자 휴게시설 세부 설치기준을 마련해서 2020년 1월 31일부터 시행에 들어갔다.

자원봉사단체(불꽃봉사회, 스마일 봉사회)와 협력으로 공사를 하고, 고

---

1) 대한민국 좋은 정책대상 최우수상 선정

용안정 및 처우 개선을 내용으로 하는 「동행협약」을 체결했다. 1차 현장 조사 시행 및 체크 리스트 채점기준표를 적용해서 외부 전문가를 포함한 선정심사위원회를 열어서 공정하게 선정했다.

구분	계	2015	2016	2017	2018	2019	2020	2021
공동주택(개소 수)	38	1	4	8	8	7	4	6
지원금액(천 원)	238,646	10,000	24,000	66,480	45,580	35,783	20,473	36,330

공동주택 청소노동자 휴게시설에 마루, 도배, 장판, 전기 패널, 온도조절기, 전등, 싱크대, 환풍기, 샤워 시설 등을 설치했다. 봉사단체와의 협력으로 예산을 절감하여 더 많은 휴게시설을 개선할 수 있었다.

이동노동자 쉼터 운영

대리운전기사, 퀵 서비스 기사, 학습지 교사 등 이동노동자들을 위해 총 면적 348.59㎡ 부지에 총사업비 2억2천만 원(도비 50%, 시비 50%)을 투입해 이동노동자 쉼터를 만들었다. '이동노동자 쉼터'에는 종합 휴게홀, 교육실, 관리실, 안락의자실, 편의실, 여성 휴게실 등 휴식공간을 제공해서 이동노동자들이 편하게 이용할 수 있게 했다. 또한, 이곳에서 노동자 권리구제나 직업, 창업교육 등 다양한 프로그램을 진행하고, 건강상담이나 건강센터 협력사업도 진행하고 있다.

이용인원

성 별			직 종 별						일 평균 이용 인원 (2021년 8월 31일 기준)
계	남	여	계	대리운전 노동자	요양 보호사	배달·퀵 기사	보험 설계사	기타 (택배기사 등)	
4,961	4,230	731	4,961	3,677	108	99	96	981	29.9 (166일)

세부사업	예산	참여 인원	효과
이동노동자 수원 제대로 알기 온라인강좌	1,540천 원	500명	수원 지역 정보 습득
이동노동자 감정노동 치유 온라인강좌	1,540천 원	500명	대리운전기사 감정노동 실태에 관한 토크쇼 진행으로 현장 위주의 공감대 형성
휴식의 벗, 커피 인문학 산책	1,220천 원	300명	이동노동자의 커피 입문에 대한 교양 습득, 소자본 커피숍 창업 정보 공유
수원지역 취약 노동자 법률상담	1,136천 원	13명	이동노동자 권리침해의 새로운 상황 인식
이동노동자 수원 안전 지킴이 참여경연	3,536천 원	70명	도시 안전 위험 요소를 현장에서 바로 전달, 제안내용 현장 불편사항 개선
코로나19와 혹한기에 마스크, 핫팩 나눔	3,268천 원	450명	나눔 용품에 스티커를 부착하여 쉼터 홍보, 대리노조와 연계하여 협력 진행
수원 쉼터 이용자 설문 조사	3,210천 원	200명	쉼터 운영의 개선안 제시

비정규직 노동자 권익 개선사업

노동상담 및 노동자 권리구제 지원 등 10개 사업을 추진했다. 노동상담 및 노동자 권리구제 지원 160건, 인사담당자, 노동조합원, 학생 등 45명을 대상으로 온라인 노동법 교육 4회 실시, 3개 기관에서 125명의 건설일용노동자를 대상으로 기초안전 보건교육 자원, 코로나19로 실직한 비정규직 노동자 실태조사(표본 500명)를 했다. 또한, 수원 노동자 아카데미를 상반기에 10회 실시해서 160명이 수료했고, 온라인 좌담회 '우리 시대의 공정과 노동' 1회 개최, SNS 조회 185건, '수원시 건강한 내일, 행복한 내일' 공모전이 접수 진행 중이며, 비정규직 관련 단체와의 간담회, 노동단체연대회의, 비정규직 통합지원단 운영 등 네트워크를 활성화하고 있다.

한림도서관에 조성된 안내원 휴게시설

염태영 시장은 "휴게시설을 주기적으로 정비하고 개선해서 현장 노동자들이 편하게 쉬며 피로를 풀 수 있는 환경을 만들겠다"라며 "노동자들의 휴게권 보장과 노동의 질 향상을 위해 지속해서 노력하겠다"라고 말했다.

청소년 PLAY GROUND, 이석영 뉴미디어도서관

남양주는 다산 정약용 선생 인생의 시작과 끝을 함께한 곳이다. 그래서 생가와 묘가 자리한 다산 선생의 유적지는 남양주를 대표하는 관광지이다. 드라이브 코스로 좋은 '물의 정원'을 비롯한 다산 생태공원은 가벼운 산책 코스로도 유명하다.

이석영 뉴미디어도서관 2층에서 바라본 1층 모습

남양주시(시장 조광한)는 전국에서 두 번째로 청소년이 많은 지역이다. 남양주 화도지역의 특성을 반영하여 춤과 음악이 있는 '청소년 문화플랫폼'을 조성했다.

남양주시는 2018년 11월부터 2020년 12월까지 총건축비 160억 원(국비 20억 원, 시비 113억 원, 특별교부세 5억 원, 특별조정교부금 22억 원)을 투입해서 부지면적 1,843㎡, 연 면적 4,877㎡에 4층 규모로 '이석영 뉴미디어도서관'를 건립했다. 2018년 11월에 도서관 건립공사를 착공해서 2020년 2월에는 주민제안에 따라 도서관 명칭을 '이석영 뉴미디어도서관'으로 확정해 2021년 1월 14일에 개관했다.

주요시설로는 1층에 카페, 커뮤니티 존, 계단형 관람석이 있고, 2층에는 유아·어린이자료실, 패밀리 존, 이야기방이 있으며, 3층에는 종합자료실, 세미나실(A,B), 컨퍼런스 룸(A~D), T-라운지가 들어섰다. 그리고 4층에는 뮤직 아트홀, 레코딩·뮤직·크리에이터·댄스 스튜디오로 꾸며져 있다.

이석영 뉴미디어도서관에서는 음악과 뉴미디어에 특화된 프로그램을 정규 강좌나 특화 공연 형식으로 운영하고 있다. 청소년 단체 '영크리에이터 크루'는 도서관 행사기획 및 운영과 이석영 선생 기념사업으로 추모식,

우당상·영석상 시상식, 기념 강연회 등을 열고 있으며, 특화시설 대관이나 외부기관 견학 프로그램을 운영하고 있다.

이석영은 1910년에 이회영, 이시영 등 6형제와 함께 지금의 남양주 화도읍 가곡리 일대의 땅을 팔아 서간도로 망명해서 독립군 양성소인 신흥무관학교를 건립한 독립운동가이다. 또한, 한인 자치기구인 경학사를 설립하여 서간도 독립군 기지 개척에 밑거름이 되었고, 대한민국 독립의 역사에 큰 자취를 남긴 위인이다.

관내 청소년 70여 명으로 구성된 '영크리에이터 크루' 운영을 통해 지역주민과 함께 3회에 걸쳐 이석영 선생 기념사업을 추진했다. 또한, 지역주민으로 구성된 '도서관 권역별 분과위원회'를 운영하는 등 지역주민이 참여한 다양한 사업으로 남양주를 대표하는 랜드마크 역할을 담당하고 있다.

전국 최초로 음악과 뉴미디어 특화도서관 시설을 조성, 운영해서 다른 지자체와 도서관(국립중앙도서관 및 국회도서관 등)이 벤치 마킹하거나 업무 협력(MOU 체결 등)을 실시했다.

어린이 자료실

이석영 뉴미디어도서관은 계속해서 청소년의 '영크리에이터 크루'를 활성화(2기 구성과 활동 실시)하고, 지역주민의 도서관운영 참여기회를 다변화 및 확대해서 권역별 분과위원회 운영을 활성화할 계획이다. 또한, 초등부터 성인까지 주민참여 프로그램을 지속해서 확대해 나갈 예정이다.

조광한 시장은 개관에 맞춰 "코로나19가 하루빨리 종식되어 이 도서관에서 우리 청소년들이 언제나 누구든 와서 즐기고 마음껏 누렸으면 한다"라며 "'경험은 우리의 정체성을 규정한다'라는 말이 있듯이 다양한 체험과 경험을 통해 미래를 준비하는 넓은 시야를 가지길 희망한다"라고 밝혔다.

혐오시설의 관광자원화 반려동물테마파크

오산에는 권율 장군의 혼이 서려있는 독산성과 세마대가 있다. 국내 최초의 독서 캠핑장을 운영하고 있는 '꿈꾸레도서관'도 있다. 1753년 이중환의 「택리지」에 오산이라는 지명이 나오는데, 오산장이 당시 음력으로 3일과 8일에 열렸다는 기록이 있을 정도로 오산장터는 매우 오래된 장터이다.

오산시(시장 곽상욱)는 2017년부터 2021년까지 오산천로72 환경사업소 제1하수처리장 상부에 대지면적 10,973㎡, 조경면적 4,537㎡, 건축 연면적 2,934㎡에 4층 규모로 사업비 약 129억 원을 투입해서 반려동물테마파크를 조성해서 2021년 10월에 개관했다.

구분		면적	주요시설
실내	지상 4층	761m²	사무실, 다목적 홀, 세미나실, 창업지원실, 체험 교실
	지상 3층	785m²	애견 미용샵, 펫호텔(유치원), 키즈카페
	지상 2층	1,119m²	애견수영장, 애견용품점, 애견카페, 유기견 지원센터, 동물치유시설, 동물매개교감치료실, 행동교정클리닉
	지상 1층	269m²	전기실, 발전기실, 물탱크실, 기계실
야외		10,973m²	도그런(대·중·소), 장애물 경기장, 동물놀이터, 중앙(이벤트)광장

반려동물테마파크는 반려동물을 통해 생명존중에 대한 인성교육을 실시하고 있으며, 다양한 체험과 문화행사, 반려동물 분야 산업과 지역인재 육성, 유기동물 입양문화 확산 등의 역할을 하고 있다.

악취 때문에 혐오시설로 부정적인 평가를 받던 동물 관련 공간이 반려동물테마파크 조성으로 시민과 반려동물이 함께 행복한 도시를 만드는 공간으로 재탄생했다. 그뿐 아니라 반려동물 복합 콘텐츠로 수도권을 대표하는 관광명소가 되었다.

교육도시 오산에서 가장 잘할 수 있는 교육 인프라(인적·물적)를 활용해 기존 교육방식에서 벗어나 아이들에게 새로운 진로체험 및 인성교육을 제공할 수 있게 되었다. 경제·문화·교육과 연계한 다양한 반려동물 콘텐츠를 발굴해서 새로운 비즈니스로 지역주민의 일자리 창출 및 지역경제를 견인하고 있다.

반려동물테마파크

또한, 동물복지 향상과 동물과 공존하는 성숙한 반려문화를 정착하고, 기초교육 및 캠페인으로 반려인과 비반려인 사이에 인식의 격차를 최소화하는 등 사회적 통합 기능을 강화하고, 유기동물 입양문화를 확산시키는 데 기여하고 있다.

오산시는 학생과 일반 시민을 대상으로 '마지막까지 키운다'는 반려동물에 대한 인간의 책임과 규칙에 대해 교육하고, 「1학교 1견 심리 치료견 동행」이라는 동물매개 심리치료실을 운영하고 있다.

반려동물과 시민들의 문화적 수요를 맞추기 위해 반려동물 동반 구역인 맑음터 캠핑장, 테마파크, 수변 산책로를 연계한 특별 관광코스를 개발하고, 반려동물과 함께할 수 있는 각종 스포츠, 공연, 축제, 이벤트 등을 운영하고 있다.

전문가 양성 프로그램 과정 및 산업박람회 운영 등을 통해 다양한 직업군 형성에 대비한 인재양성과 사회공헌 일자리 창출, 신산업 육성을 위한 콘텐츠 개발로 지역경제 활성화에 기여하고 있다.

한편, 반려동물 테마파크에는 청와대로부터 분양받은 풍산개 '강산'이와 '겨울'이가 지내고 있다. 이 강아지들은 2018년 제3차 남북정상회담 당시 김정은 북한 국무위원장이 문재인 대통령에게 선물한 풍산개 '곰이'가 지난 9월에 낳은 강아지 7마리 중 한 쌍이다.

No.	구 분	목표	주 요 내 용
1	반려동물과 함께하는 축제	관광코스 및 행사 운영	▶ 반려동물을 활용한 정기공연 운영 : 오산천, 맑음터공원 캠핑장, 정원박람회와 연계한 행사 운영
2	독(Dog) 스포츠운영	동물과 함께 활동성 강화	▶ 반려동물과 함께하는 스포츠 활성화 : 프리스비, 캐니크로스, 장애물 경기 등
3	전문가 육성	관련 분야 전문가 양성	▶ 동물간호사, 행동 상담사, 사육사, 미용사, 훈련사, 유통업, 펫시터 등 다양한 직업훈련, 자격증 취득지원
4	관·학 협력	반려동물 분야 미래인재 양성	▶ 반려동물 학과가 개설된 대학과 연계, 전문인력 양성 산업체 견학, 현장실습, 인턴쉽 등 상호협력
5	반려동물 산업박람회 개최	반려동물 관련 산업홍보	▶ 반려동물산업 박람회를 통한 기업의 관심과 참여 유도 –펫푸드, 펫리빙, 펫웨어, 펫서비스, 펫케어, 아웃도어, 등 반려산업 전시회 개최
6	스타트 업 발굴 창업지원	산업 육성과정 프로그램 제공	▶ 반려동물 IOT 기술 및 문화 콘텐츠(영상, 캐릭터, 유튜브) 애견뷰티, 애견스포츠, 이벤트 등 신산업 블루오션 분야 대한 사업지원(신생 벤처기업 컨설팅, 솔루션 제공, R&D 등)

곽상욱 시장은 "동물복지 향상으로 동물과 공존하는 성숙한 반려문화를 정착하고, 반려동물을 통해 생명존중과 문화향상을 중심으로 운영할 계획"이라며 "반려동물 테마파크가 반려동물 분야 산업과 관련된 지역인재를 육성하고, 연간 1천여 개의 일자리를 창출해 지역경제 활성화에 기여할 것으로 기대한다"라고 말했다.

안성시 세계언어센터 운영

'안성맞춤'은 안성에서 나오는 유기의 뛰어난 품질과 모양에서 유래된 말이다. 전국에서 손꼽히는 안성 유기의 전통을 살펴볼 수 있는 곳이 '안성맞춤박물관'이다. 또한, 안성에는 2,000여 개의 장독대가 장관을 이루는 '서일농원'과 목장체험을 할 수 있는 '안성팜랜드'가 있다.

안성시(시장 김보라)는 2021년 6월부터 사업비 7억4천8백만 원을 들여서 2023년 12월에 한경대학교 국민체육센터 내에 '안성시 세계언어센터'를 이전 개소하기로 했다. 한경대학교 산학협력단을 통해 위탁 운영하게 되는데, 이곳에서는 관내 초·중등학교 학생과 이민자 가정 등을 대상으로 외국어 교육 및 한국어 프로그램을 운영하여 다양한 세계 문화를 이해하고 외국어 능력을 향상하여 글로벌 인재를 육성할 계획이다.

수탁자 현황			시설현황			비고
수탁자	위탁 기간	인력	사무실	강의실	기타	
한경대학교 산학협력단 정명규	2021년 4월 21일부터 2023년 12월 31일까지	센터장 1명, 행정 4명, 강사 6명	1개소 (54㎡)	7개소 (18~54㎡)	화장실 3개소	

안성시는 '세계언어센터' 조성을 위해 2020년 11월, '세계언어센터 설치 및 운영에 관한 조례' 제정을 완료하고, 예산을 편성했다. 2021년 4월에는 세계언어센터 위탁운영 공고를 내서 한경대학교 산학협력단과 위·수탁 계약을 체결했다. 2021년 7월부터 세계언어센터를 위탁 운영하기 시작했으며, 2023년 12월에 새로이 준공되는 국민체육센터로 이전 운영할 예정이다.

세계언어센터에서는 학급 단위의 영어 단체 프로그램을 진행하고, 이민자 가족 등 관내 초·중학생들을 대상을 영어, 중국어, 러시아어를 공부하

2021 세계언어축제

기 위한 방학 캠프를 열고 있다. 또한, 이민자와 외국인을 대상으로 한국어 문화과정을 운영하고, 관내 초·중학생을 대상으로 영어, 중국어, 한국어 교육을 위한 방과 후 프로그램도 진행하고 있다.

안성시는 2021년 11월 6일, 한경대학교에서 '2021 세계언어축제'를 개최했다. 축제는 단계적 일상회복에 따른 거리 두기 지침을 준수해서 진행되었으며, 관내 초·중학생, 시민 등 약 90여 명이 참여해 영어나 한국어 말하기 대회, 영어 골든벨 행사가 진행되었다.

안성시 '건강가정다문화가족지원센터'의 도움으로 세계의 다양한 문화를 체험할 수 있는 전시마당 부스와 한국어 교실에 참여했던 학생들의 그림 전시 등 다양한 볼거리와 체험으로 운영됐다.

세계언어축제, 세계언어전시마당

대회 참가자들은 '살기 좋은 안성'을 주제로 한 영어나 한국어 말하기 대회에 참가해 그동안 공부해온 기량을 맘껏 뽐냈다. 그리고 대상 2명, 최우수상 2명, 우수상 1명, 특별상 13명이 수상의 영광을 안았다.

강기용 안성시 세계언어센터장은 "참가한 학생들 모두 우열을 가리기 힘들 만큼 자기 생각과 감정을 자신 있게 말했다"라며 "이번 대회를 계기로 학생들이 외국어에 좀 더 친숙해지길 바라며 앞으로 세계언어센터 활성화와 더욱 다양한 프로그램 마련을 위해 노력을 아끼지 않겠다"라고 밝혔다.

안성시는 세계언어센터 운영을 통해 관내 학생들을 대상으로 다양한 언어와 문화습득, 어울림의 기회를 마련하여 의사소통 중심의 효과적인 국제언어교육을 제공하고, 다문화 학생과 중도입국자가 한국 생활에 빨리 적응할 수 있도록 지원하고 있다.

김보라 시장은 2021 세계언어축제에서 "세계, 인류의 다양성을 존중하고 이해하기 위해 아이들이 어려서부터 세계시민 교육과 다양한 언어 교육을 받아 폭넓은 이해력이 있는 시민으로 자라길 바란다"라고 밝혔다.

황폐한 폐광산을 「무릉별유천지」로

동해시에는 속세의 번뇌를 버리고 불도 수행을 닦는다는 뜻의 '두타산(頭陀山)'이 있다. 이 두타산에서 발원한 계류가 흐르는 호암소에서 용추폭포까지 이르는 약 4km에 달하는 무릉계곡이 유명하다.

지난 1978년부터 2017년까지 40년간 무릉별유천지 부지에서 전국 곳곳의 도로와 철도, 항만 등 국가 기간산업 건설에 필요한 시멘트 원료인 석회석을 채굴해왔다. 하지만 이제 동해시(시장 심규언)는 채굴로 훼손된 폐광산에 대한 효율적인 복구와 생산적인 활용방안에 대한 시 차원의 고민이 필요했다.

무릉별유천지 전망

동해시는 채굴이 끝나 황량해진 이곳에서 웅장한 석회석 절개지와 푸른빛 호수의 아름다움을 발견했다. 그래서 이곳을 자연 녹지로 복원해서 관광 자원으로 재탄생시켰다. 석회석 폐광지를 관광지로 재개발한 국내 첫 사례라고 할 수 있다.

동해시는 2017년부터 2021년까지 총사업비 304억 원을 들여서 삼화동산110-3번지 일원에 있는 1백2십1만9천㎡의 석회석 폐광산을 활용한 문화관광 재생 및 체험시설을 조성하기로 했다. 이를 위해 2017년 1월, 폐광산의 상생복구를 위한 동해시와 쌍용 간 협약을 체결했다. 2018년 1월, 강원도에서는 '강원도 거점육성형 지역개발계획 고시'를 하였으며, 2019년 9월, 복구설계 및 경관심의, 전략환경영향평가 등에 대한 협의를 완료하였다. 2020년 10월, 폐쇄석장 문화재생 리모델링 공사를 착공하고, 2021년 9월, '무릉별유천지' 1단계 사업을 마무리했다.

2021년 5월에 무릉3지구라는 이름에서 '무릉별유천지'로 명칭이 확정했는데, '무릉별유천지'는 하늘 아래 경치가 최고로 좋은 곳으로 속세와 떨어져 있는 유토피아를 상징하는 뜻으로서 대상지의 정체성을 가장 잘 표현한 명칭으로 평가되었다.

'무릉별유천지'의 상징은 채석 과정에서 만들어진 청옥호와 금옥호이다. 평균수심 5m, 깊은 곳은 30m에 이르는 이 호수에는 석회 물질이 물에 녹아 푸른빛을 띠고 있다.

2021년 5월 16일, '무릉별유천지'에 스카이글라이더, 오프로드 루지, 알파인코스트, 롤러코스터형 짚라인 등 이색적인 액티비티 체험시설과 에메랄드빛 호수, 라벤더 정원, 전망대 등이 조성되었다.

청옥호

독수리 모양을 한 스카이글라이더는 777m 거리를 시속 70㎞의 빠른 속도로 활강하는 시설로, 국내엔 처음 도입됐다. 세 바퀴 차인 마운틴 카트를 타고 호수 옆 비포장 절벽길을 질주하는 오프로드 루지와 구불구불한 레일을 빠른 속도로 내달리는 롤러코스터 짚라인에선 짜릿함을 느낄 수 있다. 석회석을 잘게 부스던 쇄석장은 본래 모습을 유지한 채 전망대와 안내 센터로 새롭게 꾸며져 근대 산업의 유산을 체험하는 공간으로 만들었다.

스카이글라이더

복합문화관광단지로 새롭게 태어난 '무릉별유천지'는 전국 최초 폐광산의 창조적인 복구로 각종 언론 및 전 국민의 관심을 받았다. 시민참여 아카이빙, 가드너 양성, 파일럿 프로그램 등 지역문화 활성화에 크게 기여하고 있으며, 조성사업 이후 몰려드는 관광객들로 지역상권이 활성화되고 주민 소득향상과 새로운 일자리도 만들어졌다.

심규언 시장은 "새롭게 선보이는 '무릉별유천지' 등 앞으로 강원도의 관광 지도가 동해시를 중심으로 재편될 것"이라며 "차별화된 관광 요소를 지속해서 발굴해 나가겠다"라고 말했다.

정선군 버스공영제[1)]

정선군은 23개 광구를 소유한 동양 최대의 민영 탄광인 '동원탄좌 사북광업소'가 있던 곳이다. 한때 정선군의 얼굴이었지만, 1989년 석탄 합리화 정책으로 내리막길을 걷다가 2003년 문을 닫았다. 그 자리에 옛 동원탄좌 행정동 건물 전체를 전시관으로 만든 '사북석탄유물보존관'이 있다.

정선군(군수 최승준)은 버스공영제 시행을 통해 대중교통 활성화 및 군민의 자유로운 이동권 보장을 통한 보편적 교통복지를 실현하고 있다.

인구감소와 자가용 증가로 인해 버스산업은 지자체의 재정투입으로 겨우 유지되고 있는 것이 현실이다. 그래서 정선군은 비효율적인 버스노선과 요금체계 개선 및 합리적 조정을 통해 대중교통 서비스를 개선하고자 2020년부터 '버스공영제'를 시행하고 있다.

이를 위해 2019년 2월 14일, 버스 완전 공영제 도입을 위한 계획을 수립하고, 12월 27일에 '정선군 공영버스 사업 운영조례'를 제정, 2020년 2월 25일 농어촌버스 운송사업 면허를 취득했다.

5월 15일에는 최초로 '버스완전공영제' 운영을 위한 민영 버스회사와 협약을 체결해서 강원여객, 영암고속, 화성고속의 유·무형 자산을 인수하고, 공영버스 운영인력 채용(1.2.3차) 및 시스템 등 기반시설을 구축했다. 6월 1일에는 공영버스 시범운영에 들어가서 수정 부분에 대한 의견을 수렴하고, 이용시간대 및 탑승 인원 등 교통카드 이용정보를 통한 효율적인 노선개편을 진행했다. 그리고 2020년 7월 20일, 공영버스의 정식운영을 시작했다.

몇 달 동안 지역주민의 의견을 수렴하여 노선개편이 필요한 지역을 중심으로 버스노선을 확대·개편했다. 특히 정선에서 신동 예미농공단지로 출

1) 대한민국 좋은 정책대상 대상 선정

퇴근하는 군민들을 위해 출·퇴근시간대에 노선을 신설했으며, 신동에서 사북 군립병원과 고한을 잇는 노선과 화암면에서 사북 군립병원과 고한을 잇는 노선도 함께 신설하였다.

또한, 일부 노선은 공공형 택시인 희망택시를 운행하여 주민불편을 최소화하고, 10월부터는 정선에서 진부 구간에 관광형 2층 버스도 운행하고 있다.

버스의 공공성을 높이고 이윤 중심의 노선구조를 탈피해 버스노선 체계를 개편하고 이용요금 전환에 따른 대중교통의 안정적 운영과 주민의 이동권 보장을 강화했다.

대중교통 이용객 증가

구 분	시행 전(20.5월)	시행 후	증 감
총인원	38,843	57,924	증 49%
일평균	1,253	1,868	증 49%

버스요금 개편

<table>
<tr><th rowspan="2">구분</th><th colspan="2">〈기존〉운행요금</th><th rowspan="2">구분</th><th rowspan="2">〈변경〉
운행요금</th></tr>
<tr><th>일반버스</th><th>좌석버스</th></tr>
<tr><td>일반</td><td>1,400원</td><td>1,800원</td><td>일반</td><td>1,000원</td></tr>
<tr><td>청소년</td><td>1,100원</td><td>1,500원</td><td>초·중·고 학생</td><td rowspan="4">무료</td></tr>
<tr><td>초등</td><td>700원</td><td>1,100원</td><td>65세 이상 어르신</td></tr>
<tr><td colspan="3" rowspan="2">시(읍)계 외 요금 : 116.14원/Km
(구간 거리 비례제 요금)</td><td>장애인, 국가유공자</td></tr>
<tr><td>기초생활수급자</td></tr>
</table>

일자리 창출 효과

구 분	총 인원	운전분야	관리분야	정비분야	매표분야	증감
시행 전	37명	30명	2명	3명	2명	증 75%
시행 후	65명	56명	3명	3명	3명	증 75%

노선 개편 및 버스 증차

구 분	시행 전	시행 후	증감
노선 수	68개	75개	증 7개
차량	22개	32대	증 10대

정선군은 친환경 버스 도입을 통한 '청정정선' 이미지 제고를 위해 저상 전기버스 10대를 도입(2021년 2대 도입 완료)하고, 수소버스도 순차적으로 도입할 예정이다. 읍·면별 차고지 조성사업을 추진해서 공영버스 탑승률 제고를 위한 각종 시책도 추진할 계획이다.

최승준 군수는 "버스완전공영제가 시행되면 군민 모두에게 편리한 교통복지 실현은 물론 지역경제 활성화에도 큰 도움이 될 것으로 기대하고 있다"라며 "버스완전공영제가 성공적으로 정착될 수 있도록 모든 제반 절차를 세밀하게 준비해 나가겠다"라고 말했다.

자원회수시설(소각장) 공론화 추진

서산에는 날마다 섬과 육지를 옮겨 다니는 땅이 있는데, 간월암을 떠받들고 있는 간월도이다. 서산 땅끝에 있는 황금산을 넘으면 서해의 바닷물을 들이마시고 있는 코끼리 바위를 만날 수 있다. 프란치스코 교황 방문으로 유명해진 해미읍성과 330여만 평의 전국 최대규모를 자랑하는 서산목장도 있다.

서산시(시장 맹정호)는 7년간 지속해온 자원회수시설 설치사업으로 인한 공공갈등을 시민들의 집단지성을 통해 합리적으로 문제를 해결했다. 자원회수시설 설치사업의 정책 결정에 앞서 시민의 충분한 토론과 의견수렴 과정을 거쳐 사회적 갈등을 해결하고 사업 추진 방향에 대한 정당성을 확보했다.

서산시는 기존 매립장의 매립가능량이 부족하여 생활폐기물 처리 방법을 '소각'으로 결정하고, 2012년부터 자원회수시설(소각장) 설치를 추진하고 있었다. 서산과 당진 권역의 가연성 생활폐기물을 하루에 200t가량 소각할 수 있는 자원회수(소각)시설을 2022년까지 약 700억 원(국비·도비 55%, 시비 45%)을 들여서 설치하는 사업이었다.

하지만 시민들 간의 찬반대립으로 사업 진행은 중단될 수밖에 없었다. 그래서 2018년 9월부터 2019년 1월까지 자원회수시설 설치사업에 대한 공론화위원회를 구성하고, 7회에 걸쳐 회의를 진행했다. 공론화위원회가 서산시 자원회수시설 추진 여부에 대한 공론화를 주관하기로 하고, 공론화 추진 방향 및 시민참여단 구성 방법을 결정했다. 총 5차에 이르는 위원회를 개최하고, 2019년 1월, 이해관계자와 전문가, 시민들로 구성된 105명의 시민참여단을 확정했다.

시민참여단은 숙의와 토론, 답사 과정을 설계하고, 권고안을 작성해서 제출하기로 했다. 2019년 2월 9일, 시민참여단의 1차 토론회에는 80명(76.2%)이 참가했고, 14일에는 시민참여단 46명이 참여해서 자원회수시설의 현장답사를 실시했다.

공론화위원회 시민참여단 1차 토론회

최종 결정에 앞서 시민참여단의 판단에 도움을 주기 위해 타 지역의 자원회수시설 운영현황을 답사했다. 찬성 측에서 추천한 마포자원회수시설과 반대 측에서 추천한 양천자원회수시설을 답사하고, 서산시 현황을 정확히 알기 위해 양대동 종합환경타운(매립장)과 자원회수시설 설치 예정지도 함께 둘러봤다.

2월 16일, 2차 시민참여단 토론회에는 1차 때 참가했던 80명 중 70명(87.5%)이 참가해서 투표를 실시했다. 투표 결과, 계속 추진 54.3%, 추진 중단 45.7%로 자원회수시설 설치사업을 계속 추진하기로 결정했다.

시민참여단 현장답사

서산시는 2019년 2월 21일, 공론화위원회 권고안을 수용하고 "더 안전하게 짓겠습니다. 더 책임 있게 운영하겠습니다"라면서 1년간 중단되었던 서산시 자원회수시설 설치사업을 재추진하겠다고 발표했다.

서산시의 자원회수시설 공론화위원회는 충남 최초로 시도된 '숙의 민주주의'를 통해 사회적 갈등을 해결한 대표적 사례다. '시민이 곧 서산시의 주인'이라는 시의 비전을 정책 결정 과정에서 구체화한 것으로, 시민이 직접 정책 결정에 참여해서 결정하고, 그 결과를 수용하고 인정하는 긍정적인 행정 선순환 프로세스를 보여줬다.

사회 문제를 소수의 전문가와 행정이 결정하고 추진하기보다는 분임 간 토론이나 찬반 측 발표 등 시민 공론화를 통해 결정하는 참여와 소통의 행정으로 시민 만족도와 시민의식을 높일 수 있다는 것을 보여줬다. 서산시는 자원회수시설 공론화 과정을 백서로 제작하기로 했다.

서산시는 2019년, 공공갈등관리 행정안전부 장관상을 받았고, 2019년 충청남도 공공갈등 정책과 갈등관리 사례연구에 소개되기도 했다.

맹정호 시장은 공론화위원회의 권고안을 수용하면서 "소각장 추진 결정은 시민 여러분께서 지혜를 모아 주신 사안이고, 사회적 합의를 통해 결론을 낸 사안으로 서산시는 시민의 뜻을 따라야 할 의무가 있고, 지켜가야 할 책임이 있다"라며 "시민들의 눈높이에 맞게, 더 안전하게 짓고, 더 책임감 있게 운영하겠다"라고 약속했다.

장항 오염정화토지 국제환경테마특구 조성

서천군은 육지에서도 선홍빛 동백꽃을 볼 수 있는 곳으로, 천연기념물로 지정된 마량리 동백나무숲은 서천의 대표 명소이다. 또한, 해돋이와 해넘이를 함께 볼 수 있는 마량포구도 관광객들이 많이 찾는 곳이다. 면적이 365㎢로 충청남도에서 계룡시 다음으로 작으며, 더불어 도내에서 가장 작은 군이다.

서천군(군수 노박래)은 지역자원과 연계한 브라운필드[1] 활용방안을 수립해서 장기 발전 전략을 마련하고, 그린뉴딜을 통한 환경생태복원으로 경제위기 극복 및 새로운 성장동력을 확보하고 있다.

(구)장항제련소가 있던 장항읍 장암리, 송림리, 화천리 일원의 전체 158ha 중 매입구역인 110ha에서 동(銅) 제련 과정 중 발생한 환경오염물질인 비소, 카드뮴으로 토지 오염이 심각했다.

장항제련소는 1936년에서 1945년까지 조선총독부가 건설해서 운영했다. 1947년에서 1971년까지 상공부 및 국가 직영으로 운영했고, 1971년에서 1989년까지 민간 한국광업제련(주)에서 운영했다.

2009년, (구)장항제련소 주변의 토양오염개선에 대한 종합대책을 확정해서 고시했다. 2012년 오염토지 정화계획에 대한 고시 및 정화작업을 착수해서 2020년 오염토지에 대한 정화사업을 완료했다.

2009년, 토양오염개선에 대한 종합대책을 통해 환경보전과 지역개발의 상생 모델을 제시했다. 2012년, 환경부는 정화계획 고시를 통해 21세기의 새로운 발전모델로 개발하고, 2015년에 중앙정부는 환경부의 토지이용계획을 통해 미래를 준비하는 토양정화 단지로 만들겠다고 서천군민과 수차

1) 브라운필드 (brownfield) : 활동이 미미하거나 폐쇄된 산업 지역. 일반적으로 환경오염 때문에 재개발이나 산업 지역 확장 등으로 도시 계획이 복잡하게 얽혀 있는 지역이다.

례 약속했다. 이는 국가 중요시설로 운영된 제련소가 오염원인을 제공했으므로 국가의 의무이기도 했다.

《선진국 사례》

- ▶ (미국) 2002년, 브라운필드법 제정, 연방정부별 재정지원과 감세 혜택 제공
- ▶ (영국) 신규 개발 주거용지를 브라운필드에 입지하도록 인센티브 제공
- ▶ (일본) 토양오염대책 기금적립 정책 추진 중

국제환경테마특구 구상안

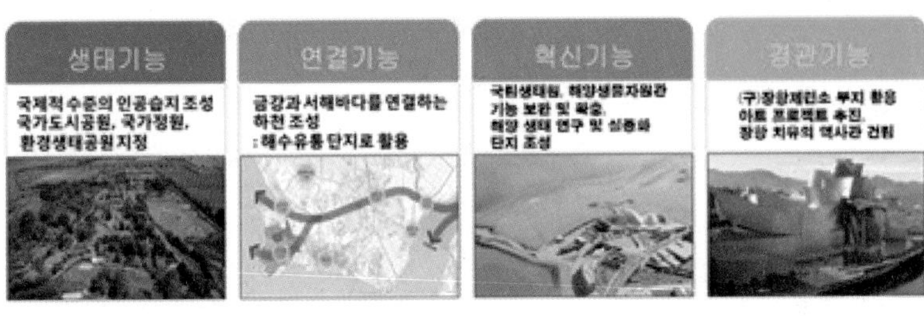

국제환경테마특구 조성의 필요성

오염토지 재생을 위한 국가 차원의 토지 활용방안을 마련하고, 국내 브라운필드에 추진하는 최초의 친환경적 재생 사례로 이슈화했다. 생태습지 조성 등 인간의 노력으로 재자연화를 통한 저탄소 정책을 추진하고, 유부도 서천 갯벌, 금강하구 등을 국제적 생태환경 거점으로 키울 예정이다.

2009년, 국가 운영시설로 토양오염의 원인을 제공했으므로 정부는 오염정화토지에 대한 토지이용계획을 마련하겠다고 약속했다.

【국제적 생태거점】 서천갯벌 및 유부도

- · 2009년 : 람사르 습지 지정(넓적부리도요 등 국제적 멸종위기 20여 종 서식)
- · 2014년 : UN WTO(세계관광기구) 세계 8대 생태관광 적지로 선정(세계 철새 이동 경로)
- · 2017년부터 : UNESCO 세계자연유산 등재 추진(유부도 갯벌, 하구역 섬갯벌)
- · 2021년7월 : UNESCO 세계자연유산 등재

2019년 3월, 서천군과 충청남도가 연계하여 장항 오염정화토지를 활용한 국가상징모델을 구상하고, 2019년 12월에 장항 오염정화토지를 '환경테마지구'로 조성하는 정책협약(道-郡)을 체결했다. 2020년 1월, 국가와

충청남도의 중장기 계획에 '장항 오염정화토지 재생사업'이 반영되었고, 2020년 6월에 충남형 뉴딜 10대 대표과제를 선정하고 정부의 그린뉴딜에 반영할 것을 건의했다.

2020년 7월, 청와대와 국회 중앙부처 등에 '국제환경테마특구' 조성에 대해 건의하고, 2020년 8월에 오염정화토지 활용방안에 대한 기본구상 용역에 착수(道·郡 공동 시행)했다. 용역 기간은 2020년 8월부터 2021년 9월까지이며, 사업비는 4억9천2백만 원이 투여되었고, 국토연구원이 수행했다.

옛 장항제련소 전경

2021년 1월부터 브라운필드 활용방안 마련을 위한 업무협의와 정책자문위원회를 개최하고, 2021년 4월에는 장항 브라운필드 활용방안에 대한 기본구상 용역 1차 중간보고회를 열었다. 2021년 6월, 브라운필드 활용을 위한 장항지역의 주민 의견을 수렴했다.

서천군은 장항 브라운필드 활용방안에 대한 기본구상 용역을 완료하고, 토지이용계획을 수립하여, 다부처 협력사업에 반영했다. 국비 확보를 위해 중앙부처와 국회 등에 건의하고, 2022년 대통령 선거공약에 선정되어 예비타당성 통과를 목표로 추진하고 있다.

노박래 군수는 "장항 브라운필드를 통해 새로운 희망을 만들어가고자 한다"라며, "국가발전과 함께 토양오염의 아픔을 안고 있는 지역민에게 희망이 될 수 있는 최적의 방안을 마련하는 데 최선을 다하겠다"라고 말했다.

공공배달앱 「배달의명수」 운영[1)]

군산은 1899년에 군산항이 개항되면서 농업 중심에서 상업으로 하루가 다르게 변화하여 시장도 자연스럽게 늘어났다. 군산공설시장은 100년이 넘은 전통시장이다. 오래된 시장이지만 가장 현대화된 모습으로 변모하여 쇼핑하기에 편리한 여건을 갖추고 있다. 또한, 1930년대의 우리나라 근대 역사를 고스란히 간직한 일본식 주택과 근대건축물들을 쉽게 볼 수 있다.

군산시(시장 강임준)는 디지털 플랫폼을 구축해서 골목상권 소상공인의 판로를 확대하고, 시장을 지배하고 있는 거대 플랫폼에 대응하는 지역 소상공인을 위한 대안 플랫폼에 대해 고민했다.

이에 군산시는 2020년 3월 13일, 배달 플랫폼을 이용하려는 군산지역 내 소상공인을 위해 음식이나 재화 등을 주문받을 수 있는 군산사랑배달앱 「배달의명수」를 출시했다. 소상공인들은 「배달의명수」 앱을 무상으로 이용하면서 기존의 민간 앱에 비해 광고료와 수수료를 절감할 수 있게 되었고, 소비자도 저렴한 가격으로 배달앱을 이용할 수 있었다.

사업자와 소비자를 위한 공공배달앱은 '모바일 유통환경 구축'으로 지역자본의 역외유출을 방지하여 '물가안정↔소상공인 비용 절감↔소비 진작'의 선순환을 이끌고, 급변하는 유통환경에 대한 능동적 대처로 골목상권의 경쟁력을 강화하겠다는 목표로 지역의 강점과 특성을 활용해서 개발, 보급되었다.

또한, '군산사랑상품권'을 활용해 영세 소상공인의 자생기반을 마련하고, 모바일 쇼핑몰을 도입해서 유통환경의 지속 가능한 플랫폼을 구축하여 물류와 배송과 연관된 일자리를 창출하고 있다.

1) 대한민국 좋은 정책대상 최우수상 선정

군산시 공공배달앱 『배달의 명수』

군산시	사업자	개발사(민간)
· 공공배달앱 총괄 · 배달앱 시스템 구축 · 군산사랑상품권 연계 · 이용자 지원방안 도입	· POS 시스템 설치 및 이용 · 자율적인 할인행사 동참 · 소비자 만족도 제고 노력	· 공공배달앱 개발 · POS 시스템 개발 · 사업자 시스템 설치지원 · 시스템 관리 및 민원처리(CS)

군산시는 공공배달앱 「배달의명수」의 추진 목표를 4단계로 나눠 사업을 추진하고 있으며, 업종 다양화를 통한 종합 카테고리를 확장해서 코로나19 장기화로 인한 비대면 시장의 활성화 및 근거리 배송시스템을 구축했다.

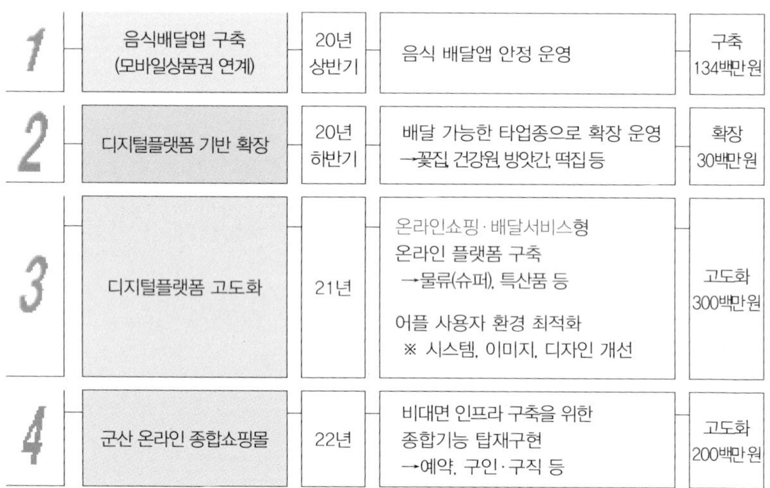

단계	사업	시기	내용	예산
1	음식배달앱 구축 (모바일상품권 연계)	20년 상반기	음식 배달앱 안정 운영	구축 134백만원
2	디지털플랫폼 기반 확장	20년 하반기	배달 가능한 타업종으로 확장 운영 →꽃집, 건강원, 방앗간, 떡집 등	확장 30백만원
3	디지털플랫폼 고도화	21년	온라인쇼핑·배달서비스형 온라인 플랫폼 구축 →물류(슈퍼), 특산품 등 어플 사용자 환경 최적화 ※ 시스템, 이미지, 디자인 개선	고도화 300백만원
4	군산 온라인 종합쇼핑몰	22년	비대면 인프라 구축을 위한 종합기능 탑재구현 →예약, 구인·구직 등	고도화 200백만원

군산 공공배달앱 「배달의명수」의 소비자 가입 건수는 시행 첫해인 2020년 3월 13일 5,138명에서 2021년 9월 31엔 131,719명으로 증가했으며, 이는 군산시 인구의 47.5%에 해당하는 실적이다. 가

맹점도 증가해서 '군사사랑상품권'의 모바일과 지류 모두 결제가 가능한 가맹점이 1,120곳으로 제일 많다. 지류 상품권만 가능한 곳이 94곳이고, '군산사랑상품권' 미가맹점이 110곳으로 모두 1,324개소가 '배달의명수' 가맹점으로 등록했다.

매출 내역(2020년 3월 13일~2021년 9월 13일)

구 분	총 계	상품권	카 드	현 금
누계건수(건)	566,701	333,941(59%)	207,669(37%)	25,091(4%)
누계주문(원)	13,896,783,485	8,203,012,225	5,120,438,410	573,332,850

군산시는 시스템 고도화 개발에 따른 운영 안정화를 위해 마트 등 다양한 업종의 신규 가맹점을 지속해서 확보하고, 다양한 소통 채널을 통한 마케팅을 강화하고 있다. 또한, 공동구매를 통해 소상공인의 판로 확대와 소비자의 편익 증대, 마감 서비스, 단골 스탬프 등을 이용해서 가맹점 운영의 극대화를 추진하고 있다. 소상공인의 매출 증대를 위해 전략적인 온·오프라인 홍보로 지속해서 소비층을 확대할 계획이다.

강임준 시장은 2020년 7월, "'배달의명수'가 초기에 안착할 수 있었던 힘은 군산시민 모두가 어려운 골목상권을 살리려는 노력이 결실을 맺은 것 같다"라며 "앞으로 '배달의명수'를 기반으로 다른 업종의 소상공인분들도 온라인 플랫폼에 진출할 수 있도록 사업을 확장해 나가겠다"라고 밝혔다.

완주 문화도시 조성

완주하면 대둔산을 가장 먼저 떠올리게 된다. 대둔산의 명물인 케이블카를 타면 5분 만에 구름다리 인근까지 닿을 수 있다. 고산의 자연휴양림과 대아 수목원은 산책 코스로 유명하다.

완주군(군수 박성일)은 공감·공유·공동·공생을 위한 문화도시 조성사업을 추진하고 있다. 이 사업을 통해 문화공동체와 인력 육성, 완주문화의 고유성과 정체성을 새롭게 확립하고 있다.

완주군은 2021년부터 2025년까지 5년 동안 총사업비 197억 원(국비 99억 원, 도비 29억 원, 군비 69억 원)을 투입해서 4개 분야에 16개 사업, 26개 프로그램을 연차적으로 추진하는 '문화도시' 조성사업을 시행하고 있다.

대표 없는 회의, 월간 문화도시, 시민문화배심원단 등 주민자치와 자발적 참여문화를 만들고, 주민이 기획하는 공간 혁신의 하나로 도시재생을 위한 주민 현장기획단을 운영(봉동, 상관)하고 있다. 메이드 인 공공, 밋업인(meet up in) 완주, 모두多클래스, 작은성공프로젝트100 등 주민이 기획하는 문화사업과 공동체 지원사업을 펼치고 있다.

완주군은 2017년, 문화특화지역 조성사업에 선정되었고, 2019년엔 2차 문화도시에 10곳이 예비 지정되었으며, 2021년 1월 7일, 제2차 문화도시로 5곳이 최종 지정되었다.

327명 참여한 주민주도의 아이템 기획을 위한 대표 없는 회의를 93회 열었고, 4월에 완주문화예술 분야 비대면 문화 활동 진단과 8월에는 완주 청년 귀촌 현황과 정착을 위한 길 찾기 행사를 열었다.

문화 활동에 대한 애로사항 해결을 위해 '월간 문화도시' 포럼을 68명이 참여해서 5회 개최했다. 처음엔 38명의 주민참여로 시작한 시민문화

완주문화공유공간 '다:행' 삼례역 건물을 문화 재생으로 되살렸다.

배심원단은 현재 193명으로 늘어나 '문화도시'에 관한 모든 지원사업을 심사한다.

완주군 도시재생사업을 우석대학교와 연계해서 공동체 문화사업과 관련된 인력양성을 위한 완주 컬처메이커 사관학교를 운영하고 있다. 지역 문제의식 발굴 등을 위한 12개 문화공동체의 성장을 지원하고 있다.

완주문화공유공간 '다:행'과 6개 기관이 참여한 완주군 중간지원조직 네트워크 '디딤'을 구성해서 문화도시 확산 및 성과공유를 위한 연계사업을 추진하고 있다. 또한, 문화 활동 지원을 위한 재능공유 클럽인 '모두多클래스'를 85회 운영해서 지금까지 829명이 참여하고 있다.

대표 없는 회의

수다를 떨어도 좋다. 서로의 활동을 공유해도 좋다. 논쟁적인 이슈를 주제로 토론하고, 참여자들의 생각과 경험, 그리고 지역에 대해 함께 대화를 나누다 보면, 자유로운 대화 속에서 지역의 이야기가 공론이 된다.

월간 문화도시

대표 없는 회의를 통해 발굴된 의제를 발전시켜 주민과 이해당사자, 관계기관이 함께 모여 문제해결을 위한 의견을 수렴하고 공론화하는 과정이다.

완주 문화민회

관계기관과의 협업을 통해 지역 의제에 대한 해결점을 찾고자, 컨퍼런스&포럼을 열어 참여자들이 자유롭게 해결 방안을 제시하고 공유한다. 또한, 행정 및 관계기관과 논의를 통해 실행계획을 수립하고, 지속 가능한 정책 사업화를 추진한다.

문화현장 주민기획단

주민으로 구성된 기획단이 사업기획부터 실행까지 사업 운영의 핵심 주체가 되어 사업을 실행해 가는 구조이다.

시민문화 배심원단

주민들이 사업심사에 참여하여 지원사업의 선정에 필요성과 공감대 등 문화적 수요와 공급을 직접 진단한다.

완주군은 2022년에도 완주문화배심원단, 문화현장주민기획단, **문화도시거버넌스**를 운영하고, **문화공동체 발굴 및 지원**을 위해 문화공동체 네트워킹(협업)을 지원할 예정이다. **주민주도 문화 활동 지원**을 위해 주민이 기획하고 실행하는 11개의 문화 활동 지원사업과 도시재생, 사회적 경제, 생활문화동호회 등 4개 분야 26개 사업을 추진할 계획이다.

박성일 군수는 2021년 1월, 문화체육관광부로부터 법정 문화도시로 선정되고 나서 전북도민일보와의 인터뷰를 통해 “완주 문화도시 사업은 문화적 영역에만 국한해서 운영하는 사업이 아니다. 완주의 자랑인 로컬푸드나 사회적 경제 영역, 도시재생사업 등과 협력해 문화도시 사업이 사회 전반에 파급 효과를 줄 수 있도록 설계돼 있다. 로컬푸드나 완주 소셜굿즈 사업은 경제적 영역에서 문화브랜드 효과까지 내서 시너지 효과를 창출하도록 협력체계를 구축하고 있다. 도시재생사업과 연계해서 근린 문화공간이나 경관, 환경 등을 재정비해 주민의 일상생활에 활력을 불어넣을 계획이다”라고 밝혔다.

장수 548정책

장수군은 해발고도 500m 이상의 고지대로 폭염과 열대야가 없는 곳으로 유명하다. 또한, 온천리조트와 국제규격의 실내승마장, 10㎞에 달하는 승마 로드, 와룡자연휴양림 등 건강관리를 위한 다채로운 시설들이 풍부한 지역이다.

장수군(군수 장영수)은 민선 7기 하반기 군정 추진의 핵심 정책으로 장수 548정책을 통해 풍요롭고 힘찬 장수를 실현하고 있다. 장수군의 해발고도 548m에서 따온 '장수 548정책'은 오(**5**)고 싶고 살고 싶은 장수, 사(**4**)고 싶은 장수 농·특산물, 팔(**8**)기 좋은 유통환경을 조성하기 위한 정책이다.

2020년 7월, 민선 7기 후반기 정책 슬로건으로 '장수 548정책'을 공표하고, 10월에는 부서에서 제출한 105건의 사업을 바탕으로 연구용역을 추진했다. 2021년 3월, 장수 548정책 실행계획을 수립하고, 6월에는 장수 548정책에 대한 홍보계획을 수립하고 홍보물을 제작했다.

장수군은 연구용역을 통해 정책 슬로건 주제별로 주요 쟁점 사업을 파악하고, 핵심 정책의 추진상황을 점검해서 신규사업 발굴과 지속적인 대민 홍보를 추진했다.

천혜의 자연경관과 치유의 숲 '힐링도시'

해발고도 500m에 천혜의 자연경관을 가진 장수군은 천천면 비룡리 산 84-2번지 일원에 50ha 이상 규모의 '그린 장수 치유의 숲' 조성을 2022년에 완료할 예정이다.

'치유의 숲'은 치유센터 1동과 치유테마숲 9,500㎡, 치유숲길 5.2㎞ 등 숲을 이용한 힐링 공간으로 다양한 프로그램을 통해 숲속에서 지친 현대인

그린 장수 치유의 숲 조감도

의 몸과 정신을 치유하는 곳이다.

치유센터에서는 각종 정보제공과 교육, 상담, 건강 체크 등을 통해 본인에게 맞는 치유프로그램을 추천받을 수 있다. 열 치료, 반신욕, 족욕 등 다양한 치료프로그램을 체험할 수 있으며, '힐링'과 '친환경'을 테마로 일상에 지친 도시민들이 언제든 쉴 수 있는 '휴식'의 장소로 만든다는 계획이다.

공격적 마케팅으로 장수 명품 농·특산물 유통 판로 개척

장수군은 농·특산물 유통기반을 정비하기 위해 거점산지유통센터(APC)의 노후 시설 보완사업을 완료했다. 통합마케팅 체계 구축과 공선 조직을 정비하고, 농·특산물 취급량 증대를 위해서 9개 분야의 관련 사업에 14억 원의 예산을 확보해 추진했다.

2022년에는 천천면에 거점형 농산물집하장 건립을 시작으로 7개 읍·면에 거점형 농산물집하장을 건립할 예정이다. 현재 계남면에 건립 중인 APC를 유통 거점시설로 적극 활용해서 유통 정책에 큰 변화를 줄 계획이다. 또한, 변화하는 시장 수요에 발 빠르게 대응해 적극적인 마케팅 전략을 수립해서 추진하고 있다.

e-커머스 활성화와 라이브커머스, 온라인 쇼핑몰을 활용해 농·특산물 판매 채널을 다양화하고 있다. 그리고 지난해에 이어 대형 프리미엄 기업과 상생 동반을 위한 협약을 체결해서 장수 농·특산물의 공급을 활성화하고, 도시민들에게 장수군의 신선하고 우수한 농·특산물을 홍보하는데 주력할 계획이다.

장영수 군수는 2022년 1월, 전라일보와의 인터뷰에서 "달빛내륙철도

유치와 천천하이패스 IC설치, 친환경 에너지 생활환경 조성, 장수종합체육관 건립, 공공도서관 확대 조성, 귀농인 임시거주 시설 조성사업, 고품질 장수 한우육성, 장수 레드푸드 융복합단지 조성사업, 스마트 융복합타운 조성 등을 통해 오(**5**)고 싶고 살고 싶은 장수, 사(**4**)고 싶은 장수 농특산물, 팔(**8**)고 싶은 장수를 건설하겠다"라고 밝혔다.

부안형 푸드플랜 구축

부안군의 격포항과 변산 모항은 저물녘 석양이 아름답기로 유명하다. 특히 변산 모항에서 조금 떨어진 솔섬은 사진작가들도 많이 찾는 일몰 포인트 지점이며, 변산반도국립공원을 대표하는 채석강은 겹겹이 포개놓은 듯한 해안침식 절벽으로 유명하다.

부안군(군수 권익현)은 부안형 푸드플랜 구축을 통해 연간 매출액 300억 원 달성과 월 소득 150만 원 이상의 1천 개 농가를 육성해서 지속 가능한 먹거리 생태계를 구축하고, 군민의 먹거리 질 향상을 위한 사업을 펼치고 있다.

2020년부터 2023년 5월 개장을 목표로 4년간 부안읍 봉덕리 일원에 13,766㎡ 규모의 '부안 푸드&레포츠타운'을 조성하고 있다.

주요시설

구분		연면적(㎡)	총 사업비				주요시설
			합계	국비	도비	군비	
합 계		6,300	20,000	7,000	1,950	11,050	
생활SOC 복합화	로컬푸드 복합센터	2,500	6,000	500	500	5,000	직매장, 농가식당, 통합지원센터 등
	볼링장	2,000	8,000	4,000	700	3,300	20레인(국제규격)
공공급식물류센터		1,000	3,000	1,500	750	750	선별 및 포장, 저온저장, 입고전실
농산물종합가공센터		650	2,000	500	0	1,500	가공실, 전처리실, 포장실
안전성 검사센터		150	1,000	500	0	500	안전분석실, 사무실 등

2021년 2월 24일, 부안군은 공무원과 소비자, 생산자, 전문가 등 20명으로 구성된 '부안군 먹거리위원회'를 출범시켰다. 위원회는 먹거리 정책분과, 먹거리 생산·유통분과, 먹거리 자원화분과 등 3개 분과로 구성되어 먹거리 전략 수립과 변경, 먹거리 전략 시행과 평가, 지속 가능한 먹거리

부안형 푸드플랜 기반구축과 외식문화 발전을 위한 상생 협력 업무협약

선순환 실현을 위한 환경 조성, 통합지원센터운영 사업 등을 하게 된다.

부안읍 매창로221에 336㎡ 면적의 부안군 로컬푸드 임시직매장 '텃밭할매'를 개장해서 2023년 5월 부안먹거리종합타운이 조성되기 이전까지 운영하고 있다. 이곳에는 축산 및 수산 코너를 포함한 식품매장과 소포장실, 사무실 등이 있으며, 운영인력은 6명(총괄관리자 1명, 매장 매니저 1명, 총무회계 1명, 계산원 3명)이다. 농수축산물과 가공식품, 반찬류 등 600여 품목을 판매하고 있으며, 250개 농가와 57개 업체가 참여하고 있다.

주민참여형 먹거리위원회 출범으로 군민과 함께 만들어가는 푸드플랜을 추진하고, 기획생산 농가의 조직화로 중·소농 중심의 다품목 소량 생산을 통해 품목 다양성 확보했다.

부안 푸드 1일 잔류농약검사 시스템을 구축해서 철저한 안전성 검사를 하고 있으며, 부안 푸드 자주 인증제 도입으로 부안 푸드의 신뢰성을 강화했다.

대한노인회 '할매반찬' 및 외식업체 등의 로컬푸드 직매장에 부안 식자재를 사용해서 중·소농가의 생산 기반을 유지하고, 여러 사회단체와 푸드플랜 협약을 체결해서 부안 공공먹거리 순환 체계를 구축했다.

부안군은 푸드플랜과 연관되는 시장을 계속해서 확대할 계획이다. 로컬푸드 직매장과 행복 장터를 추가로 개설하고, 학교급식과 공공급식에 식자재를 공급하며, 2022년부터 온라인 유통시장 개척을 위해 부안푸드몰을 운영해서 대도시와 연계한 공공급식에 참여할 예정이다. 생애주기 맞춤형 먹거리를 지원하고, 따뜻한 먹거리 공동체 육성을 통한 먹거리 복지를 실현해서, 이를 통해 질병 예방과 건강증진에 이바지할 계획이다. 취약계층의 먹거리 접근성을 강화하고, 차별 없고 사각지대 없는 건강한 부안 푸드를 공급하며, 먹거리를 통한 공동체 회복과 지역주민의 공감대를 형성할 예정이다.

권익현 군수는 "어르신의 지혜와 경륜이 '부안형 푸드플랜 사업' 성공에 큰 힘이 될 것으로 기대한다"라며 "어르신 일자리와 안정적인 소득향상, 활기찬 노후를 위한 사회참여의 활동 기회를 마련하겠다"라고 밝혔다.

순천형 권분(勸分)운동 추진[1)]

지금의 순천시는 1995년에 순천시와 승주군의 통합으로 도·농 복합시가 되었다. 꾸준한 인구 증가로, 호남에서 광주광역시, 전주시 다음으로 호남 제3의 도시가 되었다. 세계 5대 습지이자 철새들의 도래지인 순천만 습지에는 매년 가을마다 끝없이 넓은 갈대밭이 형성되어 몽환적인 풍경을 연출한다. 또한, '순천만 국가 정원'에서는 다양한 생태 식물들을 관찰할 수 있고, 자연의 또 다른 아름다움을 느낄 수 있다.

순천형 '권분(勸分)운동'이란 나눔을 권장하는 의미로 '목민심서'에서 가져온 말이다. 코로나19 시기에 힘들고 어려운 이웃을 위해 나눔을 행하자는 것으로 모든 재원은 기부를 통해 형성된다. 기부자, 봉사자, 수혜자 모두가 행복해지는 순천의 대표적인 나눔 운동이다.

순천시(시장 허석)는 코로나19 영향으로 무료급식과 단체급식이 중단되어 끼니를 걱정하는 어려운 이웃에게 돌봄과 나눔을 실천하기 위해 권분운동을 시작했다. 전 시민이 함께 극복하고 화합해서 상생하는 실천의 토대를 마련하고자 했다.

순천시는 순천형 권분운동을 시즌별로 나누어, 시즌1 권분꾸러미 전달, 시즌2 마스크 권분운동, 시즌3 착한선결제 권분운동, 시즌4 권분가게, 시즌5 어깨동무가게, 시즌6 모두애(愛)티켓 나눔 운동을 펼쳤다.

시즌1 권분꾸러미 전달

2020년 3월부터 9월까지 시민과 단체, 기업 등이 2억4천6백만 원을 기부하고, 자원봉사자 320명이 참여하여, 식료품과 생필품이 담긴 권분꾸러

---

1) 대한민국 좋은 정책대상 최우수상 선정

미를 제작해서 6회에 걸쳐 5,500명의 취약계층에게 전달했다.

시즌2 28만 순천시민 마스크 권분운동

2020년 12월, 사회적 거리두기가 2단계로 격상되자 코로나19 위기극복을 위해 28만 순천시민 마스크 권분운동을 전개했다. 자발적인 참여로 기부받은 147만 매의 마스크를 전 시민에게 1인 3매씩 지급했고, 대중교통과 관광지, 소상공인들에게도 나눠줬다. 어린아이부터 어르신까지 코로나19 극복을 염원하는 마음으로 마스크 기부에 참여해서 하나로 단합된 순천시의 모습을 보여줬다.

시즌3 착한선(善)결제 권분운동

2021년 2월부터 3월까지 시행된 '착한선결제 운동'은 소상공인과 자영업자의 어려움을 함께 극복하자는 취지의 소비자 운동이다. 급여생활자들 중심으로 평소 자주 이용하는 음식점이나 카페, 헬스장 등 단골 업소에 미리 결제하고 재방문을 약속하는 운동이다.

33개의 기관과 단체가 '착한선결제 운동'에 동참하는 협약식을 체결해서 운동 전개 2주 만에 3천만 원 상당의 성과를 냈으며, 최종적으로 2,342건, 9억3천만 원의 선결제 성과를 만들어냈다.

시즌4 코로나19 위기극복, 순천형 '권분가게' 운영

'권분가게'는 코로나로 생계가 어려운 시민들을 대상으로 필요한 물품을 무료로 지원하거나 저렴하게 구매할 수 있는 곳이다. 코로나19 여파로 실직이나 폐업 등 소득감소로 생계를 위협받고 있는 가구가 증가하고 있다. 그래서 2021년 2월부터 4월까지 경제적으로 힘든 시민에게 필요한 물품을 지원하는 서비스를 시행했다.

기업 또는 개인에게 2억2천4백만 원 상당의 물품 및 현금을 기부받아 (사)순천시자원봉사센터를 통해 월 1회, 3만 원 상당의 물품을 코로나19

로 경제적 어려움에 처한 순천대의 외국인 유학생 300명과 관내 취약계층 8,217명에게 무료로 지원했다.

시즌5 '어깨동무가게' 운영

'어깨동무가게'는 2021년 5월부터 12월까지 소상공인업소들이 자발적으로 참여해서 코로나19 장기화로 경제적 어려움에 처한 가정의 만18세 미만 초·중·고 학생들에게 무료로 식사와 미용, 교육 등의 서비스를 제공하는 곳이다. '어깨동무가게'에 24개소의 소상공인업소가 참여해서 103명의 학생에게 지원했다. 더 나아가 이용금액과 횟수의 제한 없이 업소별로 자발해서 참여하는 '어깨동무가게'를 선정하기도 했다.

시즌6 '모두애(愛)티켓 나눔' 운동

'모두애(愛)티켓 나눔'은 장애인에 대한 인식 개선 및 모두가 함께 어울려 사는 평등한 세상을 위해 순천시민들이 자발적으로 영화 티켓을 기부하는 운동이다. 2021년 7월부터 10월까지 발달장애 자녀를 둔 부모들의 투쟁을 담은 다큐멘터리 영화 <학교 가는 길>의 영화 티켓을 기부받아 시민들에게 관람 기회를 제공해서 장애인에 대한 인식 개선에 이바지했다. 이 운동은 3천3백만 원을 기부받아 4,175명에게 영화 티켓을 지원했다.

모두애티캣 나눔 운동 〈학교 가는 길〉

순천형 권분(勸分)운동은 코로나19 위기 상황 속에서 나눔과 배려 문화를 확산하고 있다. 누구나 손쉽게 기부하고 지원받을 수 있는 기부와 나눔 문화를 정착시켰다. 관내 관계기관과 사회단체, 시민 등의 연계로 민·관, 민·민의 협업 확대를 통해 코로나19 상황이 종료된 후에도 각종 재난·재해 및 감염병의 위기에 봉착했을 때 자발적인 협력과 나눔으로 위기를 극복할 수 있는 순천시만의 특별한 운동이 될 것이다.

순천시는 민간 기부금과 자원봉사자들의 헌신적 노력으로 2020년 3월부터 2021년 9월까지 6개 시즌으로 나누어 권분운동을 기획하고 실천하여 취약계층과 소상공인, 전 시민에게 선별적 복지와 보편적 복지혜택을 모두 제공할 수 있었다.

허석 시장은 2022년 1월 19일, 서울신문과의 인터뷰에서 "순천형 권분운동이 순천시를 넘어 대한민국 전역에 선도 모델로 퍼져서 하나 된 연대의 힘으로 위기 상황을 극복하는 행동 백신이 됐으면 하는 바람이다"라고 밝혔다.

나주역사가 살아 숨 쉬는 문화 재생

나주는 시역의 70% 이상이 평야 지대로 나주평야의 중심지역이다. 금천면이나 노안면 일대의 평야 지대는 영산강을 따라 영암군, 무안군 일대까지 펼쳐져 있다. 또한, 푹 끓인 나주곰탕과 톡 쏘는 맛이 일품인 홍어는 나주를 상징하는 음식이다.

나주시(시장 강인규)는 폐건물로 방치된 나주 근현대사의 상징인 나주극장과 나주정미소를 보존하고 새롭게 활용하는 방안을 마련했다. '금성관'이나 '나주나빌레라 문화센터'와 연계해서 나주의 문화·예술·생활의 역사를 영사할 수 있는 복합문화공간으로 조성했다.

건물 현황

구분	나주정미소	나주극장
위치	나주시 성북동 77-1 외	나주시 금성동 14-1 외
사업비	40억 원	45억 원
주요 내용	- 읍성권 도시재생의 핵심공간 조성 - 건물 리모델링 - 문화 공연, 세미나 등 다양한 프로그램 운영	- '다시 나주극장'을 테마로 복합문화공간 조성 - 건물 리모델링 - 나주 역사, 문화 상영관 등

문화콘서트 난장 in 나주정미소 '난장곡간'

2019년 11월부터 2021년 6월까지 '난장곡간'에서 광주MBC와 MOU를 체결해서 공연을 개최했다. 26회 공연에서 방청객 2,300명 중 84%가 외지인이었다. 관람료 13,000원 중 일부인 만 원을 '나주사랑상품권'으로 환급해서 지역경제 활성화에 도움을 주었다.

나주정미소

나주정미소 도심 캠핑장 운영

나주정미소는 호남 최초의 정미소였다. 정미소는 '쌀을 찧는 곳'이라는 의미지만, 나주의 정과 맛, 웃음이 함께하는 공간이라는 의미의 '정미소(情味笑)'로 탈바꿈했다. 읍성 투어, 캠프파이어 등 도심 속 캠핑 체험프로그램을 운영하고 있으며, 2020년 10월부터 11월까지 3회 운영을 통해 153명이 참여했다.

예술가와 시민을 위한 문화 재생프로그램

예술가들을 지원하기 위한 특별 기획전시를 통해 18명의 작가가 참여해서 997명이 방문했다. 또한, 버스킹과 어린이 문화체험 등 다양한 프로그램을 진행하고 있다.

옛 나주극장 문화재생

나주지역 최초의 극장인 '옛 나주극장'은 1930년대 당시 나주천 정비사업으로 조성한 하천부지에 소주 공장과 잠사 공장 등 여러 산업시설과 함께 들어섰다.

1990년대에 극장 문을 닫기 전까지 정치·사회·문화·예술 활동을 위한 복합문화공간이었다. 시민들과 희로애락을 함께해 온 대표적 근대문화시설인 '옛 나주극장'은 2층 구조의 현대식 석조건물로 200여 명을 수용할 수 있는 규모다.

옛 나주극장

2021년 1월 20일, 문화체육부의 유휴공간 문화 재생을 위한 기본구상방안 연구 공모에 선정되어, 소유자인 나주신협과 업무협약을 체결해서 향후 '나주나빌레라문화센터'와 연계한 복합공간으로 조성할 예정이다.

이를 통해 나주시는 도시 성장으로 낙후된 구도심을 활성화하기 위해 금성관을 비롯한 사대문 등 문화재를 정비해서 복합문화공간으로 조성했다. 읍성권의 역사와 문화 특성화를 위한 전략 기반을 마련해서, 읍성권 도시재생 뉴딜사업이 완료된 이후에도 지속 가능한 동력을 확보할 수 있게 되었다. 또한, 관광객이 머무를 수 있는 콘텐츠를 개발해서 주변 상가 및 지역경제 활성화를 도모하고, 전통과 혁신이 순환하는 '문화 도시, 나주'를 구축하여 지역민의 문화향유 기회를 제공하고 있다.

나주시는 계속해서 나주정미소 3개 동을 추가로 리모델링 하고, 옛 나주극장을 매입해서 리모델링을 마쳤다. 금성관과 나주곰탕을 연계해서 관광객을 위한 휴식처로 제공하고, 비대면 '난장공연' 방송과 나주 로컬푸드 쇼핑몰(오색마을)을 연결하여 지역 농산물을 홍보하고 판매할 계획이다. 아울러 나주읍성 마을관리 사회적 협동조합과 협업해서 주민참여를 확대하고, 지역주민의 문화 수요를 충족시키기 위한 다양한 문화 콘텐츠를 개발해서 운영할 예정이다.

강인규 시장은 "도시재생에 박차를 가하고, 문화의 힘을 키워 유구한 역사문화자산의 보고인 나주 원도심에 활력을 불어넣을 수 있도록 최선을 다하겠다"라고 밝혔다.

'우리 동네 우리가 가꾸는' 주민주도형 지역공동체 활성화 사업

보성은 국내에서 가장 오래된 녹차 재배지로 매년 5월마다 '보성다향대축제'를 개최하고 있다. 벌교는 조정래의 대하장편소설 '태백산맥'의 무대이며, '벌교꼬막'이라는 고유명사가 붙을 만큼 해마다 꼬막 축제가 열려 신선하고 맛있는 꼬막 요리를 맛볼 수 있다.

보성군(군수 김철우)은 행정이 주도하는 과거 모델에서 벗어나, 21세기에는 행정과 민간이 협력하는 새로운 민·관 협력모델이 필요했다. 이에 보성군은 현대적 협력모델로 민간이 주도하는 사업을 기획하고, '우리동네 우리가 가꾸는 보성 600 사업'을 적극적으로 추진하고 있다.

'우리 동네 우리가 가꾸는 보성 600' 사업 중 두릅나무 식재 행사

'우리 동네 우리가 가꾸는 보성 600 사업'은 지역공동체를 활성화해서 깨끗한 보성의 이미지를 추구하고, 다시 찾고 싶은 동네를 만들기 위해 주민이 직접 주도하고 추진하는 마을 가꾸기 사업이다. 우리나라의 오랜 전통인 '두레'를 현대적으로 재해석해 더불어 사는 농촌 마을의 기능을 회복하고, 자발적인 협업과 소통을 통한 지역공동체 활성화를 도모하고 있다.

이를 위해, 7회의 협업부서 간 실무회의, 6회에 걸친 사업내용 및 문제점 컨설팅, 6회의 마을별 간담회, 12회의 읍·면 단위의 자체 간담회와 선포식 등을 통해 역량을 강화했다.

보성군에서는 2020년에 285개 마을과 2021년엔 272개 마을, 총 557개 마을이 참여해서 화초류 식재 237회와 수목류 식재 264회, 벽화 그리기 56회를 실시했다. 이 기간에 29억1천만 원의 사업비를 투여하고, 22,000여 명이 참여해서 관내 600여 개 마을을 주민 스스로 가꿔나가는 주민공동체 사업을 시행했다.

마을별 사업내용과 시기, 방법, 실행, 사후관리까지 주민이 사업을 전반적으로 추진하는 군정의 주체로서 사업 컨설팅과 사업비 집행 등을 담당했다. 보성군은 생소한 민간주도 사업이 정착할 수 있도록 행정 지원을 하고, 민·관이 유기적으로 협력하기 위한 소통체계를 다방면으로 구축하는 등 현대적인 민관협력 모델을 제시했다.

보성군은 1차 산업에 기반을 둔 농업기반 사회로 대도시보다 주민들의 참여가 활발하지 못했다. 이에 사업발전 방향을 모색하기 위해 지난 2020년 11월, 우수마을 평가를 시행하여 36개 우수마을을 선정하고, 사업비 2억9천5백만 원을 지급했다. 또한, 사업성과분석을 통해 문제점과 비전에 대한 피드백을 통한 발전 방향을 모색했다.

'우리 동네 우리가 가꾸는 보성 600 사업'은 사업의 추진 주체가 마을 주민들로, 주민의 노동력을 활용해 사업을 진행했다. 그래서 인력을 고용해 마을 가꾸기 사업을 진행했을 경우보다 2년간 약 2억8천만 원을 절감할 수 있었다.

전라남도 도지사의 특별지시로 전라남도에서 벤치마킹하여 22개 시·군의 1,000개 마을에서 '청정전남 으뜸마을 만들기 사업'을 추진 중이며, 광주시에서 10개 마을을 선정해 '아름다운 마을' 사업을 추진하고 있다.

'우리 동네 우리가 가꾸는 보성 600 사업'이 달성한 주민 사업의 효과를 보성군 전역으로 확대하고, 지속할 수 있도록 기존 행정이 주도하던 사업 중 민간에서 추진이 가능한 21개 사업을 발굴해 주민참여를 활성화하고 있다. 코로나19로 침체한 화훼농가의 소규모 장비 임차와 종사자에게 일자리를 제공하고, 지역에서 소모품을 구매함으로써 영세업과 소상공인의 경제 소득증대 등 지역경제 활성화에도 기여하고 있다.

보성군은 사후관리를 연중 실시하고, 2022년에 사업 수요조사 및 대상지를 확정했으며, 정확한 사업평가를 통해 인센티브를 제공할 예정이다.

김철우 군수는 "청정전남 으뜸마을 만들기 사업은 무엇보다 주민주도와 참여가 중요하다. 주민들이 너도나도 우리 마을의 일에 관심을 가지고 신경을 쓰게 되면 깨끗한 정주 환경에서 좋은 이웃과 밝은 동네를 만들어갈 수 있을 것이다. 일회성 사업으로 끝내지 않고, 나와 우리 아이들의 미래를 위해 지속적인 사후관리에 힘쓰고 계속해서 내실 있는 사업 추진을 위해 노력하겠다"라고 밝혔다

경북지역 대표 과수 기상융합서비스 개발

상주시는 경주시의 '경'과 함께 경'상'도의 어원이 된 유서 깊은 도시이다. 속리산국립공원이 있는 상주시 대부분은 낙동강 수계에 속하지만, 화령 서쪽은 금강수계이고, 화북면 일부는 한강수계로 들어가기도 한다. 낙동강 자락에 있는 경천대와 큰 암석이 하늘 높이 치솟아 있는 문장대는 천혜의 관광 자원이고, 지역 특산물로는 상주 곶감이 유명하다.

상주시(시장 강영석)는 기상재해로 인한 피해를 최소화하기 위해 농업을 위한 기상융합서비스 개발을 추진하여 농업인의 소득을 증대하고 지역 산업의 경쟁력을 높이고 있다.

매일신문 2020년 6월 9일 기사에 의하면, 경북은 4월에 이상 저온으로 10여 년 만에 농작물 18,000ha가 피해를 당했다. 이는 전국 대비 약 41%에 해당하는 대규모 피해이다. 하지만 과수가 주생산지인 상주시는 기후변화에 따라 빈번해지는 극한기상과 이상기후로 인해 농업 분야의 피해 규모가 커지고 있으나 농업재해대비를 위한 기상 융합정보서비스가 없었다. 이에 상주시는 2020년 2월부터 3월까지 대구지방기상청과 경상북도농업기술원 등 6개 기관과 협업체계를 구성했다.

상주시는 과수 농업을 위한 기상융합서비스라는 혁신적인 체계를 도입할 필요성을 인식하고, 본격적으로 협업을 시작했다. 사과, 감, 포도, 복숭아, 자두, 배 등 대표 과수 6종을 서비스 대상 과수로 선정하고, 서리와 저온해(냉해), 동해, 호우, 폭염, 한파, 대설, 강풍 등 8종의 기상재해를 위험 등급별로 나눠서 행동대응요령을 정의했다. 그리고 서비스플랫폼 화면을 설계하고, 3회에 걸쳐서 서비스 방법을 협의했다.

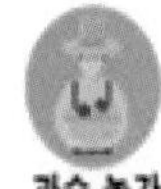

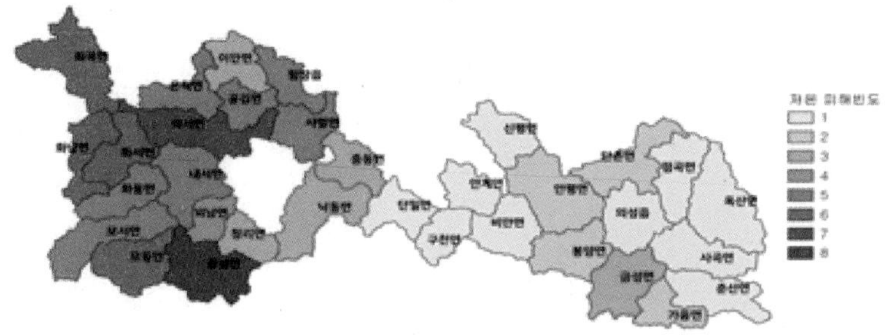

2021년에는 경북의 과수 피해 최소화를 위해 서비스 대상 지역을 확대했고, 알고리즘 고도화를 위한 협업 기관에 안동시, 안동시농업기술센터, 영천시농업기술센터, 경북대학교, 안동대학교 등을 추가하여 기존 6개 기관에서 12개 기관으로 확대했다.

상주, 의성 → 대상 지역 확대 → 상주, 의성, 안동, 영천

2020 2021

향후 경북 전 지역의 서비스 확대를 위해 2021년도에는 알고리즘 검증과 보완, 만족도 조사(반기별 1회) 등을 통해 서비스 효과 분석 및 플랫폼 기능개선을 위한 '하이브리드 App' 개발을 추진 중이다.

2021년 7월 21일 '지역 기상융합서비스' 교육

강영석 시장은 "대구지방기상청과 상주시의 협업이 쉬워 보이지만 그 과정에 많은 시행착오가 있었다. 이런 과정을 묵묵히 잘 수행해서 상주시의 농업 발전에 큰 성과를 거둘 수 있도록 도와준 모든 관계자에게 감사드리며, 조직 내 협업 문화가 더욱 활성화되도록 노력하겠다"라고 말했다.

한센인 정착촌 환경정비사업

의성군은 평창올림픽 컬링 종목에서 금메달을 획득한 '팀 킴'의 고장으로 유명하다. 의성군에는 봄부터 겨울까지 사계절 내내 꽃들이 피어나 그야말로 꽃천지를 이루는데, 그중에도 5월 중·하순에 붉게 만개하는 작약꽃이 장관이다. 한국의 불가사의한 계곡으로 알려진 빙계 계곡은 여름에도 얼음이 얼 만큼 찬 기운을 뿜어내고 있다.

전염성도 없고 치료 약도 개발되었지만, 한센병 환자들은 여전히 편견과 억압에 시달려왔다. 1960년대, 군사정권은 한센병 환자들을 살던 곳에서 쫓아내 한데 모여 살게 했다. 그래서 한센인 정착 마을의 주민들 대부분은 소규모 가축사육으로 생계를 유지해왔다. 다인 신락마을 27명, 금성 도경마을 51명, 금성 경애마을 86명 등 3개소에 164명의 한센인이 정착해서 살고 있었다.

의성군(군수 김주수)은 2020년부터 2022년까지 금성면 도경리와 다인면 신락리에 고령화와 축사 노후로 폐업되어 방치된 폐축사 등 170동의 건물과 25,152㎡의 석면처리, 건설 외 폐기물 처리 6,308t을 17억5천만 원을 들여 한센인 정착촌 환경정비사업을 추진하고 있다.

한센인 정착촌 슬레이트 건축물 철거사업

2020년 3월부터 10월까지 군비 100%의 사업비 6억 원을 투입해서 다인면 신락리 일원에 방치된 54동을 철거하고, 7,084㎡의 석면처리와 폐기물 2,413t을 처리하는 다인 신락마을 환경정비사업을 시행했다.

한센인 정착촌 슬레이트 건물 철거

2021년 1월부터 11월까지 금성면 도경리 일원에도 군비 100%의 11억5천만 원을 들여서 건물 116동을 철거하고, 18,068㎡의 석면처리와 폐기물 3,895t을 처리하는 금성 도경마을 환경정비사업을 시행했다.

금성면 탑리리 경애마을에는 현재 39가구 86명이 거주하고 있으며, 62,030㎡에 축사 110개소와 창고 90개소, 주택 34개소, 교회 등 모두 253개소의 건물이 있다. 이 중에 방치된 94개소의 폐축사와 폐가 철거를 통한 환경정비를 2022년까지 사업비 5억5천만 원을 투입해서 완료할 계획이다.

소외계층에 대한 생활환경 개선을 위해 지방비를 투입해 슬레이트 건축물 철거사업을 시행한 의성군은 한센인 정착촌이 있는 전국 54개 지방자치단체 중 유일한 우수사례로 손꼽히고 있다.

금성면 도경4리의 조시원 마을 이장은 “오랫동안 방치돼있던 빈 건축물로 마을이 어수선했는데, 우리 마을에 관심을 가지고 철거사업을 해줘서 마을이 한결 깨끗하고 밝아졌다”라고 감사의 마음을 전했다.

전국적인 인구감소는 농촌 지역에 더 큰 영향을 주고 있다. 의성군 역시 고령화와 급격한 인구감소가 지역발전을 가로막는 요인이 되고 있다.

처리 전

처리 후

그래서 지역 특성에 적합한 사업을 발굴하고 지역별, 계층별로 균형 있는 예산을 투입해 지속적인 발전이 가능한 의성의 기초를 다지기 위해 노력하고 있다.

김주수 군수는 "어렵고 소외된 계층의 주거환경을 개선해 더욱 쾌적하게 생활할 수 있기를 바란다"라며 "노후한 슬레이트 건물처리 외에도 우리 지역에 꼭 필요한 사업을 발굴해 모든 주민이 더 나은 환경에서 생활할 수 있도록 하겠다"라고 말했다.

탄소중립시대, 저탄소·친환경 생활 실천 선도

청도군은 새마을운동이 맨 처음 일어난 곳으로 '새마을운동 발상지 기념관'이 조재해 있다. '청도 소싸움'으로 유명한 청도의 대표적인 여행지인 '청도 프로방스 포토랜드'는 많은 사진애호가가 찾고 있다. 여성 스님들이 수도하는 비구니 사찰인 '운문사'에는 트레이드 마크인 천연기념물 '처진 소나무'가 있다.

청도군(군수 권한대행 황영호)은 영농철에 폐농자재가 대량으로 나오고, 쓰레기 수거의 사각지대가 발생하는 등 무분별하게 버려지는 자원의 체계적인 관리와 환경보호에 대한 주민의식 개혁이 필요했다. 그래서 전 군민이 함께하는 민·관 협력으로 친환경 생활 실천 운동을 통해 환경보호 및 나눔 문화를 확산하고, 맑고 깨끗한 환경의 사회적 가치를 실현하기 위한 '21세기 제2의 새마을운동'을 추진하고 있다.

청도군은 2000년부터 22년째 매년 청도천 둔치에서 9개 읍·면 210개 리의 새마을지도자와 마을 주민 등 연 1,000여 명이 참여하는 전국 최대규모의 자원순환 운동을 펼치고 있다.

2021년 9월 10일에는 (사)청도군새마을회가 주관하고 청도군 이장연합회가 후원하고 청도군이 주최한 '청도 새마을 환경 살리기' 행사를 통해 '지구를 살리는 K-그린뉴딜 운동'을 전개했다. 평소 군민들이 자발적으로 각 가정에서 폐비닐, 폐지, 고철, 병류 등 재활용품을 모아 두었다가 대회가 있을 때 마을 단위로 수집해서 배출하고 있다. 이렇게 재활용품 모으기 경진대회를 통해 주민 생활 실천 운동으로의 확산을 유도하고 있다.

2000년부터 2020년까지 총 14,104t의 재활용품을 수거해서 자원화하는 것은 물론, 환경오염과 폐자원 불법 소각으로 인한 산불 발생을 예방하고, 자원 재활용에 대한 주민의식을 고취했다. 이렇게 2000년부터 2020

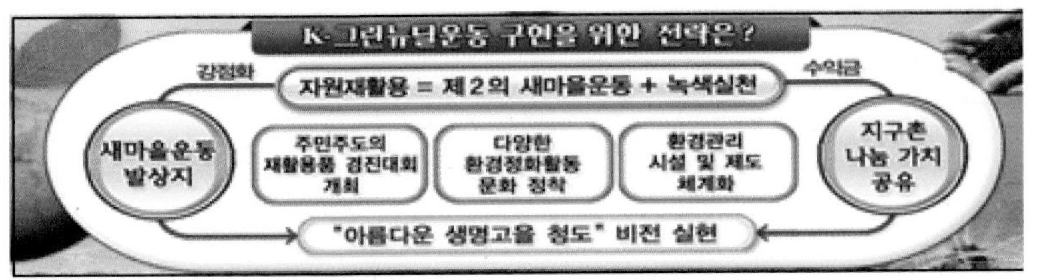

년까지 수집한 재활용품을 판매해서 21억8천6백만 원의 수입을 올렸다.

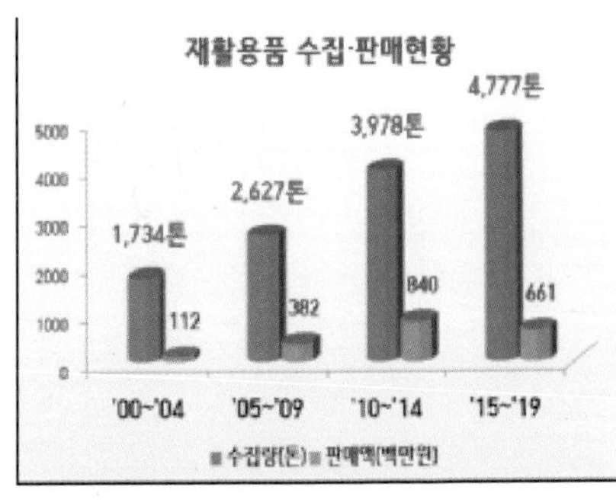

無의미한 쓰레기가 有용한 나눔 재원으로 활용되어 마련한 수입은 청도군 새마을회의 재정 자립도를 높였다. 지역사회 나눔 문화 확산을 위해 10개 가구에게 '사랑의 집 고쳐주기' 사업을 지원했고, 소외계층에게 김장김치나 쌀, 연탄 등 생필품 나눔 행사를 펼치고 있다.

2021년 9월 10일 오전 8시쯤 경북 청도군 청도읍 청도천 둔치에 1t의 화물차량 수백 대가 모였다. 각 차량에는 폐지와 고철, 병 등의 재활용품들이 가득 실려있었다. 20년 넘게 열리고 있는 '청도 새마을 환경 살리기 운동'이 만들어낸 장관이다. 전국 어디서도 보기 힘든 이 행사는 코로나19로 참가 차량이 줄었지만 최소 350대가 참여했다.

새마을운동의 세계화 사업 일환으로 베트남의 토마을과 푸닌마을에 마을회관을 건립하고 화장실 개선과 마을안길 포장 등 기초생활 인프라를 구축하고, 조직 교육과 생활 개선 등을 통해 인적 역량을 강화하고 있다. 또한, 가축사육 지원 및 영농기술 교육 등 소득증대사업을 추진하고 있다.

청도군은 2017년, '녹색환경대상'에서 대상을 수상했고, 경상북도 새마을운동 시·군 종합평가에서 2019년엔 최우수상, 2020년에는 대상을 받았다. 2020년엔 전국 기초단체장 매니페스토 우수사례 경진대회 기후환경 분야에서 우수상을, 대한민국 환경대상 자원순환부문에서 2020년부터 2

2021년 9월 10일 '청도 새마을 환경살리기' 행사

년 연속으로 대상을 수상했다.

청도군은 지속 가능한 환경보전을 위해 저탄소·친환경 생활 실천 운동인 '청도 새마을 환경 살리기 운동'을 전국으로 전파·확산을 도모하고 있다. 이를 위해 210개 리 마을별로 재활용품 분리배출시설 설치를 전국 시범사업으로 건의해서 추진하고 있다.

임기 중 고인이 된 이승율 군수는 2021년 9월 10일, '청도 새마을 환경 살리기' 행사에서 "새마을운동의 발상지로서 위상을 높이고 청정 청도를 지키는 자원 재활용 운동은 한 해도 빠짐없이 노력해준 주민들의 덕분"이라며 "생명을 살리는 환경운동으로 더욱 발전시켜 나가겠다"라고 말했다.

칠곡 성인문해교육, 문화로 피어나다

칠곡군에는 임진왜란과 병자호란을 겪고 나서 외침에 대비하기 위해 만든 가산산성이 있다. 칠곡군에서 가장 번화가인 왜관은 조선 시대에 일본인이 조선에 와서 통상하던 곳인데, 지금으로 치면 상공회의소와 대사관을 합쳐놓은 개념이다. 왜관은 지명의 유래부터 미군 주둔과 독일에 상급단체를 둔 성 베네딕토회 왜관 수도원 등 일본, 미국, 독일의 영향을 골고루 받고 있다.

칠곡군(군수 백선기)은 시대 상황 때문에 문맹의 아픔을 안고 살아가는 지역 할머니들이 한글을 깨치는 과정에 주목한 문화 콘텐츠를 개발했다.

칠곡군은 '성인문해 콘텐츠개발프로그램'을 운영하고 있다. 총 8개 읍·면 22개 마을에서 비문해자 250여 명을 대상으로 기초문자교육과 생활문해교육, 편지글 및 자서전 쓰기 등 마을별 특성화 프로그램을 운영하고, 성인 문해인을 위한 문화 콘텐츠를 개발했다.

2006년, 성인문해교육을 위해 '늘배움학교' 운영을 시작했다. 2010년, 학점은행제에 '외국어로서의 한국어학' 전공과목을 개설하고, 한국어 교원 2급 과정을 운영하여 자격을 획득한 지역주민을 성인 문해 강사로 선임했다. 2010년, 성인문해교육 백일장을 실시했으며, 2015년 10월 『시가 뭐고?』, 2016년 10월 『콩이나 쪼매 심고 놀지머』, 2017년 11월 『작대기가 꼬꼬장 꼬꼬장해』, 2018년 11월엔 『내친구 이름은 배말남 얼구리 애뻐요』 등 해마다 '할매시인'들이 시집을 발간했다.

2017년, 칠곡늘배움학교 한마당 개최를 통해 문해교육 활성화를 도모했다. 2018년엔 할머니들의 배움이 현시대 여성에게 문화적 귀감이 되는 내용의 다큐 영화 <칠곡가시나들>을 제작해서 2019년 2월에 개봉해 누적 관객 42,450명을 기록했다.

2020년엔 칠곡할매 권영자체, 김영분체, 이원순체, 이종희체, 추유을체 등 어르신들의 개성 있는 필체와 스토리를 담은 「칠곡할매 글꼴」을 제작했다. 이 글꼴은 국립한글박물관에 유물로 등록되었으며, 한글과컴퓨터 글꼴에 탑재되었고, 마이크로소프트사(MS)와 글꼴탑재에 대한 협약을 마치고 상용화할 예정이다.

칠곡할매서체-권안자체
칠곡할매서체-김영분체
칠곡할매서체-이원순체
칠곡할매서체-이종희체
칠곡할매서체-추유을체

칠곡할매서체

‘성인문해 콘텐츠개발프로그램’의 운영을 통해 모든 교육의 토대가 되는 문해 능력향상으로 지역사회의 다양한 문화 발전을 위한 저변 확대에 기여하고 있다. 성인문해교육을 기반으로 한 다양한 프로그램 발굴로 지역주민이 문화의 주체이자 공급자가 되는 기회를 제공했다. 어르신과 젊은 세대 간의 문화적 간극을 해소하고, 다양한 지역문화를 기반으로 탄생한 시집, 영화, 글꼴 등의 콘텐츠가 전국 평생학습 프로그램으로 확대되었다.

칠곡군은 성인문해 콘텐츠개발프로그램 사업을 지속적으로 운영하여 농촌 지역 비문해자들의 문해교육에 대한 욕구를 충족하고, 성인문해교육에 기반한 콘텐츠 사업을 다양화하고 있다. 다양한 삶의 인문자원 콘텐츠 발굴과 가치선언, 상호 전수하는 방식으로 지역의 가치를 세우고, 문화 도시의 기반으로 활용할 계획이다.

2018년 10월 16일 성인문해교육 한마당

칠곡군의 성인문해교육은 2021년 11월, 교육부가 주관하는 제18회 대한민국 평생학습대상에서 '최우수상'을 수상했다.

백선기 군수는 수상소감에서 "군의 평생교육이 높은 평가를 받아 매우 뜻깊게 생각한다"라며 "앞으로도 지역이 사람을 키워내고, 그 사람이 지역을 성장시켜나가는 평생학습의 선순환구조를 굳건히 다지고, 주민의 삶의 질을 향상하기 위해 행정적 지원을 아끼지 않겠다"라고 말했다.

대한민국 문화예술 1번지 구현

예천(醴泉)의 이름을 풀어보면 단술 '례'와 샘 '천'이다. 그래서 예천군에는 전쟁이나 천재지변에도 안심하고 살 수 있다는 '십승지지' 중 한 곳인 금당실 마을이 있다. 조선 후기인 1900년에 세워진 삼강주막이 있는데, 우리나라 최후의 주막이라고 할 수 있다.

예천군(군수 김학동)은 경상북도청의 문화예술도시 이미지 구축을 위해 예천군 지역문화 활성화 정책을 추진하고, 예천박물관을 개관해서 '문화도시, 예천'의 브랜드를 창출했다.

대한민국 유물의 메카 예천박물관 개관·운영

2021년 2월 22일, 예천군 감천면 복골길 150 예천충효테마공원 내에 대지면적 6,603㎡, 건축 총면적 2,948.56㎡의 예천박물관을 개관했다. 예천지역과 관련된 고서, 고문서, 민속품, 서화류, 근현대자료 등 20,277점의 유물을 전시하고 있는 예천박물관은 입장객들에게 무료로 운용하고 있다. 이 중에는 보물 268점, 도지정문화재 33점이 포함되어 있는 등 국내 공립박물관 중 가장 많은 보물을 소장하고 있다. 그래서 예천박물관은 대한민국 최초(最初), 최고(最古), 최장(最長) 유물의 메카라고 할 수 있다.

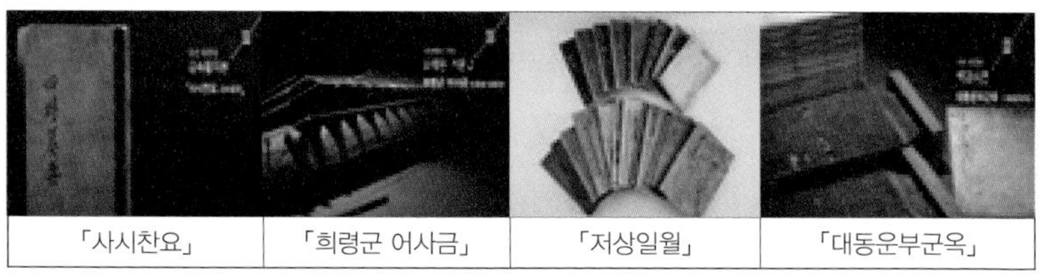

「사시찬요」	「희령군 어사금」	「저상일월」	「대동운부군옥」

예천박물관은 전시뿐만 아니라 2021년 2월 22일부터 5월 31일까지 '충효의 고장 예천(醴泉) 독도(獨島)를 만나다'와 성인을 대상으로 한 '나라사

랑 아카데미', 아동과 청소년을 대상으로 한 '예천청단놀음 교육프로그램'을 운영했고, 문화 수요를 반영한 기획전시회를 개최했다.

(재)예천문화관광재단 설립과 운영

2019년 12월 12일, 문화와 관광을 위한 전문적인 진흥기관을 만들어서 기능성을 강화하기 위해 (재)예천문화관광재단을 설립했다. 위원장엔 예천군수, 사무국장엔 민간인 1명, 사무국 내에 운영팀 3개와 사업팀 3개 등 총인원 7명으로 구성되었다. 이곳에서는 지역 문화관광과 관련된 정책을 개발하고 추진해서 '예천 세계곤충엑스포', '예천세계활축제' 등 대표적인 축제를 개최했다.

2019년 10월 18일부터 10월 20일까지 3일간 '예천세계활축제'를 개최해서 세계 전통활쏘기 대회와 활 서바이벌 대회, 활 사냥 체험 등을 열었다.

예천 슬기로운 캠프닉 페스티벌 축제

2021년 8월 6일부터 7일까지 2일간 예천군의 대표 야간 관광 상품인 '삼강야행'를 개최해서 삼강강문화전시관 관람과 삼강주막 야간체험, 음악회 등을 열었다.

2021년 10월 2일부터 3일까지 2일간 열린 '예천, 슬기로운 캠프닉 페스티벌'에서는 한천 캠프닉과 문화체험, 활 체험장을 운영하고, 밀키트 등을 판매했다.

예천군 대표 문화예술 행사 개최

2021년 7월 17일부터 8월 8일까지 3주간에 걸쳐 제39회 대한민국 연극제를 개최하여 시·도 대표작품들을 공연했다. 또한, 야외공연과 세미나, 토크콘서트 등도 열었다.

2020년, 제2회 예천국제스마트폰영화제

2021년 10월 16일부터 17일까지 제3회 '예천국제스마트폰영화제'를 개최했다. 2019년 출범 당시 202편에 불과했던 출품작이 2021년에는 469%가 상승한 948편이 접수되었다. 해외 출품작도 2019년에 6개국에서 15편이 출품했는데, 2020년엔 11개국에서 15편, 2021년에도 11개국에서 18편으로, 출품작이 꾸준히 늘고 있다.

(사)한국매니페스토실천본부와 인천연구원에서 주최한 '2021 전국 기초단체장 매니페스토 우수사례 경진대회'에서 예천군의 '대한민국 문화예술 1번지 예천군'은 지역문화 활성화 분야에서 '우수상'을 수상했다.

김학동 군수는 "문화·관광 콘텐츠를 지속해서 발굴해 예천을 역사·문화·예술의 도시로 만들 수 있도록 군민 화합을 토대로 섬김 행정을 실현해 나가겠다"라고 말했다.

창원시 디지털 실크로드[1)]

창원시는 기존의 창원시와 마산시, 진해시가 통합해서 만든 시로 면적은 743.77㎢에 이른다. 창원시는 2022년 1월 기준 인구는 1,031,948명으로, 경상남도 제1의 도시이자 비수도권에서 유일하게 인구 100만이 넘어가는 특례시다. 봄이 되면 세계 최대의 벚꽃축제인 진해 군항제가 열리고, 아름다운 군무로 유명한 가창오리를 감상할 수 있는 주남저수지는 람사르총회를 통해 세계적인 주목을 받은 바 있다.

창원시(시장 허성무)는 코로나 팬데믹 경제위기 속에서 전 세계 화상(華商)들을 대상으로 수출 확대와 외자 유치 촉진을 위한 온라인 플랫폼(B2B, PR)을 개발, 구축했다. 그리고 온라인 플랫폼 중심의 언택트 비즈니스 교류를 지원해서 디지털 기술에 기반한 비즈니스 실크로드를 개척하는 '창원형 디지털 실크로드' 사업을 시행했다.

온라인 B2B 플랫폼 '화상.NET, YIDEX.NET'

2020 한-세계화상 비지니스 위크 수소분야 기업 세션

'화상.NET, YIDEX.NET'은 교류희망 기업의 DB를 구축해서 국내외기업을 한눈에 확인 가능한 Biz 매칭의 핵심 플랫폼이다. 이곳에서는 국내외기업과 지자체의 사이버 홍보관과 비즈니스 매칭 프로그램을 운영해서 국내외기업 간의 교류를 지원하고 있다.

1) 대한민국 좋은 정책대상 최우수상 선정

온라인 PR 플랫폼 '오아시스'

창원시는 코로나19 시대에 수출 교역의 새로운 한국형 솔루션을 제시했다. ICT 기술이 접목된 PR 플랫폼으로 라운드 LED 패널이 무대를 감싼 초대형 원형 스튜디오를 제작했다.

오아시스

2020년11월부터 12월까지 창원시와 세계화상대회, (사)한국부울경중화총상회, 해군사관학교, 해군군수사령부가 주최하고, 외교부, 산업통상자원부, 중소벤처기업부, 경상남도가 후원하는 행사로서, 화상BW에는 14억6천만 원, YIDEX에는 5억 원이 투입되었다.

이를 위해 창원시는 2019년 12월, '2020 이순신 방위산업전(YIDEX)' 개최와 관련해 해군사관학교, 해군군수사령부와 업무협약을 체결했다. 또한, 2019년 9월부터 2020년 1월 사이에 '세계화상 비즈니스위크(Business Week)'의 창원시 유치를 추진하고, 2020년 2월에 유치 확정을 받았다. 2020년 3월에는 YIDEX 전담팀을 구성하고, 2020년 4월부터 10월까지 외교부, 산업통상자원부, 중소벤처기업부, 신남방특위, 해군, 방사청 등 관계부처와 업무협의를 했다. 그리고 2020년 8월부터 11월까지 비즈니스 교류 지원용 온라인 플랫폼 기획과 제작을 추진했다.

2020년 11월, 온라인 B2B 플랫폼 '화상.NET'과 'YIDEX.NET', 온라인 PR 플랫폼 '오아시스'를 완성하고, '한-세계화상 비즈니스위크'와 '이순신방위산업전'을 개최했다.

CUFIT(Changwon Uyou Fit Internet Trade : 창원 기업 맞춤형 온라인 통상지원)를 운영해서 기업의 비즈니스를 지원했다. 이를 위해 온라인 솔루션 및 상설 상담장 2개소를 운영해서 수출 상담 504건, 수출계약 1,639억 원의 성과를 올렸다.

한-세계화상 비즈니스위크에는 국내 473개사, 해외 690개사, 총 1,163개사가 참가했고, 온라인 플랫폼 '화상넷'에는 81개국에서 9,306회에 이르는 기업정보 확인이 있었다. 11개국의 '중화총상회'를 대상으로 9.6억불 규모의 교역과 투자확대를 위한 업무협약을 체결했다.

이순신 방위산업전에는 국내 174개사, 해외 63개사, 총 237개사가 참여해서 221건의 수출 상담과 6,507억 원에 이르는 계약을 체결했다.

이러한 성과로 직접 모두가 어려운 코로나 시대에 온라인 플랫폼에 기반한 새로운 비즈니스 교류 모델을 만들어낸 창원시에 대해 문재인 대통령이 직접 노고를 치하했다.

창원시는 2021년 5월, 오프라인 행사로 열리는 '2022 한-세계화상 비즈니스위크' 유치를 확정했다. 행사는 2022년 9월 28일부터 10월 2일까지 5일간 CECO 및 BEXCO에서 열리며, 1,000여 개의 기업이 참가하고, 세계화상 BIG 바이어 2천 명 이상이 참여할 것으로 기대하고 있다. 규모가 더 커진 이 행사는 외교부, 중소벤처기업부, 경상남도, 창원시, 부산광역시, 울산광역시, (사)한국중화총상회가 주최하고, 창원시와 (사)한국부울경중화총상회가 주관하게 된다.

또한, 창원시는 이순신 방위산업전과 연계해서 '비전 2030년 YIDEX 글로벌 방산전시회 도약'이라는 슬로건으로 국내를 넘어 글로벌 방산전시회로 도약할 계획이다. '2030년 YIDEX'에는 50개국에서 1,000개사가 참가해 방산 수출 50조 원 달성이라는 목표와 함께 YIDEX를 통한 방산 수출 성과를 확산할 계획이다.

2020년, 한-세계화상 비즈니스 위크

허성무 시장은 2020년 11월 14일, '2020 한-세계화상 비즈니스 위크(BW)' 폐막식에서 "창원에서 시작된 한-세계화상 비즈니스 위크가 일회성 행사가 아닌 지속적인 행사로 거듭나 창원뿐만 아니라 우리나라 기업이 '화상'이라는 비즈니스 파트너를 통해 경제위기를 극복할 수 있도록 모든 역량을 발휘하겠다"라고 말했다.

유니세프 아동친화도시 인증

울산시 북구는 1997년에 울산시가 광역시로 승격될 때 만들어진 구로, 울산광역시뿐만 아니라 전국 자치구 중에서 가장 마지막에 생긴 구이다.

북구(구청장 이동권)는 '모든 아동이 충분한 권리를 누리고, 아동이 존중받는 행복 도시, 울산 북구'를 구현하기 위해 아동 친화적인 정책과 사업을 추진하고, 아동이 안전하고 행복하게 성장할 수 있는 환경을 조성하고 있다.

북구는 유엔아동권리협약의 아동권리를 온전히 실현하고, 아동이 더욱 나은 삶을 살 수 있도록 아동에게 친화적인 환경을 조성한 지자체라는 뜻의 '아동친화도시(CFC, Child Friendly City)' 인증을 받았다.

2022년 1월 5일, 유니세프 아동친화도시 인증 선포식

2018년 12월 6일, '아동친화도시 조성에 관한 조례'를 제정하고, 2019년 2월 26일, 아동친화도시 조성을 위해 유니세프와 업무협약을 하고, 2020년 12월 23일, 유니세프에 아동친화도시 인증을 신청했다. 2021년 6월부터 8월까지 유니세프에 서면심의를 위한 보완자료를 2차례에 걸쳐 제출하고, 2021년 12월 13일, 유니세프 아동친화도시 인증에 대한 심의를 거쳐서 2021년 12월 21일부터 2025년 12월 25일까지 유효한 '유니세프

아동친화도시' 인증을 받았다.

북구는 아동친화도시 인증을 받기까지 구성요소별로 10가지 사업을 추진했다.

① 아동권리 전담부서

아동친화도시 드림팀(5명, 아동친화도시 전담업무 2명)과 아동친화도시 추진단을 구성해서 11개 부서, 42개 세부추진 과제를 설정하고, 아동친화도시 기본계획의 수립과 추진상황, 실적을 분석하고 평가하기 위한 내부 협력기구를 만들었다.

② 아동친화적인 법체계

2018년 12월, '아동친화도시 조성에 관한 조례'를 제정하고, 2019년 5월과 9월에 일부개정을 추진했다.

③ 아동 참여체계

2019년부터 2021년까지 아동의 참여권 보장 및 아동권리의 의견 제시를 위해 30명 이내로 '아동의회'를 구성해서 운영했다. 아동의회의 기획사업으로 '우산 대여사업'을 17개 기관에서 실시하여 830개를 배부하고, 아동이 구정 시책에 참여하는 기회를 제공하기 위해 '아동 정책제안대회'를 열었다. 제1대에서 3대 동안 26건이 제안되어 23건이 정책에 반영되었다. 또한, 북구청 홈페이지를 통해서 아동 정책관리시스템을 운영, 관리했다.

④ 아동권리 대변인

아동권리전문가 2명과 법률전문가 1명을 배치해서 아동권리 침해사례를 조사하고 구제하는 아동권리 증진에 관한 법령과 정책을 제안했다.

⑤ 아동권리 홍보 및 교육

홍보 분야에서 홍보와 체험부스, 홍보 물품, QR코드, 캠페인, SNS 등을 활용하고, 교육 분야에서는 아동과 주민, 공무원 등을 위한 대상별 맞춤형 아동권리교육을 시행했다.

⑥ 아동 예산 분석 및 확보

2017년부터 2020년까지 4년간 107개의 아동 관련 사업에 대해 예산을 분석하여 기초자료로 활용하고, 관내 아동에게 예산 관련 교육을 실시하여 구정 참여를 유도했다.

⑦ 정기적인 아동권리 현황 조사

2019년 7월, 18세 이하 아동 및 청소년과 학부모, 아동 관계자 등을 대상으로 아동 친화도 조사를 시행했다. 관내 아동들의 기본 현황과 전반적인 실태 파악을 통해 아동친화도시 조성을 위한 기초자료로 활용하고 있다. 또한, 2020년 9월부터 2021년 10월까지 아동권리 조사를 실시했다.

⑧ 아동친화도시 조성 전략 수립

아동친화도시 조성에 관한 심의와 자문 기능을 수행하는 민·관 협의기구인 '아동친화도시 추진위원회'를 구성해서 운영하기 시작했다. 그리고 2021년부터 2025년까지 진행되는 아동친화도시 기본계획을 발표했다. '아동이 존중받는 아동행복도시, 울산 북구'를 비전으로, 아동이 밝고 건강하게 자랄 수 있는 아동친화적 환경을 조성하겠다는 목표로 7대 과제와 42개 세부추진과제를 설정해서 추진하고 있다.

① 아동친화도시 기반 구축
② 아동이 신나고 행복한 북구
③ 아동이 함께 참여하는 북구
④ 사각지대 없는 아동이 안전한 북구
⑤ 아동이 건강하게 성장하는 북구
⑥ 아동의 꿈이 실현되는 북구
⑦ 아동이 살기 좋은 북구

⑨ 아동 영향 평가

유니세프 4개년 추진계획 수립 시, 사전에 아동 영향 평가를 시행해서 정책 수립과 시행과정에서 아동에게 미치는 영향을 지속해서 분석·평가하고, 담당자 교육 등을 실시하고 있다.

⑩ 아동의 안전을 위한 조치

영남권 최초로 공공산후조리원을 만들고, 육아 종합지원센터와 청소년 전용 지역아동센터, 학대 피해 아동 쉼터, 돌봄 및 보육 시설을 확충하고 있다.

북구는 2022년 12월, 유니세프에 아동친화도시 이행보고서를 제출해서 2025년까지 유효한 유니세프 아동친화도시 인증에 만족하지 않고, 재인증을 통해 아동친화도시를 완성할 계획이다.

이동권 구청장은 "전국에 있는 아동친화도시 우수사례를 통해 아동친화도시의 조성 방향을 생각해볼 수 있는 시간이었다"라며 "아동이 행복한 북구를 만들어나갈 수 있도록 아동의 의견이 반영된 아동 정책을 지속해서 추진해나가겠다"라고 말했다.

지역 경제를 견인하는 코로나19 Web지도 등장

인천 연수구의 센트럴파크는 이국적인 느낌의 송도에서 떠오르는 관광지로 자리 잡았다. 한국전쟁 당시 희생하신 분들을 기리기 위해 세워진 '인천상륙작전기념관'은 조국 수호 의지를 다질 수 있는 교육의 장으로 활용되고 있다. 4월에서 6월 사이는 꽃게잡이 철로 송도유원지에 있는 꽃게거리에서 다양한 꽃게요리를 맛볼 수 있다.

연수구(구청장 고남석)는 코로나19와 관련된 정보들인 동선, 진료소, 식당 및 대형쇼핑몰의 방역 현황을 투명하게 공개해서 집단 감염의 예방 및 구민 안전을 확보했다.

대한민국은 2019년 12월부터 발생한 코로나19로 인해 사상 초유의 감염병 재난 상황에 봉착했다. 하지만 전달 수단의 한계로 감염병과 관련된 정책들을 신속하고 정확하게 홍보하지 못했다. 연수구는 기초지자체 최초로 코로나 확진자의 동선 지도인 '코로나19 Web지도'를 제작하여 감염병과 관련된 정보들을 구민들에게 시기적절하고 직관적으로 전달하고 있다.

'코로나19 현황 Web지도'는 확진자 현황을 전국, 인천시, 연수구 단위로 표기하고, 연수구의 코로나19 확진자 동선 정보를 실시간 업데이트하며, 선별진료소 및 신천지 관련 시설의 위치를 공개하고 있다.

연수e음 혜택플러스+지도

- 주요 내용
- 연수e음 혜택플러스 점포 위치 정보 표시
- 동별, 업종별 필터 활용 가능
- 점포별 캐시백 혜택(3%, 5% 7%) 표시
- 혜택플러스 점포 가입 사이트 연계
- **연수e음 혜택플러스 점포란?**
  소상공인을 응원하고 구민의 소비 진작을 위해 지역화폐인 연수e음 카드와 연계해서 추가 캐시 백 혜택을 제공하는 가맹 점포이다.

안심식당 지도

- 주요 내용
- 안심식당 위치 정보 표시
- 동별, 업종별 필터 활용 가능
- 안심식당 신청 사이트 연계
- **안심식당이란?**
  코로나19 확산으로 경영이 어려워진 외식 업소 중에서 방역수칙을 준수하는 식당을 '안심식당'으로 지정하여, 주민이 안심할 수 있는 외식 환경을 조성하기 위한 **전국 최초 방역 안심 외식 활성화** 사업이다.

대규모 점포 방역 클린존 지도

· 주요 내용
· 현장조사인 web-form을 이용하여 점포에서 직접 실시간으로 발열 체크 정보를 입력
· 실시간으로 대규모 점포의 방역 현황 제공

· 클린존이란?
방문자가 많은 대형쇼핑몰 내에서 집단 감염 예방을 위해 발열 체크 및 방역 현황 등 실시간 데이터 제공을 협조하는 업소이다.

긴급 재난금 사용제한 업종 지도

· 주요 내용
· 긴급재난지원금 이용제한에 대한 정보 제공

· 정부의 긴급재난지원금 정책에 따라 긴급재난지원금에 대한 정보를 제공

· 세무1과로부터 3만 개 이상의 관내 업소 데이터를 제공받아 분류해서 제공

· **행정안전부 주간 적극 행정사례**로 선정 (행정안전부주관? 행정안전부의 주간?)

코로나19와 관련해서 '부서별 맞춤 Web 지도' 제작 사업을 시작으로 'CleanZone 지도', '데이터 수집 모델' 제작 및 실시간 현황판을 제공해서 대형쇼핑몰 같은 방문자가 많은 곳에서 집단 감염의 위험을 예방할 수 있었다. 또한, 데이터 수집과 관리, 활용 과정을 일원화하여 담당자 업무의 부담을 감소시켰다.

코로나19에 대한 정보를 빠르고 정확하게 공개하여 구민의 알 권리를 충족시키고, 코로나19와 관련된 정책 전달 수단을 제작하여 집단방역 효과 및 지역경제 활성화에도 긍정적인 효과를 이끌어냈다.

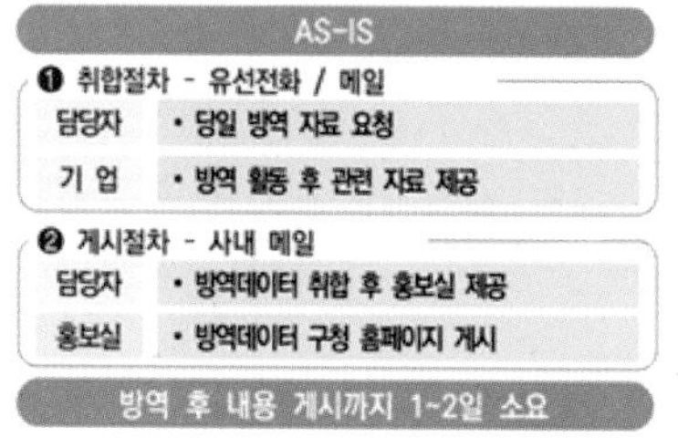

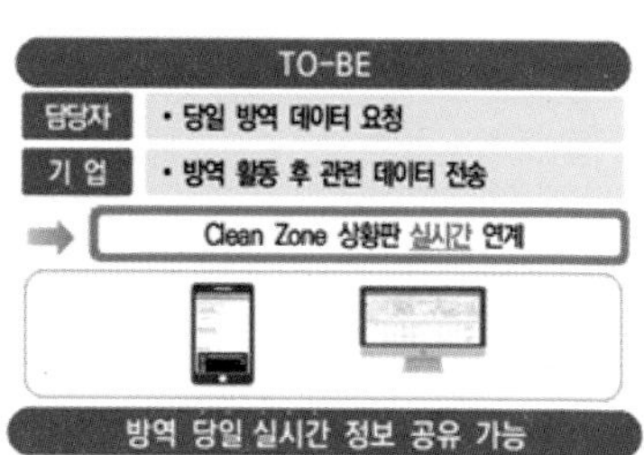

'연수e음 혜택플러스 지도'는 이례적인 조회수를 기록하여 혜택플러스 가맹점의 매출액이 증가하고, 안심식당 업소도 증가했다. 혜택플러스 가맹점의 매출액은 지도 서비스 시행 전인 2020년 3월 대비 60% 증가했으며, 안심식당 업소도 지도 서비스 전 대비 46개소에서 348개소로 7.6배

증가했다.

‘연수e음 혜택플러스 지도’는 비예산 사업으로 자체 제작해서 제작비용 6,600만 원의 예산을 절감했다.

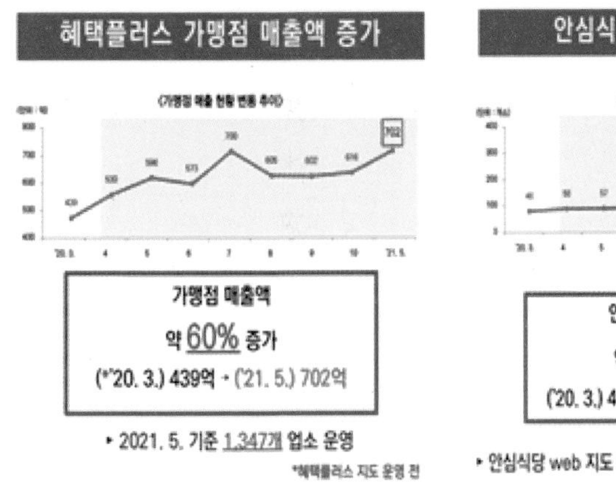

연수구는 국토교통부 공간정보센터가 개최한 제1회 공간정보 활용 경진대회에서 ‘지역 경제를 견인하는 코로나19 web지도 등장’으로 ‘우수상’을 수상했다. 포스트 코로나 이후 신규 정책 수립에 따른 신규 콘텐츠를 발굴해서 확대할 예정이다.

고남석 구청장은 “처음으로 개최된 공간정보 활용 경진대회에서 우수한 성적을 거둘 수 있게 되어 기쁘다”라며 “앞으로도 구민의 의견을 귀담아들으며, 구민의 삶의 질을 개선할 수 있도록 다양한 공간정보 콘텐츠를 발굴하겠다”라고 말했다.

청년이 살아나는 보령! 청년 정책 네트워크 구축

보령의 무창포해수욕장은 조수간만의 차로 한 달에 4~5차례 바다가 갈라지며 길이 생겨서 '신비의 바닷길'이라고 불린다. 그리고 외연도는 물안개로 뿌옇게 가려진 날이 많아 '신비의 섬'이라고 불린다. 보령에서 제일 유명한 행사는 매년 열리는 '보령 머드축제'로 세계 각지에서 온 여행객들과 함께 진흙체험을 즐길 수 있다.

보령시(시장 김동일)에 있는 보령화력 1·2호기는 2023년 12월에 폐쇄될 예정이었으나 중앙정부의 9차 전력 수급계획에 따라 2020년 12월에 조기 폐쇄되었다. 이 일로 지역 내 중부발전과 협력업체, 기타 인력 114명의 일자리가 사라졌고, 인구감소가 심각해지면서 재정수입이 악화되는 등 지역경제가 위기에 직면했다.

그래서 보령시는 '청년네트워크'를 구성하고, 청년문화행사를 추진하는 등 청년단체의 활발한 활동을 지원해서 청년이 살아나고 지역경제도 회복하고 있다.

보령시의 45세 이하 청년 인구는 저출산과 취업문제로 2019년 29,908명에서 2020년 28,439명으로 1년 동안 1,469명이 감소했다. 청년들의 전출사유는 직업이 35%, 주택문제가 26%, 가족이 24%였고, 보령시의 1인 가구 비율은 29.8%에 이르렀다.

총인구(명)	청년 인구 (비율)	연령별 청년 인구(나이)				
		18~24	25~29	30~34	35~39	40~45
100,229	28,439 (28.4)	6,948 (6.9)	4,451 (4.4)	4,074 (4.0)	5,387 (5.3)	7,579 (7.5)

1단계 청년 기본정책 수립

보령시는 2021년부터 2025년까지 시행할 청년 정책을 위해 보령시에 거주하는 만 18세부터 45세를 대상으로 청년 현황과 실태를 분석해서 '청년 기본계획' 수립을 했다. 이를 통해 청년 정책 방향을 설정하고, 새로운 정책을 발굴해서 청년 사업 지원체계 및 세부추진과제를 수립했다.

보령시는 청년의 자발적 참여를 유도해서 청년 일자리 창출과 역량 강화, 청년문화 활성화를 통해 청년이 희망인 도시를 만들고자 한다.

① 다자녀 가정과 기업·단체·학원 간 자매결연
▸ 다자녀 가정 20가구와 22개 기업·단체·학원 결연 ▸ 학원 수강료 면제 및 감면(2개소), 쌀 160kg 지원, 현금 2백4십만 원 후원
② 민간업체와 다자녀 가정과 임신부 지원 협약체결
▸ 카페, 자동차 수리, 안경점 이용시 결제금액 10% 할인
③ 농촌 유휴시설인 원산창고를 활용한 청년 창업단지 조성
▸ (기간) 2020년 2월부터 지속운영 ▸ (운영) 만세청년팜스토리 회원과 원산도 주민으로 구성(잇다협동조합, 8명) ▸ 지역특산품 판매장, 카페, 베이커리 복합시설
④ 청년 공동체 활성화 사업
▸ (기간) 2021년 5월부터 12월까지 ▸ 곰내줌마아제희망키움센터 프로그램 운영–청장년 창업과 재취업 교육, 보육프로그램, 청소년 독서 토론, 어린이 영어독서
⑤ 청년동아리 활성화 지원사업
▸ (기간) 2021년 5월부터 12월까지 ▸ 창업, 스터디, 봉사, 문화기획, 공연, 요리 등 관내 청년동아리 활동 지원

2단계 청년단체 활동

청년 정책에 관한 의견수렴과 시정 참여, 청년 정책의 발굴을 위해 남자 31명, 여자 17명 총 48명으로 구성된 '청년 네트워크'를 구성했다. '청년 네트워크'는 2021년 6월 14일부터 23년 6월 13일까지 2년 동안 일자리와 주거, 복지문화, 교육참여 등 3개 분과를 운영하고 있다.

청년기본법 제23조 및 보령시 청년기본조례 제16조에 근거하여 2021년 11월 13일부터 20

일까지 8일간의 '2021 보령 청년주간'을 개최했다. 보령시가 주최하고, 청년 네트워크와 해유협동조합, 잇다협동조합이 주관하여 청년이 주도적으로 기획하고 참여한 제1회 보령 청년주간 행사에서 '하나 되는 보령 청년'을 운영했다. 이를 통해 보령화력 1·2호기 폐쇄로 침체한 지역사회 분위기와 경제위기를 청년창업, 청년교류 활성화로 새로운 활력을 불어넣었다.

코로나19로 고용위기에 처한 청년에게 활동 기회를 제공하고, 청년 기본계획 수립으로 청년 현황 및 실태분석, 청년 사업의 세부 지원과 추진과제를 발굴했다. 또한, 복지 사각지대에 대한 청년들의 자발적 개입과 지원으로 지역사회가 나가야 할 방향성을 제시하고, 청년과 공직자 간 네트워킹으로 인적소통을 강화하여 참신하고 혁신적인 청년 정책을 발굴할 수 있었다.

청년 네트워크 발대식

보령시는 지속해서 청년 정책 사업을 발굴하고, 정책단체의 활동을 지원, 강화하는 방안을 모색할 계획이다.

김동일 시장은 "코로나19 장기화로 지친 많은 청년이 참여하고 교류하는 즐거운 시간이 되길 바란다"라며, "앞으로도 청년이 공감하고 필요로 하는 정책들을 청년이 직접 추진하는 기회를 마련하고, 청년이 살고 싶은 보령을 만들기 위해 노력하겠다"라고 말했다.

청년 모두가 HERO
(Happy=Expereince+Relationship+Opportunity)

아산의 온양온천은 약 1,300년의 역사를 자랑하는 국내에서 가장 오래된 온천이다. 조선 시대에는 세종대왕이 안질 치료를 위해 다년간 후로 세조, 정조 등 여러 임금의 행차가 이어졌다. 1930년대부터는 신혼여행지로 가장 선호하는 곳이었다. 1936년 9월, 경성 다음으로 온양 시내에 가로등이 설치되면서 로맨스가 살아있는 조선의 낙원으로 불리기도 했다.

아산시(시장 오세현)는 청년 모두가 행복한 아산시를 만들기 위해 주거와 복지, 공동체 등 종합적인 정책을 제공할 수 있는 프로세스를 구축했다.

아산시의 청년실업률(실업자 수)은 2016년 4.8% 1,500명에서 2019년 10.8% 3,200명으로 2배 이상 급증했다. 최근 5년간 아산시의 전제 인구는 293,000명에서 314,000명으로 7.1% 증가했으나, 청년 인구는 71,000명에서 64,000명으로 10.9%로 감소했다.

이런 현상들은 기존 청년 일자리 정책의 한계에 따른 것으로 판단하고, 아산시는 청년 일자리 정책의 근본적인 개혁이 절실해졌다. 그래서 일자리뿐만 아니라 주거와 복지, 공동체 등 종합적인 정착 요인을 제공할 수 있는 프로세스 구축을 최우선 목표로 삼았다.

청년 아지트 '나와유'운영 '너와 나의 링크 공간'

아산시는 청년의 권익증진과 행복한 삶을 위해 교류와 소통, 다양한 활동을 할 수 있는 청년 거점 공간이 필요하다고 판단했다. 그래서 번영로 86번길 27-4에 있는 원 도시의 성매매 우려 지역 내 숙박업소로 쓰이던 건물을 13억2천만 원에 매입했다. 4억3천만 원의 사업비를 투입해서 개축한 이 건물은 청년 활동공간으로 탈바꿈하여 '청년아지트 나와유 1호점'이 되었다. 뒤이어 월천2길 81-14에 '청년아지트 나와유 2호점'도 문을 열었다.

청년 아지트 나와유 2호점

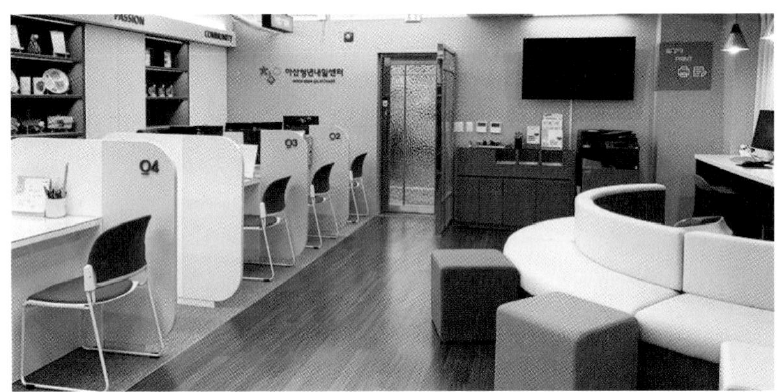
청년 아지트 나와유 1호점

2019년 9월부터 2021년 10월까지 '나와유'에는 12,656명이 방문했으며, 홈페이지 접속은 1,612,523건에 이르고 있다. '나와유'에서는 맞춤형 청년 지원정책 안내와 접수를 받고 있다. 이를 통해 '청년내일카드'를 상시로 접수하여 4,004명에게 9억7천5백만 원을 지급했다. 또한, 면접용 정장을 무료대여하는 서비스를 통해 838건의 정장을 대여했으며, 독서커뮤니티 '시트러스' 모임을 운영해서 186명이 수료했다. 청년 역량 강화 프로그램을 358건을 진행해서 672명이 참여했다.

청년 교류공간 및 회의실, 북카페, 공유키친 등 활동공간을 1,882건 제공했으며, 청년주간 행사나 할로윈데이 행사 등 청년 커뮤니티 관련 사업을 지원하고 진행했다.

청년취업 스터디그룹 '스파르타'

코로나19 시대의 청년 체감 취업률 26.8%, 일자리 전공 일치 비율 25.3%, 취업 소요기간 평균 10개월 등 청년들의 구직현실은 벼랑 끝에 내몰린 상황이다. 또한, 고용복지센터에서 구직등록을 하고, 일자리센터에서 자기소개서 첨삭 서비스를 받고, 취업학원에서 면접 코칭을 받는 등 간헐적이고 획일적이며 파편화되어 있는 청년취업서비스의 한계를 알 수 있다.

그래서 청년취업 스터디그룹인 '스파르타' 만들어서 기관별로 분절되어 시행하고 있는 취업서비스를 하나의 패키지 서비스로 통합 제공하고 있다. 아산시 미취업 구직청년 및 아산에 있는 대학교 재학생을 대상으로 구성된 스파르타에서는 청년 구직자의 희망직무에 기반한 스토리텔링이 담긴 '동영상 자기소개서'를 제작·지원하고 있다. 또한, 잠재된 역량과 입사 의지를 구인기업에 효과적으로 전달할 수 있는 '보이는 자기소개서'를 제작하고 있다. 이런 차별화된 취업전략은 청년 구인·구직 채용시장에 새로운 패러다임을 제시했다고 평가받았다.

그래서 스파르타는 '주민생활혁신 확산대상사례'로 선정되어 '스파르타' 프로그램을 도입한 지자체에는 행정안전부에서 국비를 지원한다. 관내 기업에서는 '스파르타'를 수료한 인재에 대한 높은 신뢰도를 보여주고 있는데, 프로그램에 참여한 청년 취업률이 84%라는 점에서 알 수 있다. '스파르타' 수료자들은 ㈜종근당, 김&장, 한국서부발전, 삼성전자, 현대해상, LG이노텍, LH공사 등 본인이 원하는 기업에 입사했다.

아산시는 **'청년 커뮤니티 지원사업 3.14(π)'**를 통해 만 18세부터 39세

청년취업 스터디그룹 '스파르타'

이하의 청년이 3명 이상의 커뮤니티 팀을 만들면 140만 원을 지원하는 사업을 하고 있다. 커뮤니티 팀을 통해 청년들은 관계의 단절을 극복하고, 시도와 성취로부터 오는 행복감을 느끼고 있다.

청년내일카드-**'내일(MY JOB)이 있는 청년을 위한 복지혜택'**을 통해 관내 중소·중견기업에 취업한 신규 재직 청년에게 1인당 150만 원을 지원하여 대기업과의 임금 격차를 일부 해소하고, 청년들의 복지증진과 지역정착 기반을 마련해주고 있다.

청년정책마켓-**'청년정책 구매플랫폼'** 운영을 통해 청년들이 직면한 사회적 난제 해결을 위한 청년의 아이디어가 공공의제로 구현되고 있다.

아산한달살이-**'온앤오프(ON&OFF)'**는 맹목적인 스펙 쌓기와 구직활동에 내몰려 자신을 깊이 탐색하고, 삶을 주체적으로 설계할 기회를 얻지 못했던 청년들에게 지역을 통해 새로운 기회를 발견하고 정착할 수 있도록 지원하는 사업이다.

아산시의 충남형 더 행복한 주택-**'꿈비채'**를 통해 청년과 신혼부부의 주거비 부담을 낮춰 주거안정을 도모하고, 결혼과 출산 환경을 조성해서 지역에 안착할 수 있는 기반을 마련해주고 있다.

2022년 1월부터 시행하고 있는 **'청년내일통장'**은 청년의 자산형성을 지원하여 경제적인 자립을 돕는 사업이다. 중위소득 130% 이하 청년이 매월 10만 원을 저축하면 10만 원을 지원해서 36개월간 720만 원을 모을 수 있다.

그리고 2022년 10월부터 '넥스트 스타트업 인큐베이팅 공간'을 조성할 예정이다. 이곳에서는 인공지능, 빅데이터, 클라우드, IOT, 5G, 메타버스 등 미래산업을 견인할 인재를 육성하는 창업공간으로 활용될 예정이다.

2022년 2월부터 청년 **'톡(talk) 터놓고'** 마음 상담 서비스를 제공하고 있다. 코로나19 장기화에 따른 고용불안 등 위기에 몰린 청년들의 건강성을 회복해서 삶의 질 향상과 심리적 문제를 예방하여 건강한 사회 구성원이 될 수 있도록 돕고 있다.

오세현 시장은 "아산시 청년 누구나 공동체 커뮤니티를 통해 행복을 찾고, 열린 기회를 통해 꿈을 이룰 수 있도록 정책적 지원을 아끼지 않겠다"라고 말했다.

지역 농촌을 살리는 청양 푸드플랜

청양군에는 하늘에 제를 지내던 성스러운 산이자 대표 명소인 칠갑산이 있다. 2009년에 건설된 총길이 207m의 천장호 출렁다리도 대표적인 여행지다. 출렁다리 중간 부분에 청양의 특산물인 구기자와 고추를 형상화한 높이 16m의 주탑이 인상적이다.

청양군(군수 김도곤)은 전문성과 공공성을 겸비한 민간 네트워크 연대 강화를 통해 농촌 경제 활성화를 위한 푸드플랜 정책을 도입했다. 2025년까지 월 150만 원 이상의 소득을 올릴 수 있는 1,000농가를 육성해서 연 매출 200억 원을 창출할 계획이다.

이를 위해 5개 팀 20명으로 구성된 농촌공동체과를 신설하고, 청양군지역활성화재단을 설립해 6개 팀 54명의 조직체계를 구축하는 등 푸드플랜 전담조직을 신설해서 운영하고 있다.

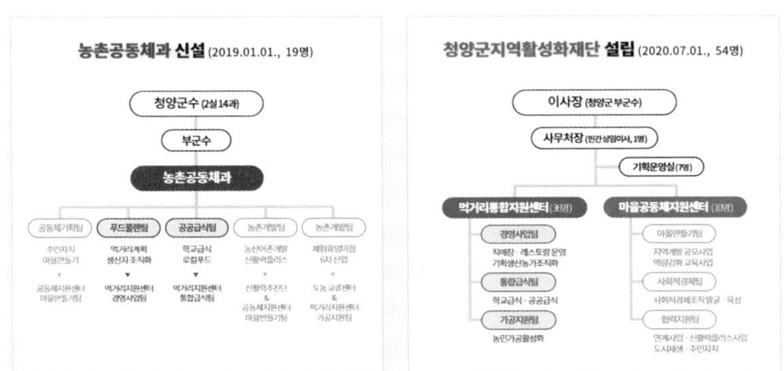

민관거버넌스 체계구축

기획생산 농가를 조직화해서 730개 농가와 450품목의 출하 약정을 체결했다. 출하하는 전 품목은 안전성 분석센터와 연계해 연 1,500건의 검사를 진행하고 있다.

50명으로 구성된 먹거리위원회는 3개 분과위원회를 중심으로 운영되며, 이를 통해 푸드플랜 사업을 발굴하고, 종합추진계획 수립에 대한 자문 활동도 하고 있다.

대치면 로컬푸드 직매장 '농부마켓'과 농가 레스토랑 '농부밥상'

2021년 4월, 회원 28명이 참여하여 사회적 경제조직인 '청양군농산물가공협동조합'을 설립해서 반찬과 습식, 건식 등에 대한 기본교육과 심화교육을 추진하고 있다.

먹거리 직매장 활성화

2020년 9월, 청양 먹거리 직매장을 개장해서 매출 40억 원을 달성하는 등 지역 농산물의 안정적인 판매 활로를 확대했다.

기준가격 보장제를 36개 품목에서 50개 품목으로 확대하는 '청양농산물 기준가격 보장제'를 정착해서 2020년도 4,200만 원에서 2021년도엔 8천만 원으로 200개 농가의 수입이 증대했다. 2021년 3월부터는 '군수품질인증제도'를 시행해서 친환경 농산물의 생산 기반을 확대하고 있다.

공공급식 시장 확대

63개소의 경로당, 4개소의 농·축협마트, 3개소의 지역아동센터, 2개소의 대전공공기관, 노인요양원 1개소, 관내 기업 1개소 등 지역 내·외의 공공급식 출하처를 74개소로 확대했다. 2021년 8월에는 대전지역의 공공급식에 청양군의 로컬푸드 공급을 확대하는 업무협약을 체결했다. 또한, 6월엔 청양군지역아동센터, 10월에는 청양지역자활센터의 급식에 청양군의 로컬푸드 공급을 확대하는 업무협약을 체결했다.

청양군은 2025년까지 연 매출 200억 원, 월 150만 원의 소득을 창출하는 1,000개 농가를 육성하겠다는 계획이다.

김도곤 군수는 "청양형 푸드플랜이 추구하는 최고 가치는 다음 세대까지 생각하는 안전 먹거리 보장"이라며 "국민건강 기여라는 사회적 책임의식을 가지고 안전하고 지속 가능한 먹거리 체계를 완성하겠다"라고 밝혔다.

'공공도서관 책값 돌려주기' 사업

남원이라는 지역명은 통일신라의 행정구역인 9주 5소경의 남원경에서 유래했는데, 1,400년이 넘게 유지되어 21세기까지 이어지고 있다. 남원의 대표 관광지인 '광한루'는 춘향과 몽룡의 로맨스가 시작된 곳으로 연못 위에 세워진 오작교가 운치를 더한다. 사매면은 최명희의 대하소설 '혼불'의 무대로 '혼불문학관'이 있다.

남원시(시장 이환주)는 코로나19 확산에 대응하고 시대적 요구에 부응하기 위해 이용자 중심의 도서관 서비스를 제공하고 있다. 희망도서 입수시간 단축과 도서구매비 지원으로 시민의 독서 기회를 확대하고, 대형 온라인 서점에 밀려 어려움을 겪고 있는 소규모 지역 서점 살리기에 기여하고 있다.

2020년부터 2021년까지 2년 동안 시비 5천만 원을 들여서 '공공도서관 책값 돌려주기' 사업을 시행했다. 남원시민이 관내의 지역 서점에서 책을 구매해서 읽고, 4주 이내에 남원시립도서관이나 어린이 청소년도서관 등 공공도서관에 책과 영수증을 제출하면 도서구매비를 남원사랑 상품권으로 교환해주는 사업이다.

2020년 5월, '공공도서관 책값 돌려주기 사업' 추진계획을 수립하고, 지역 서점과 상호협력체계를 구축해서 2020년 6월부터 7월까지 '공공도서관 책값 돌려주기 사업'을 시범 운영했다. 2020년 10월에는 '남원시 독서문화진흥 조례' 개정을 통

해 책값을 지역사랑 상품권으로 지원하는 근거를 마련하고, '공공도서관 책값 돌려주기 사업'을 본격적으로 추진했다.

'공공도서관 책값 돌려주기 사업'으로 시민들의 독서에 대한 관심도가 높아지고, 월평균 시민 독서량이 증대되었다. 사업 시행 전인 2020년 1월 1일부터 5월 31일까지 2,344권의 도서대여 실적이 시행 후인 2021년 1월 1일부터 5월 31일까지 5,261권으로 비약적으로 증가했다. 공공도서관의 도서대여실적 증가뿐만 아니라 지역 서점 살리기와 상품권 유통에 따른 지역경제 선순환에도 이바지했다.

2020년 6월부터 시행한 '책값 돌려주기 사업'에는 남원시민 1,623명이 참여하여 2,805권의 책을 지역 서점에서 구매해서 읽고, 남원사랑상품권으로 약 3천9백만 원을 돌려받았다.

구분	신청자 수(명)	신청 권수(권)	신청 금액(천 원)
계	1,623	2,805	39,149
2020년	587	994	13,768
2021년	1,036	1,811	25,381

남원시립도서관은 무료로 책 배달 서비스도 시행하여 시민들의 도시관 이용 편의를 높이고 있다.

남원시는 2022년도에도 공공도서관 책값 돌려주기 사업을 지속해서 추진할 계획이다. 이를 위해 2021년 12월에 '2021년 공공도서관 책값 돌려주기 사업'에 대한 운영 결과를 보고하고, 2022년 1월에는 '2022년 공공도서관 책값 돌려주기 사업' 추진계획을 수립해서 운영 추진에 들어갔다. 또한, '공공도서관 책값 돌려주기 사업'에 대한 홍보

공공도서관 책값 돌려주기 사업

활동도 강화하고 있다.

이환주 시장은 "책값 돌려주기 사업을 통해 최고 수준의 책 읽기 도시에 한 발짝 더 다가가게 됐다"라며 "앞으로도 시민들이 책을 더욱 가까이하고, 지역 서점과 경제 활성화에 큰 도움이 되길 기대한다"라고 밝혔다.

도심 속 슬럼가 정비를 통한 원도심 활성화

무안군의 '화산 백련지'는 여름에 꽃 중의 군자로 불리는 백련을 마음껏 감상할 수 있는 동양 최대의 백련 자생지이다. 톱머리 해수욕장은 드넓은 백사장과 보호림으로 지정된 해송 숲이 조화를 이루고 있으며, 무안 지역의 갯벌은 게르마늄이 다량 함유되어 있어 이곳에서 잡힌 세발낙지는 별미로 유명하다.

무안군(군수 김산)은 무안읍 중심지의 발전을 저해하는 도심 속 슬럼가를 정비하여 지역주민을 위한 문화거점시설을 만들어 원도심 활성화와 도·농 균형발전을 위한 사업을 시행하고 있다.

무안군은 2019년부터 2023년까지 무안읍 일대의 135,501㎡ 면적에 764억 원의 사업비를 투입해서 '무안읍 원도심 활성화 사업'을 실시하고 있다. 무안읍 도시새생뉴딜사업에 182억 원, 작은 영화관과 공공도서관, 메이커스페이스, 무안문화원, 가족센터, 청소년 수련관, 청년상가 등이 입주하는 무안읍 복합문화센터 건립에 328억 원, 무안군 보건소 신축건물 건립에 254억 원이 투입될 예정이다.

세부사업으로 생활환경 개선을 위한 집수리 지원, 보행로 정비, 주민 공동이용시설을 조성하고 있으며, 골목 경제의 활성화를 위해 '원기회복 활력 사업'을 하고 있다. 또한, '무안 상상창작소'를 조성하고, 지역공동체

회복을 위한 '주민역량 강화 사업'을 하고 있으며, 도시경쟁력을 회복하기 위해서 LH공사의 행복주택사업과 더불어 부처협업 및 지자체 사업 등을 펼치고 있다.

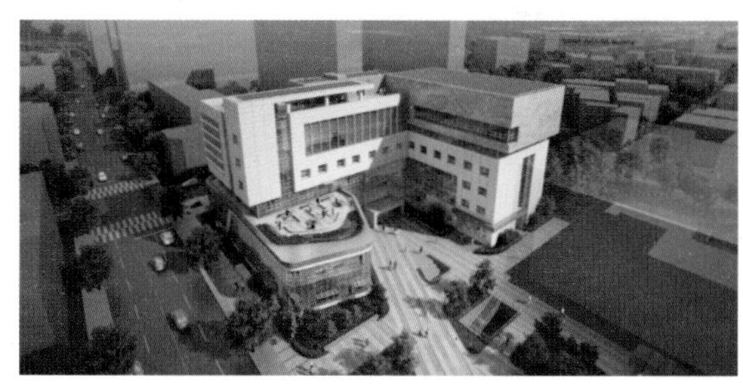
무안읍 복합문화센터

무안군은 무안읍 원도심을 활성화하기 위한 마스터플랜을 수립했다. 2018년 7월, 민선 7기 제1호 공약으로 선정되어 추진동력을 확보했다. 2019년 1월에는 다부처 간의 연계사업공모를 위한 무안읍 복합문화센터 TF 팀을 구성해서 운영했다. 6월에는 무안읍 (구)전통시장 부지에 대한 마스터플랜과 7월에는 무안군 도시재생을 위한 전략계획 및 활성화 계획을 수립했다.

무안읍 (구)전통시장 부지를 철거하기 위해 2018년 11월에 (구)전통시장 정비 TF 팀을 정식직제에 편성했다. 2018년부터 2019년까지 철거문제 해결을 위한 주민협의체을 운영해서, 2019년 8월부터 2020년 6월까지 입점자 보상 및 철거공사를 완료했다. 이를 통해 2020년 6월, 도심 속의 슬럼가를 정비해서 무안읍 원도심을 활성화할 수 있는 기반을 마련했다.

2019년 10월 다부처 간 연계사업공모로 총사업비 673억 원을 확보하고, 지역주민이 주도하는 '무안읍 활성화 비전'을 수립해서 도시재생 등 연계사업공모를 선정했다.

농촌 지역에 문화·복지·여가 등 생활 SOC(Social Overhead Capital, 사회 간접 자본) 보급으로 주민밀착서비스를 제공하여, 남악신도시와 무안읍 원도심 간의 도·농 균형발전을 촉진했다. 이를 통해 781명의 일자리가 만들어지고, 48,008명의 주민이 혜택을 받았다.

무안군은 2021년부터 2022년까지 '무안읍 복합문화센터와 보건소 건립'을 추진하고, 2023년 12월까지 '무안읍 도시재생 뉴딜사업'을 완료할 계획이다.

김산 무안군수는 "양적 팽창에 머무르던 무안군의 체질 개선을 통해 1, 2차 농산업 중심의 기존 산업에서 4차산업혁명 중심의 미래형 산업구조로 바꾸기 위한 정책을 펼치기 위해 노력해왔다"라며 "다양한 지역발전 정책을 통해 군민과 함께 만드는 '생동하는 행복한 무안'을 만들어가겠다"라고 말했다.

독립운동가 웹툰

성남이라는 지명은 남한산성의 성곽 남쪽이라는 뜻에서 유래되었다. 1960년에서 70년대에 서울시 옥수동과 금호동, 답십리의 무허가 천막촌에서 살던 사람들을 서울 근교로 분산하기 위해 개발되었던 곳이 바로 성남이다.

성남시(시장 은수미)는 2019년, '3·1운동 및 임시정부 수립 100주년'을 기념해서 3년에 걸쳐 100인의 독립운동가의 삶과 정신을 웹툰으로 제작해 전 국민에게 보급하기로 했다.

2019년 1월부터 2021년 12월까지 총사업비 60억6천5백만 원(도비 1억1천7백만 원, 시비 59억4천8백만 원)을 투입해서 성남시와 유관한 독립운동가를 포함해 100인의 독립운동가를 웹툰으로 제작해서 전 국민(네티즌)을 대상으로 온라인에 연재하기로 했다. 또한, 본 사업에 대한 홍보와 전시 및 행사를 진행하기로 했다.

제작현황

구분	2019년	2020년	2021년	비고
연재처	카카오페이지 100편 통합연재(2021년 8월 15일부터)			
주제	위대한 시민의 역사	위대한 시민의 문화	위대한 시민의 평화	
제작웹툰	33편	33편	34편	100편
독립운동가	김구, 신채호, 남상목, 홍범도 외 33인	김좌진, 김우전, 여운형 외 33인	안중근, 유관순, 한용운 외 33인과 독도	
참여작가	허영만(식객), 김진(바람의 나라), 권가야 외 45명	이현세(남벌), 이빈(안녕 자두야), 지강민, 노미영 외 42명	이두호(머털도사), 서정은, 신일숙, 이은혜 외 37명	

웹툰 캐릭터 순회 전시 및 협력사업(2019년부터 2021년 8월)

연도	2019년	2020년	2021년	합계	비고
건수	22건	9건	7건	38건	
참여자 수	약 40만 명	약 11만 명	약 110만 명	약 161만 명	2021년 8월 기준

웹툰 연재실적(2019년 8월부터 2021년 9월)

연도	연재처	연재 기간	누적 구독뷰	비고
2019년	다음웹툰	2019년 8월 4일~2021년 7월 1일	200만 뷰	카카오웹툰으로 개편되어 연재종료
2020년	EBS툰	2020년 8월 15일~2021년 8월 31일	130만 뷰	아이나무툰으로 개편예정 (2021년 10월)
2021년	카카오페이지	2021년 8월 15일~현재	16.5만 뷰	웹툰 100편 통합연재

성남문화재단이 제작한 독립운동가 웹툰

2020년 6월 25일, 5G 시대에 맞춰 독립운동가 김구, 정정화, 남상목 독립운동가 3인의 웹툰 캐릭터를 활용해서 증강현실(AR) 체험 스팟을 구현했다. 2020년 8월 4일, 광복회와 협력해서 '2019년 웹툰 33편' 만화전집을 출간하는 등 독립운동가 웹툰 프로젝트와 연계 OSMU[1]를 추진했다.

2020년 6월 25일, 광복회와 성남시의 협약에 따라 2020년 8월에 출판비 4억5천만 원을 투입해서 33권 전집 1,000세트를 제작했다. 이 책은 성남시청 하늘 북카페와 관내 도서관 등에 비치할 예정이다.

성남시의 독립운동가 웹툰 사업을 통해, 성남시는 2020년 제21회 국가보훈처로부터 '보훈문화상'을 수상했으며, 성남문화재단이 독립운동가 웹

1) OSMU(원소스멀티유스) : 하나의 원형 콘텐츠를 활용해 영화, 게임, 출판 등 다양한 장르로 변용하여 부가가치를 극대화하는 것.

광복회가 독립운동가 33명의 웹툰 전집을 성남시에 기증

툰 프로젝트 감사패(한국만화영상진흥원), 역사정의실천상(광복회)을 수상하는 등 좋은 평가를 받았다.

은수미 시장은 페이스북을 통해 “독립운동가 이야기는 먼 이야기가 아니다. 일본이 한국을 화이트리스트에서 배제한 매우 유감스럽고 개탄스러운 작금의 현실과 정확히 맞닿아있다”면서 “겨레의 가슴에 독립 정신을 일깨워준 33인의 애국이야기에 부디 관심을 가지고 봐 달라”고 당부했다.

04

지방소멸 대응

중구형 초등돌봄 방과후학교[1)]

서울시 중구는 조선 시대 사대문 안쪽지역과 외곽지역을 어우르고 있다. 그래서 중구는 종로구와 더불어 조선 시대 행정의 중심이었다. 강남지역이 성장하기 전에는 중구가 그 명성을 대신했고, 지금도 중구는 서울에서 높은 문화를 만들어내고 있다.

출생신고 건수가 해마다 줄면서 전국에 걸쳐서 도시가 소멸하거나 지방자치단체가 소멸할 위기에 처한 곳이 많다. 중구가 도시소멸의 길을 갈 가능성은 없겠지만, 최근 3년간 중구의 학생 수는 4%씩 감소해 25개 자치구 중 학급 및 학생 수가 최저로 떨어졌다. 그래서 차별화된 교육정책을 통해 양육환경의 개선이 필요했다. 또한, 초등돌봄의 연장선에서 아이들에게 양질의 다채로운 프로그램을 제공해 다양한 경험과 배움의 보편적 기회를 제공할 필요가 있었다.

중구(구청장 서양호)에서는 '학교는 교육을, 지자체는 돌봄'이라는 신조로 공적 돌봄의 질을 향상하고, 5시까지만 운영하던 반쪽짜리 돌봄에서 맞벌이 가정의 필요에 맞춘 현실적 돌봄을 실현하고 있다. 온종일 초등돌봄의 전국모델로 안착한 중구는 현재의 초등돌봄에 직영으로 방과후학교를 더해, 초등학생 저학년에서 고학년까지 아우르는 빈틈없는 돌봄을 실현한다는 평가를 받고 있다.

중구에서 운영하는 학교 안팎의 '중구형 초등돌봄'은 학교 안에선 '초등학교 방과후학교', 학교 밖에선 방과후학교로 '청소년문화예술학교'가 있다.

학교 안팎의 '중구형 초등돌봄'은 구청이 직접 총괄 운영하며 시설관리

1) 대한민국 좋은 정책대상 대상 선정

공단에서 인력과 시설관리를 담당하고 있다. 돌봄을 희망하는 관내 모든 초등학생을 대상으로, 정원 외에 한부모 가정 중 1학년에서 3학년까지 저학년 학생과 저소득 가정, 맞벌이 가정을 우선 수용하고 있으며, 운영 내용은 아래와 같다.

학교 안팎 '중구형 초등돌봄' 운영

구 분		기존 돌봄		중구형 초등돌봄
운영사항	운영시간	오후 5~6시까지	⇨	오전 7시30분~오후 8시까지 (방학 중 오전 8시~오후 8시)
	프로그램	1회 또는 없음(자부담)		문·예·체 외부전문강사 프로그램 주 3회 운영(무료)
	급·간식	자부담 (방학 중 도시락 지참)		양질의 급·간식 제공 (방학 중 무료 제공)
돌봄 인력	돌봄 교사	교실당 1명	⇨	교실당 2명(전담 1명, 보조 1명)
	돌봄 보안관 (학교안)	없음		1명(돌봄 전용 보안관실 설치)
기타	학원 이용	퇴실 후 이용	⇨	학원 이용 후 재입실 가능
	문자 알림	없음		입 · 퇴실 시 문자 알림

학교 안 '초등학교 방과후학교'는 구청에서 방과후학교를 희망하는 관내 모든 초등학교를 상대로 직접 운영하고 있으며, 현재 봉래초등학교와 청구초등학교가 시범운영 중에 있다.

학교 안 '초등학교 방과후학교' 운영

구분	봉래초	청구초	비 고
운영 기간	2021.8.30.(월)~2022.2.25.(금)	2021.9.6.(월)~2022.2.18.(금)	
프로그램 개설	27개 프로그램, 63강좌	28개 프로그램, 65강좌	
수강인원	최대 435명 가능 (전교생 394명)	최대 476명 가능 (전교생 583명)	보편돌봄 기반 확립
수강료	전액 무료		
방과후학교 운영 장소	9개소 (본관 5실, 정보관 3실, 체육관)	10개소 (중앙관 5실, 문화관 1실, 동산관 1실, VR실, 강당, 운동장)	

학교 밖 방과후학교인 '청소년문화예술학교'는 구청에서 직접 운영하고 있으며, 방과후학교를 희망하는 관내 모든 초·중·고등학교를 대상으로 한

다. 중구청이 총괄 운영을 하되, 중구문화재단에 위탁 운영을 병행하고 있다. 마을예술가, 지역활동가, 자원봉사자, 공공기관 등 지역 자원을 활용하여 학교와 마을 구분 없이 문화예술프로그램을 운영하고 있다.

2019년에는 권역별 문화예술학교 4개소(여민, 충무아트센터, R3028, 만리 아트 메이커스)를 운영했으며, 9개 학교에서 '지역예술가와 함께하는 마을 학교 융합 예술교실' 등 10개 프로그램 운영했다.

2020년에는 마을 만들기를 통한 진로 탐색 수업을 위한 건축문화예술학교 3개교를 운영했고, '충무예술학교'에서 연극, 영화, 뮤지컬과 관련된 프로그램을 중구문화재단에 위탁해서 운영하는 등 2021년 7월부터 10월까지 12개 프로그램 39개 강좌를 진행했다.

'중구형 초등돌봄'은 참여 대상자의 학부모 만족도가 98.2%로 압도적으로 높다. 2019년 저출산 우수시책 경진대회에서 대통령상, 온종일 돌봄 정책추진으로 교육부 장관상을 수상할 정도로 성과가 높았다. 그래서 정부 100대 혁신과제에 선정되어 타 자치구에서 '중구형 초등돌봄'을 26회 벤치마킹하기도 했다.

기업사업(CSR-Corporate Social Responsibility, 기업의 사회적 책임)과 적극적으로 연계하여 GKL(그랜드코리아레저)에서 'GKL과 함께하는 도시아이 행복 교실' 사업을 시행해서 7,500만 원을 급·간식비로 지원했다. 또한, GKL에서 1억6천만 원, 파라다이스에서 5천만 원, 두산 관리본부에서 3백만 원을 지원했고, ㈜TRN으로부터 3백만 원의 후원금을 확보했다. 그리고 파라다이스 CSR와 GS칼텍스 치어리딩 교실을 중구체육회와 연계해서 사업확대를 꾀하고 있다.

'중구형 방과후학교'는 현재 봉래초등학교와 청구초등학교에서 시범운영 중인데, 2022년에는 관내 모든 공립초등학교로 확대 시행할 계획이다.

서양호 구청장은 "앞으로도 교육과 돌봄뿐 아니라 모든 정책 시행에 있어 항상 구민의 목소리에 귀 기울여 충분히 반영할 수 있도록 최선을 다하겠다"라고 말했다.

임신부와 영·유아 가정을 위한 '아이맘택시'

1990년대 초·중반, 은평구 홍보 자료에는 '은혜와 평화의 땅'이라는 말이 적혀 있었다. 은평구에서 만든 '은평구민의 노래'에도 '은혜와 평화로세 은평이라네'라는 가사가 있었다. 실제로 은평구는 '은혜 은(恩)'과 '평화 평(平)'이란 한자들을 쓰고 있다.

은평구는 북한산이라는 큰 숲을 끼고 있어 서울 관내에서 사슴이 야생 서식하는 몇 안 되는 지역이다. 그래서 산지 가까이에 사는 주민들은 밤에 산책할 때나 공원 등지에서 평화롭게 돌아다니는 사슴을 가끔 볼 수 있다고 한다.

은평구(구청장 김미경)에서는 인구절벽 시대에 더욱 심각해진 낮은 출산율 문제의 가장 큰 원인인 자녀 양육 부담을 줄이기 위해 노력하고 있다. 그래서 코로나19 확산으로 대중교통 이용에 어려움을 겪는 임신부 및 영·유아 동반 가정을 위한 안심 이동수단으로 '아이맘택시'를 운영하고 있다.

관내에 있는 임신부나 24개월 이하의 자녀를 둔 가정에서 의료 목적으로 병원을 방문할 시 전용 택시를 이용한 이동서비스를 지원하고 있다. 간단하게 스마트폰에 앱을 설치해서 회원가입을 한 후 사전예약등록만 하면 쉽게 이용할 수 있다.

전용 앱(마카롱나무)을 통한 회원가입 신청

▶

아이맘택시 이용자 승인 확인

▶

앱을 통한 사전예약 배차 신청

▶

앱을 통해 영수증/진료확인서 제출

추진과정	기간
택시운송업체와 사업 시행 관련 자문 및 협의	2020년 2월에서 3월
‘아이맘택시’ 사업자 모집공고 및 접수	2020년 5월 1일에서 25일
상록교통과 업무 협약식	2020년 7월 13일
사업계획변경인가 및 요금변경 신고	2020년 7월 31일
KST 모빌리티 앱 개발 완료	2020년 8월 24일
‘아이맘택시’ 시범운영	2020년 8월 27일에서 29일
‘아이맘택시’ 발대식 개최 및 사업 시행	2020년 8월 31일
‘아이맘택시’ 100일 이벤트 및 온라인 간담회 실시	2020년 11월 16일에서 12월 9일
‘아이맘택시’ 12개월에서 24개월로 확대 운영	2021년 1월부터
‘아이맘택시’ 신규사업자선정 용역계약 체결	2021년 3월 9일
‘아이맘택시’ 신규 증차 발대식 체결(4대에서 8대)	2021년 5월 7일
‘아이맘택시’ 이용 서비스 제공(7,917회)	2020년 8월부터 2021년 8월

‘아이맘택시’는 하루 2회, 연간 10회까지 무료로 이용할 수 있다. 다자녀 가구가 이용하거나 큰 유모차를 탑재할 수 있도록 대형승합(카니발) 차량으로 운행하고 있으며, 승객 특성을 고려하여 카시트 장착과 차량용 공기청정기를 갖추고 있다. 또한, 매일 차량 내부 소독을 의무화하고 소독일지를 작성하여 이용 편의와 안정성을 확보했다. 그리고 업계 최고 수준의 대우로 양질의 전담기사를 채용했다.

2021년 5월 27일, 은평구청에서 진행된 ‘아이맘택시’ 신규 증차 발대식

2020년, ‘아이맘택시’는 지난해 이용만족도 조사에서 85%가 ‘매우 만족’, 7.1%가 ‘만족’으로 큰 호응을 얻었다. 이에 은평구는 2021년엔 기존 4대에서 8대로 차량을 늘리고, 출발지 기준 8km 운행 거리 제한을 완화해 서울권에 있는 14개 상급 종합

병원까지 이용할 수 있게 했다.

주민들에게 실질적인 도움이 되는 이 서비스는 12개월간 가입자 수 대비 이용 건수가 252% 달했다. 이용 대상은 6,386명, 회원은 3,136명, 이용 건수 7,917건(2020년 8월 31일에서 2021년 8월 31일)을 기록할 정도로 시간이 갈수록 좋은 반응을 얻고 있다.

'아이맘택시'는 아이 키우기 좋은 환경을 조성하고, 대형 승합차를 운용하여 다자녀 가정 및 유모차 소지자의 이용 편의성을 증대했다. 해당 사업의 확대 시행으로 지속적인 일자리 창출까지 일어나면서 여성가족부에선

이 사업을 소개하고, 타 지자체에선 벤치마킹하는 사례가 늘어나고 있다.

김미경 구청장은 "'아이맘택시' 사업이 아이를 낳아 키우고, 행복한 은평을 만드는 데 크게 기여하고 있다. 이 사업이 전국으로 확대돼 구민뿐만 아니라 대한민국의 많은 분이 '아이맘택시'를 이용할 수 있기를 바란다"라고 말했다.

인구위기의 근원적 해법, 청년에서 찾는다

금천구의 가산디지털단지는 인접한 구로디지털단지와 함께 정보·통신, 컴퓨터, 전기·전자, 지식산업 등 각종 IT 산업체가 밀집해 있는 첨단산업단지로, G밸리(valley)라고도 불린다.

감사원의 저출산 고령화에 대한 감사결과보고서에서 금천구 현황을 보면 2047년에는 소멸 위험단계, 2067년이 되면 소멸 고위험단계가 될 것으로 예측했다. 저출산 문제는 몇몇 지역의 소멸뿐만 아니라 대한민국의 존립 자체를 위협하고 있다. 그러므로 각 지자체는 소멸 위험에서 벗어나기 위해 청년 정책에 많은 공을 들이고 있다.

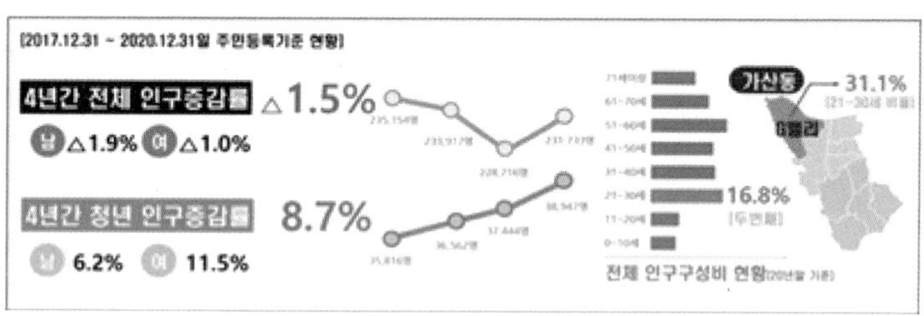

금천구(구청장 유성훈)는 서울의 다른 지자체와 달리 전국적인 인구 감소 추세에서도 지난 4년간 전체 인구가 1.5% 증가했다. 특히 21세에서 30세 청년 인구가 8.7% 증가했다. 그렇다 보니 전체 인구구성비 중 21세에서 30세 인구 비중이 16.8%로 청년 세대가 차지하는 비중이 매우 높다.

이렇게 청년 세대의 비중이 높은 것은 G밸리의 파급 효과라고 분석된다. 실제로 G밸리가 위치한 가산동의 경우 21세에서 30세의 인구 비율이 31.1%에 육박하고, G밸리의 인접 지역인 독산 1동의 경우에는 전체 인구가 4년 동안 13.7%나 증가했다.

금천구의 인구변화 대응의 핵심은 '청년 친화 도시'로 발전하는 것이다.

청년의 어려움과 고민거리들을 적극적으로 해결해서 청년층의 유입이 가속화되기를 기대하고 있다.

구로구는 청년층을 유입해서 저출산 문제를 해결하고 인구 감소를 저지하기 위해, 청년층의 3가지 주요 문제에 적극적으로 대응하고 다양한 정책들을 집행해왔다.

우선 소외감 해소와 교류 활동 지원을 위한 청년 공간과 커뮤니티를 구축했다. 일자리 문제 해결을 위해 2023년 준공예정으로 청년창업과 진로설계를 위한 '청년콜라보홀'을 건립하고 있으며, 주거문제 해결을 위해 청년특화 공공임대주택을 공급하고 '청년미래기금'을 조성했다.

금천구는 기초지자체 최초로 청년 활동 지원을 위한 거점 공간인 '청춘빌딩'을 운영해서 1,334명이 이용하고 있다. 연평균 46건의 공간 대관실적을 올렸으며, 5개(1분과 당 40명) 분과가 활동하는 청년 네트워크를 구성해서 청년 정책을 제안하고 있다.

2023년 5월에 준공예정으로, 창업과 일자리를 지원하는 창업공간 '금천청년콜라보홀'의 조성절차를 완료하고 착공했다.

청년들의 주거 지원을 위해 2021년 8월, 청년 가구 87세대가 소셜믹스형 공공임대주택에 입주를 완료했다. 또한, 48호의 G밸리 하우스와 39호의 소셜믹스형 주택을 추가 공급할 것을 검토 중이다.

안정적인 청년 정책운영을 도모하기 위해 청년특화 지원기금인 '청년미래기금' 20억 원을 조성했다. 2019년부터 2022년까지 매해 5억 원씩 조성해서 누적 조성액의 75%인 15억 원을 2021년에 달성했다.

이런 적극적인 청년 정책으로 2019년부터 2021년까지 3년 연속 청년친화 헌정 대상에서 '우수지자체'로 선정되었으며, 서울 혁신 로드 연수기관으로도 선정되었다. 그리고 타 기관에서 168회나 벤치마킹할 정도로 호평을 받고 있다.

청년창업 도전자를 위한 '청년콜라보홀'의 건립을 정상적으로 추진하고, 금천구의 다양한 일자리 지원 및 창업 시설과의 연계로 시너지 효과를 극대화할 예정이다. 또한, 조성 완료예정인 '청년미래기금'의 효율적 사용을 위해 기금운용 계획을 수립하고, '청년콜라보홀' 입수 단체의 창업지원과 기존 청년지원 추진사업과 연계를 고려하고 있다. 청년 주거문제 해소를 위한 주택 추가 공급 방안을 마련할 예정이다.

유성훈 구청장은 <내일신문> 기고를 통해 "금천구는 앞으로도 대한민국의 당당한 지방정부로서 보통 청년들의 목소리에 귀 기울이며 그들에게 지지와 격려를 아끼지 않을 것이다. 청년들에게 힘겨운 하루하루가 아닌 미래를 꿈꾸고 내일을 기대하는 오늘을 보내는 그 날이 하루빨리 다가오기를 바란다"라고 밝혔다.

오래된 미래, 활력 도시 영도

부산광역시에 소속된 구 중에서 유일하게 섬인 자치구가 영도이다. 외부에서 영도구로 들어가려면 다리를 건너야 하는데, 1934년 11월에 개통된 영도대교(흔히 '영도다리'라고 부른다)와 1981년 1월에 개통된 부산대교가 있다. 부산의 명물인 영도다리는 다리 상판 일부가 열리는 것으로 유명하다. 이 외에도 남항대교, 부산항대교가 영도와 육지를 연결하고 있다.

도개한 영도다리

영도구는 우리나라 조선산업의 1번지로 불린다. 1937년에 우리나라 최초로 강선을 제작한 조선중공업이 한진중공업의 전신이다. 지역 전통산업인 조선업의 쇠퇴와 이로 인한 일자리 감소로 지속적인 인구유출이 일어나고 있다. 게다가 고령화의 가속화와 정주 환경 쇠퇴로 영도구는 위기에 처했다.

영도구(구청장 김철훈)는 지역 쇠퇴산업을 해양 신산업으로 대체해서 지역 일자리 창출을 꾀하고 있다. 그리고 재생과 발전을 더한 건강한 정주공동체로 활력있는 도시를 조성하기 위해 '오래된 미래, 활력 도시 영도' 프로젝트를 시작했다. 프로젝트 성공을 위해 '인구 활력화 방안', '청학동 공업지역 활성화 시범사업', '베리베리굿 봉산마을', '노인 맞춤형 서비스' 사업들을 시행하고 있다.

영도구는 지방소멸위험 지역에서 벗어나 지속 가능한 도시를 만들기 위해 인구 급감과 고령화에 대한 현황을 진단했다. 인구변화에 대한 적응력 강화와 인구의 질적 증대를 통한 인구 활력화를 유도하겠다는 구상이다.

2020년 10월에서 12월까지 서울시의 자문단 5명을 초빙해서 청년 인구 유입과 정책 활성화를 위한 컨설팅을 시행했다. 그리고 2021년 4월에서 10월까지 부경대학교에 '영도구 인구 활력화 방안'에 대한 연구용역을 의뢰해서 영도구 인구 현황과 산업구조 분석, 인구정책 활력화 방안에 대한 의미 있는 결과를 받았다.

2021년 7월에는 '부산광역시 영도구 인구정책 기본조례'를 제정했고, 2021년 8월에서 9월에 걸쳐 관내·외 시민 1,200명을 대상으로 설문 조사를 시행했다. 2021년 10월에서 11월까지 '인구 활력화 방안'에 대한 보고회와 인구정책 라운드테이블을 마련했다. 2022년 3월까지 '영도구 인구 활력화 방안' 계획을 수립할 예정이며, 2023년에서 2024년까지 '5개년 중장기 인구정책 기본 계획'을 수립할 예정이다.

영도구와 부산광역시, 한국토지주택공사가 주체가 되어 조선업 불황으로 발생한 87,737㎡의 유휴부지(영도구 청학동 1-44 외 5필지) 내에 해양 신산업 R&D 센터와 창업지원센터, 기술지원센터, 워터프론트 공원 등을 조성했다. 해양 신산업의 혁신거점으로 만들겠다는 계획으로 국비 7억, 시비 7억, 민자 55억 등 총사업비 약 69억 원을 투여했다.

2019년 11월에 국토부의 공업지역 활성화 시범사업 공모에 선정되었으며, 2020년 5월에는 부산시와 LH공사, 영도구, 사상구 간에 업무협약(MOU)을 체결하고, 2020년 6월에는 공업지역 활성화 시범사업을 위해 제1차 민·관협의체 회의를 열었다.

2020년 11월에는 기본계획수립 및 LH공사에 용역의뢰를 해서 사업 타당성 조사를 시행했다. 2021년 1월에는 사업 대상 부지를 매입하고, LH공사와 1,542억 원에 계약을 체결했다. 2021년 2월에는 공업지역 활성화 시범사업을 위한 제2차 민·관협의체 회의를 열었고, 2021년 7월에는 부산시가 '영도 공업지역 활성화 계획'을 발표했다.

2021년에 부산시가 한국개발연구원(KDI)에 예비타당성조사를 신청했으며, 2022년에서 25년까지 산업혁신구역 지정을 추진하고, 인허가승인 신청 후 착공할 예정이다.

공동체 강화를 통한 정주 여건 개선-베리베리굿 봉산마을

과거 조선업이 활황일 때 활기찼던 봉래 2동 9, 10, 11, 13통 일대의 근로자들 거주지가 조선업 불황과 고령화로 네 집 건너 한 집이 빈집이 된 마을로 전락했다. 영도구는 이 문제를 해결하기 위해 주거 지원과 생활 환경 개선 등 지역 역량 강화를 위해 '베리베리굿 봉산마을' 사업을 시작했다.

봉산마을 행복주택 조감도

2017년 9월에서 12월까지 봉산마을 주민협의회와 '우리가 협동조합'을 창립했다. 2019년 10월에서 11월까지 8회에 걸쳐 봉산마을 미래 그리기 워크숍을 열어 '빈집 줄게 살러 올래', '마을작물 활용안' 등 다양한 아이디어를 발굴했다. 2019년 12월에서 2020년 12월까지 '빈집활용 아이디어 공모전'을 열어 40팀이 참가해서 8팀을 선정했고, 6회의 봉산마을 주민 되기 워크숍과 5회의 빈집재생학교를 열었다. 폐가나 빈집 중에서 7개소의 빈집을 재생했고, 화합 마을잔치 등을 개최했다.

'청년을 위한 마을'을 만들기 위해 빈집재생 및 10호의 대안 주택을 건설했고, '어린이와 환경, 미래가 있는 마을'을 만들기 위해 어린이 북카페와 공동작업장, 스마트 온실 등을 조성했다. 또한 '특색있는 지역'을 만들기 위해 블루베리 농장, 어르신 돌봄을 위한 마을상담소 운영, 바리스타 교육, 23명의 주민 강사 양성 등 협동조합을 통해 지속 가능한 마을로 거듭나기 위해 노력하고 있다.

건강한 노년을 위한 '노인 맞춤형 서비스' 제공

2019년 7월, 영도구는 21개소 경로당에 운동기구를 설치하고, 건강증진 프로그램 운영하기 위해 '실버 스포츠센터' 구축을 위한 계획을 수립했다. 그리고 실버 스포츠센터 9개소를 열었으며, 2022년까지 12개소를 추가로 설립해서 운영할 계획이다. 또한, 노인복지를 원스톱으로 지원하기 위해 '노인 종합지원센터'를 운영하고 있다.

김철훈 구청장은 "일신우일신(日新又日新)의 자세로 구민의 목소리에 귀 기울이며, 영도 곳곳에서 진행되는 도시재생 사업을 성공적으로 추진해서 구민이 중심되는 영도구의 행복한 미래를 위해 최선을 다하겠다"라고 말했다.

지방의 심폐소생, 지속 가능한 희망자치구, 금정!

금정구는 금정산성이 있는 곳으로 수려한 자연경관과 천년고찰 범어사로 유명한 지역이다.

금정구(구청장 정미영)는 지역주민이 체감할 수 있는 생활 행정정책을 펼쳐서 오래 살고 싶은 도시, 떠나고 싶지 않은 도시를 만들 계획이다. 지방소멸에 대응하고자 '인구유출 방지 및 신규 인구 유입'을 위한 생활정책을 도입했다.

생활하기 좋은 주거 안정화 도모	+	어린이+여성+가족이 안심된 환경 실현	+	지속가능한 일자리·문화 생태계 조성

2년 연속 전국 최저관리비와 생활하기 좋은 주거 안정화 도모

주민의 50% 이상이 공동주택에 거주하고 있는 금정구는 '아파트 관리비 다이어트 프로젝트'를 실시했다. 2018년 7월 24일, 부산시 최초로 구청에 전담부서인 '공동주택 관리지원팀'을 신설했다. 외부 전문가로 구성된 공동주택 관리지원팀을 신설해서 찾아가는 현장, 맞춤형 컨설팅을 운영했다. 아파트관리비 절감 안내서와 컨설팅 사례집을 제작해서 전국에 배포했다.

또한, 전국 최초로 공동주택 6개 단지 568세대의 전기설비 개선사업을 시행했고, 24개 단지에 대해 공동주택 관리지원사업을 했으며, 54개 아파트에 공동주택 관리실태에 관한 현장방문 조사를 했다.

부산 최초로 공동주택계약원가 자문서비스를 운영해서 31개 단지에서 약 6,800만 원을 감액하고, 전국 최초로 관리비 공개대상 공동주택에 대한 실무자 교육을 8회 실시했다. 공동주택 선거관리에 전자투표를 지원했다. 또한, 부산 최초로 공동주택 경비원의 근무실태를 조사하고, 근무환경

개선사업을 추진하는 등 '갈등 해소와 소통·화합하는 맑은 아파트 만들기 지원사업'을 펼쳤다.

아이 키우기 좋고, 여성과 가족 모두가 안전한 주거환경 실현

금정구는 공보육 강화로 질 높은 보육서비스를 제공하고, 아동과 청소년을 위한 차별화된 교육환경 조성을 위해 15개소의 공립어린이집을 확충했다. 맞벌이 부부에게 특화된 '다 함께 돌봄센터'를 부산시 최초로 운영하고, 육아 종합지원센터를 건립하고 '금정 다행복교육지원센터'와 '육아 아빠단'을 운영하고 있다.

여성과 가족 친화적인 안전도시를 구현하기 위해 안심 무인택배함, 대학가 안심 존(zone), 방범 CCTV 설치, 구민안전보험 등을 운영하고 있다.

또한, 마을공동체를 거점으로 걸어서 10분 안에 공립도서관 16개와 사립도서관 24개 등 총 40개의 작은 도서관을 확충해서 독서+교육+돌봄을 결합한 '방과 후 독서·안심 돌봄 교실'을 운영하고 있다. 노인 일자리 창출을 위해 '시니어 북 딜리버리' 사업과 전국 최초로 '독거노인 책 배달 안부사업'을 실시해서 전국으로 확대하고 있다.

금정구에서는 마을 문제를 주민 스스로 해결할 수 있도록 '마을 문제 해결단'을 운영하고 있다. 16개 동에서 310명이 참여하여 전국주민자치 활성화의 모범사례로 선정되기도 했다.

북파크 작은 도서관

기부를 통한 지방재정 확충과 주민 스스로 안전환경 만들기에 동참하여 2020년에 2건 12억5천5백만 원, 2021년엔 8건 16억2천2백만 원의 기금을 모아 버스 승차장 설치와 마스크 무료 나눔 등의 성과를 이뤄냈다. 이를 위해 2021년 4월 25일, 국제신문에 정미영 구청장이 '고향 사랑 기부금도입촉구기고문'을 게재했으며, 2021년 9월 28일에는 국회 본회의에서 '고향 사랑 기부금 법'이 통과되어 2023년부터 시행하게 되었다.

지속 가능한 일자리로 모이고 떠나지 않는 문화생태계 조성

금정구는 청년 문제 해결을 위한 전담부서인 '청년지원팀'을 신설했다. 관내에 있는 4개 대학교와 3개 특성화고등학교에 '청년 스타 업'을 지원해서 10,170개의 일자리를 창출했다. '청년 창조발전소 꿈터플러스'와 창업문화촌, 청년센터 등을 통해 청년창업을 지원하고, 청년이 모이는 일자리 정책을 시행하고 있다.

또한, 중소기업 중심의 금사공단에 기업하기 좋은 환경을 조성해서 7,566명의 일자리를 만들고, 경력단절 여성들에게 간병 훈련 교육을 통해 보건 케어 전문인력으로 양성해서 신중년의 사회공헌 일자리를 만드는 등 지역과 산업 수요를 반영한 맞춤형 일자리를 창출했다.

1인 가구가 많은 대학가 내 청년 거점 공간 '장전 생활문화센터'와 전 세대 참여형 복합공간 '금정 세대공감 센터' 협업으로 이룬 터널 위에 전국 최초로 도서관을 건립하는 등 일상을 함께하는 복합문화공간을 조성하여 메이커 스페이스를 구축하고 있다.

청년 창조발전소 꿈터플러스

금정구의 적극적인 행정으로 2년 연속, 평균 관리비가 전국 최저수준을 달성했으며, 42개의 작은 도서관과 복합커뮤니티 센터가 이웃 간에 소통하고 공유할 수 있는 마을공동체 허브로 자리매김했다. 또한, 부산시 최초이자 전국에서 3번째로 유니세프로부터 '아동 친화 도시'로 재인증받았고, 공립어린이집과 공공형 어린이집을 15개소 확충하여 아이 키우기 좋고 안전한 환경을 조성했다. 이러한 좋은 결과들로 2021년 5월에, 아동 친화적 환경조성 유공으로 선정되어 '보건복지부 장관상'을 수상했다.

정미영 구청장은 "금정구의 발전을 위해서 주인이 중심이 되는 마을공동체의 역할이 반드시 필요하며, 앞으로도 마을공동체 발전을 위한 모든 지원을 아끼지 않겠다"라고 말했다.

365일 연중무휴 기장형 초등돌봄교실

기장군은 부산광역시 동북쪽에 있는 군(郡)이다. 부산광역시에 있는 유일한 군이며, 대한민국에서 인구밀도가 가장 높은 군이기도 하다. 부산 강서구와 함께 인구가 늘고 있는 기초자치단체로 출산율 역시 1.78%로 전국에서 상위권에 속한다. 또한, 기장군에는 기장읍, 장안읍, 정관읍, 일광면, 철마면이 있는데, 전국에서 읍이 면보다 많은 지역 중 하나이다.

기장군(군수 오규석)은 저출산과 인구 감소를 극복하기 위해 가정의 육아 부담을 줄이고, 공급자 중심의 돌봄에서 수요자 중심의 틈새 없는 돌봄으로 전환하기 위해 '365일 연중무휴 기장형 초등돌봄교실'을 운영하고 있다. 학교와 교육청, 지자체 간에 협력체계를 구축해서 공적 돌봄 제공을 확대했다. 그 결과로 학부모의 사교육 의존도와 가정 양육비 부담을 낮출 수 있게 되었다.

핵가족화 심화와 여성 경제활동 인구증가 등 양육환경의 변화에 따라 초등돌봄에 대한 사회적 요구가 점점 증가하고 있다. 영·유아 보육 지원보다 초등학생 돌봄 지원은 상대적으로 부족해서 방과 후나 방학 중에 돌봄의 사각지대가 발생하고 있는 것이 사실이다. 이런 점을 고려해서 기장군은 돌봄 기관 간에 분절적 사업추진을 해소하고, 수요자인 아동 중심의 돌봄 서비스 제공을 위해 지역 단위의 돌봄 체계인 '365일 연중무휴 기장형 초등돌봄교실'을 운영하고 있다.

기장군 아동 인구변화 추이(2020년 12월 기준)

연령별	2017	2018	2019	2020
합 계	25,149	25,171	24,305	24,966
영·유아(0세~6세)	14,487	13,752	12,368	12,456
초등학생(7세~12세)	10,662	11,419	11,937	12,510

저출산 영향으로 전국적으로 아동 수는 줄어들고 있으나, 기장군은 정관신도시, 일광신도시 등 대단지 아파트 입주로 초등학생 수가 지속해서 증가하고 있다. 그래서 전국 평균연령은 43.1세인데 반해 기장군의 평균연령은 41.5세이다. 그중에서 정관읍의 평균연령은 36.6세로 전국 최저 연령이다.

일광면의 경우 2020년 1월, 평균연령은 50.2세였으나 신도시 아파트 입주가 시작되면서 2020년 11월 기준, 평균연령은 41.2세로 하향되어 젊은 층의 유입이 가속화되고 있음을 알 수 있다.

관내 공적 돌봄 기관 현황(2020년 9월 기준)

계		지역아동센터		다 함께 돌봄센터		방과 후 아카데미	
개소 수	인원	개소	인원	개소	인원	개소	인원
13	320	10	240	1	20	2	60

관내 초등돌봄교실 현황(2020년 9월 기준)

지역	학교명	학생 수	돌봄교실수	이용 인원	지역	학교명	학생 수	돌봄 교실수	이용 인원
기장	교리초	808	3	73	정관	가동초	1,117	2	37
	기장초	719	2	42		달산초	696	3	78
	내리초	170	1	24		모전초	1,603	5	107
	대청초	609	2	50		방곡초	1,048	4	100
	용암초	75	3	65		신정초	832	2	44
	죽성초	60	2	49		월평초	110	2	50
일광	칠암초	75	3	59		정관초	1,343	4	66
	일광초	585	1	20		정원초	1,452	2	56
장안	월내초	192	1	22	철마	신진초	226	2	49
	장안초	59	1	15		철마초	82	2	68
	좌천초	53	2	28	합계		11,914		1,102

해마다 늘어나고 있는 초등학생 수를 고려하지 않더라도, 관내 초등학생 수 대비 학교 돌봄 이용 인원은 9.2%에 불과하다. 1학년에서 3학년까지

저녁 돌봄 급식 제공 모습

저학년 비중을 고려하더라도 20%에 미치지 못한다는 것은 아동 수와 비교해서 공급이 턱없이 부족하다는 것을 알 수 있다.

학령인구 감소에도 불구하고 '초등돌봄교실'에 참여하려는 수요는 지속해서 증가하고 있는 것이 전국적인 현상이다. '2021년도 범정부 온종일 돌봄 수요조사' 결과 선호하는 돌봄서비스 유형으로 초등돌봄교실이 압도적으로 높게 나타났다. 돌봄서비스 필요시간은 오후 5시까지, 돌봄이 필요한 가구 유형으로는 맞벌이 가족이 가장 높게 나타났다.

공적 돌봄서비스를 제공하지 않을 경우, 돌봄의 공백이 배움의 사회적 격차로 나타날 가능성이 커진다는 우려가 있다. 이를 극복하고 안정된 돌봄서비스를 지속해서 제공하기 위해 기장군은 2020년 11월, 기장군과 부산광역시 교육청 간에 '기장형 초등돌봄교실' 운영에 관한 협약을 맺었다.

그리고 2021년 2월, 기장군과 해운대교육지원청, 해빛초등학교 간에 '기장형 초등돌봄교실'의 세부적인 추진에 관한 협약을 체결해서 마침내 2021년 3월, '기장형 초등돌봄교실'을 개소했다.

기장형 초등돌봄교실

구 분	학기 중			방학 중	토/일 공휴일
	아침 돌봄	오후 돌봄	저녁 돌봄		
운영시간	07:30~08:30	13시~17시	17시~20시	9~18시	9~18시
대상	해빛초등학생		인근 초등학생		

'기장형 초등돌봄교실'은 초등교사 자격증을 소지한 돌봄 교사를 한 교

실당 2명을 배치하고, 매일 문화, 예술, 체육 등 다양한 프로그램을 전문 강사들이 진행하며, 질 좋은 급식과 간식을 무료로 제공한다. 일과시간 후 아이들의 안전을 책임질 돌봄 보안관을 배치하고, 입실과 퇴실 시 학부모에게 문자를 전송한다. 또한, 등·하교 시 셔틀버스를 운영해서 학생들의 안전을 도모하는 등 '기장형 돌봄서비스'만의 차별화된 서비스를 제공하고 있다.

기장군은 해빛초등학교에서 돌봄 교실을 시범 운영한 뒤, 학교 밖 돌봄 서비스 및 지역 자원과 연계를 통한 '교육문화 타운' 등 돌봄 교실을 점진적으로 확대해 나갈 방침이다. 2025년까지 기존 센터를 포함해서 지역 내에 최소 5곳의 '다 함께 돌봄센터'를 마련한다는 계획이다.

오규석 기장군수는 "우리 지역의 주인이 될 아이들이 안전하고 빈틈없는 돌봄 속에서 건강하게 성장할 수 있도록 최선을 다하겠다"라고 말했다.

울주형 생애주기 맞춤형 인구정책[1]

울주군(군수 이선호)에 있는 간절곶은 대한민국 동해안에서 제일 먼저 떠오르는 해를 볼 수 있는 곳이다. 영일만의 호미곶보다 1분 빠르고, 강릉의 정동진보다도 5분 빨리 해돋이가 시작된다.

세계적인 저성장과 경제위기, 감염병, 고용불안, 일자리 위협 등으로 사회경제적 불확실성이 심화하고 있다. 울주군 역시 이런 문제에 직면해 있다. 온산 국가산업단지의 노후화, 청년층 이탈, 저출생, 고령화 문제를 해결하기 위해 울주군의 창의적인 정책기획과 주도적인 역할이 필요해졌다.

울주군은 출생부터 노후까지 전 생애에 걸쳐 수요자 중심의 '울주형 생애주기 맞춤형 인구정책' 사업을 시작했다. 전 계층, 전 세대의 권리를 보호하고, 인구위기에 선제적으로 대응해서 미래가 있는 살만한 지방을 조성하기 위한 사업이다.

자치분권 위원장 상 수상

'울주형 생애주기 맞춤형 인구정책'은 아동, 청소년, 청년 등 모두가 자신의 꿈과 역량을 실현할 수 있도록 보편적 정책을 적극적으로 지원해서 모두에게 균등한 기회를 보장하는 실질적 민주주의 실현을 목표로 한다. 냉철하게 지역 문제를 파악하고, 획일적인 출산장려 위주의 정책에 대한 반성을 통해 임기응변적, 단편적인 정책에서 벗어나 수

1) 대한민국 좋은 정책대상 최우수상 선정

요자 중심의 미래가 있는 융합적인 인구정책을 수립하고 추진하는 것이다.

2018년 7월부터, 울주군 단체장은 30회에 걸친 공식인터뷰를 통해 '아이 낳고 키우기 좋은 울주군'을 조성하겠다고 선언했다. 관련 공약 32개와 관련 정책을 확대하고, 25개 중점사업을 추진하고 있다. 공약 및 관련 정책 수립 시 정기적, 상시적인 주민참여의 통로를 확보하고 의견을 수렴했다. 저출생과 일자리, 주거 등 다양한 정책융합과 체계적 기획, 행정협업을 통해 인구정책을 수립했다.

청년이 비혼을 택할 수밖에 없는 생애 전반의 문제들을 10단계로 분석해서 생애주기에 맞는 대응책을 민·관 협업을 통해 추진하고 있다.

10단계 생애주기 추진정책

항목	문제 상황	추진(대응)정책
1	취업난, 청년 정책 부족	☞ 청년의 꿈을 펼칠 수 있는 기반마련, 참여·취업에 공정한 기회제공 ① 대학생 장학사업(연 750명, 150만원/연 예산 8억 원) ② 청년센터 운영 ③ 청년 정책 네트워크 ④ 청년참여 예산제 ⑤ 중소기업 청년인턴 ⑥ 청년창업아카데미 ⑦ 청년창업공간조성 ⑧ 창업·일자리 종합지원센터건립–일자리 25,913개 창출, 전국지자체 일자리 대상 최우수상 수상
2	청년이 원하는 일자리 부족	☞ 산업구조변화에 맞는 미래 신산업 중심 일자리 기반마련 ① 미래형 전지, 소재부품 혁신기지 ② 강소연구개발 특구지정 ③ 드론 특구지정 ④ 울주형 스마트 팜 단지 ⑤'울주형 신산업 그린 일자리 모델' 개발 ⑥ 에너지융합산업단지 준공 ⑦ 지역대학 맞춤 산업인재육성
3	천정부지 집값, 갈 곳 없는청춘	☞ 공공주택·인프라조성으로 안정적인 주거정책과 지역균형발전 도모 ① 공공택지(거점형 공공타운하우스 등 6개 지구, 4만5천 가구 규모의 공공 주거 단지)조성·유치 ② 첨단산업단지 7개소 조성·유치 ③ 도시개발사업 추진(역세권, 율현지구 복합개발)

4	신혼집 마련 어려움	☞ 신혼부부 주거기본권 보장, 주택마련비 지원 ① 신혼부부 주택대출이자 지원(2억 원 한도, 최대2% 4년간/ 471세대 지원) ② 주거(관리비) 지원(9만 원)
5	결혼식 비용	☞ 작은결혼식 지원 ① 웨딩비(3백만 원) 지원 ② 공공시설 무료대관
6	임신의 어려움	☞ 임신을 응원하는 전국 최초 사업추진 난임부부 진료교통비 지원(최대10회, 회당 5만 원/ 4,667건 1,407백만 원 지원)
7	출산과 양육비 부담	☞ 출산부터 양육까지 보편적·체계적인 돌봄과 지원 ① 첫아이 출산가정 산모와 신생아를 위한 건강관리사 지원(소득무관, 5억 원/344건) ② 출산축하금 확대 ③ 국공립 어린이집 확대(12개소/20억 원) ④ 장난감 도서관 ⑤ 셋째 자녀 이상 입학축하금 ⑥ 육아 종합지원센터를 3개소 확대 ⑦ 야간 돌봄센터, 다 함께 돌봄센터(6개소)
8	청소년 사교육비 부담	☞ 사교육 없이 누구나 누리는 양질의 보편적 교육복지로 미래 인재양성 ① 청소년 성장지원금(만18세, 100만 원씩) ② 무상교복·급식·교육 ③ 양질의 특화된 공교육(과학 멘토링, 영어캠프, 강남 인강 지원, 4차산업혁명 체험실 등 13개 사업/28억 원) ④ 마을 교육 공동체 활성화등
9	육아로인한 경력단절	☞ 경력단절 여성의 꿈을 찾아주는 취업 프로그램 운영 ① 경단녀 취업 패키지 ② 맞춤형 전문인력 육성(3개 대학, 9개 과정, 450명)
10	노후건강, 소득, 일자리	☞ 실버 일자리 · 활기찬 여가 지원, 종합병원 유치로 안정된 노후보장 ① 공공산재병원 유치 ② 찾아가는 검진 버스 ③ 즐겁고 신나는 노후지원(건강도우미, 효 헤어샵, 효도이용권, 노인 일자리 확대 등)

울주군의 이러한 적극적인 정책으로 인해 2018년 대비 출생아 수 및 합계출산율의 감소 폭을 저지할 수 있었다. 공공주택 4만5천 호를 유치해서 관외로부터 신혼부부가 62% 유입되었으며, 첨단산업단지 7개소를 조성해서 일자리 25,913개를 창출하는 등 미래기반을 조성했다.

일회성 정책이 아닌 인생 전반에 대한 참신하고 파격적인 정책을 추진한 결과, 인구 유지와 유입의 2트랙 효과가 나타났고 주민의 거주만족도가 91.3%라는 성과를 보였다. 살만한 지방, '울주군민이라서 좋다'는 평가 속에 인구위기에서도 도·농 복합도시에 맞는 융합적 인구정책의 표본이 되고 있다.

참신하고 선제적 정책인 '전국 최초 재난지원금 지원', '청소년 성장지원금' 등으로 전년 동기 25%까지 군내 소비가 증가하여 지역경제 활성화에도 도움을 주었다. 울주군의 '지역 맞춤형 생애주기 인구정책'과 전국 최초 보편적 정책추진은 대한민국의 선도모델로 많은 지자체에 전파되고 있다.

2021년 전국매니페스토 우수공약정책사례에서 인구정책으로 '최우수상' 일자리 정책으로 '우수상'을 수상했다. 2021년, 고용노동부로부터 지자체 일자리 정책으로 '최우수상'을 수상하는 등 인구소멸과 인구위기관리에 대한 대응 능력을 인증받았다.

울주군은 계속해서 다양한 정책대상자의 목소리를 반영해서 사람과 미래가 있는 지방자치를 실현할 예정이다. 인구절벽과 지방소멸에 체계적으로 대응하고, 코로나 팬데믹 후 울주형 뉴딜 일자리 창출 등 민생경제의 신속한 회복을 지원할 계획이다. 이를 위해 울주군은 모두가 꿈과 역량을 실현할 수 있는 살만한 지방 만들기에 총력을 기울이고 있다.

이선호 군수는 "지금 우리나라는 제2의 분단이라고 불릴 정도로 수도권 쏠림현상이 심화하고 있다"라며 "지방이 살려면 근본적으로 청년이 미래를 꿈꿀 수 있고 아이 키우기 좋은 도시로 바꿔야 한다"라고 말했다.

온 가족-이음 프로젝트[1)]

안산시는 녹지율이 높아 다양한 자연의 모습을 품고 있다. 안산을 대표하는 대부도에는 74km에 이르는 대부 해솔길이 조성되어 있어 자연경관을 바라보며 산책하기에 좋다. 구봉도와 탄도항은 낙조가 아름답기로 유명하고, '빛 축제'가 열리는 별빛마을 포토랜드도 인기가 좋다.

안산시(시장 윤화섭)는 코로나19 장기화와 어려운 경제 환경 등으로 무너져 가는 세대와 가족을 이어주는 '온 가족 이음 프로젝트'를 추진하고 있다. 사업별로 주민 공청회와 주민 기획단을 구성하고, 관내 25개부서와 20개 유관기관, 단체가 참여해서 80개에 이르는 기관과 협약을 체결했다. 가족 정책 개발 및 의견수렴을 통한 마을총회를 추진하고, 마을연구소, 마을만들기 센터와 함께 전국 유일의 마을 돌봄 프로그램을 개발했다. 이를 통해 시민 스스로 인구와 가족 문제를 해결할 수 있는 추진체계를 구축했다.

안산시는 전 세대를 아우르는 10개의 '온 가족 이음 정책'을 전국 최초로 추진하고 있다.

① 임신부 100원 행복 택시

안산시 소재의 산부인과를 이용하는 모든 임산부에게 '100원 택시'를 지원하고 있다. 이 사업은 보건복지부의 저출산대응사업과 연계하여 타 지방정부로 전파되었다.

② 품 안愛 안심보험

안산시에 거주하는 임산부와 태아에게 최대 1천만 원의 안심보험을 보장하고 있다. 이 사업도 경기도의 지방정부에 우선 전파될 예정이다.

③ 외국인 보육료, 유아 학비 지원

---

1) 대한민국 좋은 정책대상 대상 선정

90일 이상 체류 등록한 외국인 아동에게 보육료와 유아 학비를 지원하는 사업으로 서울시와 경기도의 지방정부에서 우선 도입하고 있다.

④ 아동 인권 보호를 위한 '아동권리과' 신설

전국 최초로 '아동권리과'를 신설해서 아동학대에 대한 감찰 활동 및 교육과 컨설팅을 통해 아동학대를 예방하고 있다. 아동권리과 신설 후 '다 함께 돌봄' 109명, 피해 아동 보호 65명 등 700여 명의 사례를 관리해서 타 지방정부에서 도입하는 계기를 마련했다.

아동친화도시 안산

⑤ 스마트 안심 보육 추진

공정보육을 위해 어린이집에서 보육교사 채용 시 면접관 파견 및 지침을 제공하고, AI CCTV를 이용해 안면인식과 이상행동 감지 시 자동으로 안내해서 어린이 안전을 도모하고 있다. AR·VR을 적용한 스포디(SPODY)와 상상 놀이터 등 증강현실 프로그램을 도입하고, 88억원의 사업비를 투입해 육아 종합지원센터를 건립하고, 2개소의 아이러브맘카페를 여는 등 인프라에 집중적으로 투자하고 있다. AI 어린이집 도입을 발표한 후 10여 개 지방정부가 벤치 마킹하고 있다.

⑥ 대학생 본인 부담 반값 등록금 (3단계 추진)

사회진출도 하기전에 마이너스 인생으로 시작하게 만드는 대학등록금에 대한 부담을 덜어주기 위해 안산시는 관내에 거주하는 대학생의 본인 부담분 50%를 단계적으로 지원하고 있다.

2019년에서 2020년까지 3학기 동안 총 4,494명에게 28억4천만 원을

1단계	2단계	3단계	4단계
국민기초생활 수급권자, 장애인, 다자녀 가정	차상위 계층, 한부모 가정 등 사회적 약자 자녀	소득분위 1~6분위	안산시 내 전체 대학생

지급했고, 2021년 2학기부터 3단계로 확대 시행해서 총 13,736명에게 135억 원을 지급했다. 이는 문재인 정부의 대표적인 청년 공약으로, 지방정부 차원에서 처음으로 시행했다.

⑦ 외국인 생활 안정지원금

코로나19로 일자리를 잃은 외국인에게 대한민국 국민과 똑같이 생활 안정지원금을 지급하고 있다. 2020년, 1인당 7만 원의 생활 안정지원금을 63,025명에게 지급했다. 이를 위해 윤화섭 시장은 4개월 급여의 40%를 기부했고, 업무추진비의 30%를 반납하는 등 다양한 방법으로 재원을 마련했다. 이 사업은 국가인권위원회의 지급 권고 계기를 마련하게 해서 서울시 등에서 우선 도입하고 있다.

⑧ 청년형 누구나 집

반월과 시화의 국가산업단지와 연계하여 직장과 주거가 일치하는 청년 커뮤니티 주거단지를 조성했다. 이는 국토교통부의 새로운 부동산 정책인 '누구나 집'을 지방정부 중에서 유일하게 시유지에 직접 추진한 사례이다.

⑨ 어르신 통합무상교통실현

어르신의 이동권 보장과 교통비 부담을 해소하기 위해 관내에 거주하는 65세 이상의 어르신에게 전철과 버스를 무상으로 이용할 수 있는 카드를 지급했다. 이 사업은 강원도 춘천과 부산시 기장군 등 20여 개 지방정부에서 벤치마킹하고 있다.

⑩ 온-마을 돌봄, 365일 맞춤형 '어르신 행복 안심 주택'

안산시는 전국 최초로 '새로운 마을형 어르신 돌봄 모델'을 개발했다. 온 마을이 함께 어르신을 돌보는 협력체계를 구축하고 민·관 등 60개소와 업무협약을 추진해서 전국에 제1, 2호 '어르신 행복 안심 주택'을 개소해 운영하고 있다. 이 사업은 보건복지부를 통해 전국 50여 개 지방정부가 도입했다.

안산시는 '대학생 등록금 부담 인하', '어르신 치매 걱정 없는 나라' 등 세대별 맞춤 복지를 위한 10여개 사업을 전국 최초로 추진했다. 이 사업들로 '안산이 하면 대한민국의 새로운 표준이 된다'라는 평가를 받고 있다.

윤화섭 시장은 "우리 시의 선도적인 복지정책이 시민 대다수가 생애주기의 전환기에 겪는 어려움을 헤쳐나갈 수 있는 마중물 역할을 해줄 것이다"라며 "앞으로도 시민들에게 실질적으로 도움이 될 수 있는 정책들을 지속해서 발굴하겠다"라고 말했다.

시청률 집계 프로그램 이용

고독사 ZERO 프로젝트

파주시(시장 최종환)는 어느 곳보다도 시간이 더디게 가는 곳이다. 대한민국 유수의 출판사들이 모여있는 출판단지부터 50~60년대에 사랑받은 장난감과 추억의 물품을 만나볼 수 있는 한국근현대사박물관까지 느린 감성이 짙게 묻어나는 곳이다. 그리고 분단의 상징이자 통일의 염원이 담긴 임진각이 있는 곳이 파주시이다.

파주시 파평면의 경우 65세 이상 인구가 35%일 정도로 노령 인구 비율이 높으며, 이들 중 상당수는 홀로 사는 독거노인이다. 주변 사람들과 단절된 채 홀로 쓸쓸하게 사망하는 것을 '고독사'라고 하는데, 2021년 한 해에만 전국에서 4,700명이 '고독사'했다는 통계가 있다. 이는 하루에 11명, 2시간마다 한 명씩 아무도 모르게 죽어가고 있다. 파주시에서도 2017년 24명, 2018년 31명, 2019년엔 41명으로 해마다 늘고 있는데, 특히 고령화로 인한 고독사가 지속해서 증가하고 있다.

2020년 2월부터 12월까지 파평면 65세 이상 저소득 1인 가구를 대상으로 KT와 ATAM(시청률 집계기관), 주민자치회와 협업해서 '고독사 Zero 프로젝트'를 진행했다. 독거노인 가구에 TV 시청률 집계프로그램인 '피플미터'기를 설치했다. 만약 아침에 TV를 켜지 않거나, 채널이 3시간 이상 변경되지 않으면 주민위원회에 통보해서 위험 상황이 발생할 시 신속하게 대처할 수 있는 체계를 구축했다. 또한, 정규 방송으로 보는 프로그램을 재방송으로 보는 비율이 높아지면 치매로 의심해서 별도로 관리하고 있다.

파주시는 고독사를 줄일 수 있는 획기적인 아이디어 실현을 위해 다음과 같은 절차를 밟았다.

2020년 2월 11일
시청률 집계기관 ATAM과 협의

2021년 6월 21일
고독사방지 사회단체 협약

2021년 9월 23일
개인 정보 동의 및 안심 서비스 등록

2021년 9월 28일
고독사방지 KT와 업무협의

2020년 2월 11일, 시청률 집계기관 ATAM과 실현 가능성 확인 및 업무 협의에 들어갔다. 3월 11일, '고독사 ZERO 프로젝트'와 관련해 독거노인 종합지원센터에 자문을 요청했으며, 6월 21일 ATAM과 파평면, 주민자치회, 이장단, 지역사회보장협의체 등 관계기관과 협약체결을 하였다. 8월 16일, 동국대학교 일산병원 신경과와 연구 협업을 하고, 8월 26일 고독사 ZERO 관련된 실무회의를 통해 기관별로 역할분담을 하고 대상을 확정했다. 9월 23일, 참여한 30가구에 대한 개인정보 수집 동의 및 생활방식 분석에 대한 동의를 구했다. 2021년 9월 28일, KT 통신사 파주지점과 통신료에 대한 업무협의를 마쳤다.

이를 통해 파주시는 '고독사 Zero 프로젝트'에 대한 추진체계를 완성했다. 아이디어는 있지만, 실현 가능한 기술력이 부족해서 추진이 미비했던 사업을 시청률 집계기관 ATAM과 KT, 일산병원 등의 협업으로 해결할 수 있었다.

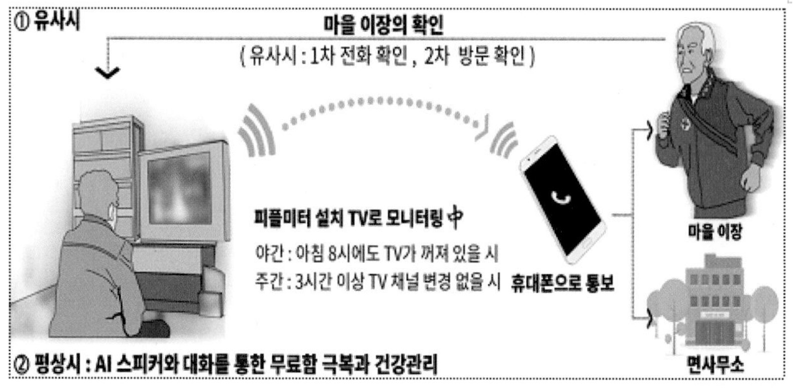

파주시는 계속 고독사 제로 프로그램을 운영해서 독거노인에게 고독사에 대한 두려움을 덜어주고 보다 편한 마음으로 남은 삶을 즐길 수 있도록 도울 계획이다.

최종환 시장은 "어느덧 민선 7기 4년 차에 접어들었지만, 초심으로 돌아가 앞으로 더욱 취약계층을 돌보고 복지 사각지대에 놓여 있는 주민의 삶을 살피며 더 나은 환경을 제공하도록 노력하겠다"라고 말했다.

영월 청정밸리 조성사업

영월군에는 작은 한반도가 숨어있다. 멀리서도 물속이 훤히 들여다보일 만큼 맑은 평창강이 둘러싸고 있는 선암마을은 한반도를 빼닮아 '한반도 지형'이라는 이름을 갖고 있다. 약 5억 년 전에 형성된 것으로 추정되는 '고씨동굴'은 석회동굴로 천연기념물로 지정되었다. 단종의 유배지 '청룡포'와 그의 능인 '장릉'이 있다.

영월군 청년사업단은 청년에 대한 종합적이고 체계적인 지원을 통해 외지 청년과 지역 청년이 정착하기 좋은 '영월 청정(靑停)밸리'를 조성했다.

영월군(군수 최명서)은 2021년부터 2024년까지 영월군 일원에 국비 55억 원과 지방비 205억 원, 총사업비 260억 원을 투입해 청년문화와 일자리, 주거, 참여, 교육 등 5대 분야에서 다양한 사업을 추진하고 있다.

청년의 유입을 늘리고, 청년의 참여 확대와 자립기반을 형성할 수 있는 청년 사업의 제도적 기반을 마련하기 위해 2020년 6월 5일, '영월군 청년 기본조례'를 제정했고, 2021년 4월 1일, 영월군 청년사업단 발족과 청년 소통공간인 '영월군 청정지대'를 개소했다. 2021년 6월, 영월군 청년 정책 기본 계획(2021년~2025년)을 수립했다.

청년문화 조성

청년역량을 강화할 수 있도록 6억 원을 들여서 힐링캠프와 원격근무를 지원하고 소통 교류를 위한 '커뮤니티 펍'을 운영했다. 커뮤니티 펍은 9회 동안 175명, 청년 힐링캠프는 2회 43명, 청년 유입 활성화(레지던스 in 영월)에 7팀이 참여했다.

청년 일자리 및 창업생태계 조성

15억 원의 사업비를 투입해서 495㎡의 청정밸리 청년센터를 건립하고 장비를 구매했다. 또한, 6억 원을 투자해서 10개소의 레지던스 공간을 조성했다. 지역대학인 세경대학과 연계해서 일자리 교류센터를 조성하고, 서울시 지역 상생 일자리 및 창업지원 사업과 연계하여 청년창업의 스케일업(scale up)을 지원하는 사업을 펼쳤다.

강원 청년 일자리 창출 42명, 서울시 지역 상생 일자리 사업 11명, 청년창업 지원사업 9팀, 임차보증금 지원사업 6팀, 지역 자원연계형 청년창업 지원(Next Local) 3팀(1차 심사), 취업과 창업 정보교류를 위한 청년 일자리 교류센터 건립, 청년창업 스케일업 지원을 위한 HW 5팀, SW 2팀, 아이디어스(주로 핸드메이드 제품을 판매하는 쇼핑몰 플랫폼) 입점 수수료 지원 등을 통해 온라인 마케터 활성화를 지원했다.

안정적인 주거 조성

청년행복주택 100호를 건립해서 청년들의 안정적인 주거공간을 제공할 예정으로 토지보상과 건축설계를 공모 중이다.

청년 교육

3억 원을 투입해서 청년 멘토 학교(지식창업)를 지원하고 청년 클래스를 운영하고 있다.

청년 참여

청정밸리(NPO) 구성에 3억 원을 투입해 영월 청년 정책 네트워크를 구성해서 3개 분과에서 30명이 활동하고 있다. 영월 청년포털을 구축하고 운영해서 소통의 공간을 마련했다.

영월군은 지역 특성과 청년의 수요를 반영한 청년 친화적인 정책을 발굴하고 실현해서 영월 청정밸리 조성사업을 지속해서 추진할 계획이다.

제1기 청년 정책 네트워크 발대식

영월 청정밸리 조성사업은 2021년 11월 12일, 한국벤처창업학회에서 주관하는 벤처창업진흥대상 시상식에서 '벤처창업진흥특별상'을 수상했다.

최명서 군수는 시상식에서 "지역 내 청년이 희망을 품고 살아갈 수 있는 풍토를 조성하겠다. 그리고 고향을 떠난 청년이 다시 고향으로 돌아와서 정착할 수 있도록 창업지원은 물론 지역 정착에 필요한 다양한 서비스를 종합적으로 지원하겠다. 영월이 가진 자원을 활용해 개방적이고 관용적인 풍토 속에서 젊은 영월을 만들기 위해 끊임없이 노력하겠다"라고 밝혔다.

내장산-문화광장-용산호 트라이앵글 관광벨트 구축

정읍은 동학혁명의 역사를 고스란히 간직하고 있는 곳이다. 덕천면 하학리에 있는 황토현 고개는 동학 혁명군의 비극적인 최후를 간직한 곳이다. 오늘날까지 전해지는 유일한 백제 가요인 '정읍사(井邑詞)'가 생긴 곳에 조성된 정읍사문화공원이 있다.

정읍은 천혜의 자연자원인 내장산의 단풍으로 유명하다. 주로 가을철에만 관광객들이 찾고 있어 지역경제에 별다른 도움을 주지 못하는 상황이다. 그래서 정읍시(시장 유진섭)는 2020년부터 2023년까지 내장산문화광장과 용산호 일대에 466억 원을 투입해서 관광 활성화를 위한 다양한 사업을 시행하고 있다.

내장산 문화광장에 순환 열차(L=2.2㎞ / 72인 규모)와 레일바이크를 설치하고, 범퍼 보트, 수상레저 체험공간 등 놀이시설을 확충했다. 또한, 문화광장에 친수공간(L=70m, B=20m~25m)을 조성하기 위해 아치형 석교, 원형 분수, 야간경관조명 등을 설치했다. 내장산 워터파크를 만들기 위해 음악분수, 바닥분수, 야외공연장과 대형광장을 조성했다.

차향다원(족욕카페, 임산물 선별 가공실), 차향문화관(다도체험실, 실습실, 세미나실), 향기식물원, 녹지공간 등 임산물 체험단지를 조성하였다.

카라반, 오토캠핑장 등 82개의 국민 여가 캠핑장을 만들고, 아트클라이밍, 암벽등반, 스크린 축구 등 17종, 39개의 실내놀이시설이 갖춰진 천사히어로즈 복합놀이시설을 확충했다.

2023년도까지 내장산리조트에 인접한 수변공간에 5,700㎡ 규모의 낭만 모래사장과 생명의 나무 전망대, 미르샘 분수, 감성 포토존, 물빛무대, 뿌리데크, 야간경관조명 등 친환경 생태 웰빙 공간을 조성할 예정이다. 또한, 빛과 소리, 향기를 접목한 오감형 실감 문화콘텐츠의 전시 및 체험시설

내장산 문화광장

용산호 미르샘 분수

을 갖춘 디지털미디어아트센터를 문화광장 일원에 건립하고 있다.

정읍시는 2023년까지 내장산과 용산호, 문화광장을 잇는 관광벨트를 구축하여, 계절에 구애받지 않고 언제나 즐겁고 편안하게 쉴 수 있는 2박 3일 관광코스를 개발하고 있다. 정읍은 내장산이라는 이미지에서 탈피하여 트렌드한 놀거리와 먹거리, 볼거리를 보강하여 전국적인 관광명소로 도약시킬 계획이다.

유진섭 시장은 "내장산리조트를 중심으로 사계절 체류형 관광도시를 만들어 지역경제에 활력을 불어넣겠다"라고 밝혔다.

곡성형 창의교육 생태계 구축

영화 <곡성>의 촬영지로 더욱 유명해진 곡성군은 전성기에 인구가 11만 명에 이르렀다. 하지만 2018년 2월에 처음으로 3만 명이 깨지면서 계속 감소 중이다.

곡성군(군수 유근기)은 '군민행복지수 1위 곡성'을 군정 목표로 삼았다. 목표실현을 위한 백년대계 일환과 지방소멸대응책을 '교육'에서 찾았다. 교육 때문에 청년이 떠나지 않고 돌아오는 선순환 구조의 곡성을 만들고자 민·관·학의 협력으로 '곡성군 미래교육재단'을 전국 최초로 출범시켰다. 재단설립으로 지역 내에 일자리를 창출하고 인구 유지효과를 내서 '2020 지역재생잠재력지수' 1.65를 기록했다. 전국 상위 20% 이내로 인구증가 측면에서 긍정적인 평가를 받고 있다.

1단계로 곡성군과 교육지원청의 협업으로 '곡성미래교육협력센터'를 2019년 3월에 개소해서 운영하고 있다.

2020년 12월 15일,
곡성군 미래교육재단 출범 및 비전 선포식

2단계로 '사람과 미래를 잇는 즐거운 교육도시'라는 비전으로 2020년 6월에 전국 최초로 군·교육청·민간 협의체인 '곡성군 미래교육재단'이 을 출범시켰다.

교육 정보의 주체로서 곡성교육포털, 꿈놀자 홈페이지와 블로그를 운영하고, **참여의 주체**로서 토란도란 협의회, 마을 학교 정기모임, 청소년의회를 통해 관·학(군수, 교육장) 협업체계를 구축하고 월 1회 모임을 정례화하고 있다. **사업의 주체**로서 아이들이 만드는 놀이터, 내그린학교, 청소년성장박람회를 운영하는 등 누구나 지역교육의 주체가 되는 교육 공동체를 조성했다.

누구나 참여할 수 있는 좋은 교육을 표방하며 청소년관현악단, 꿈놀자학교, 꿈키움마루를 운영하고 있다. 그리고 지역의 힘으로 지역교육을 강화하기 위해 기초학력 강사를 양성하고, 초등 기초문해력을 보강하고, 곡성교육행복공동체, 곡성사람 행복 안다미로(담은 것이 그릇에 넘치도록 많이)를 조직하는 등 아무도 소외당하지 않고 모두가 성장하는 학습사회 공동체를 강화했다.

최소 6개월 이상 곡성에 체류할 수 있도록 전남교육청과 연계하여 농촌 유학희망 가족을 전국적으로 모집하는 등 체류형 농촌 유학을 시범 추진하고 있다. 마을 교육공동체와 연계하여 마을공동체 민간조직 '마을넷'을 지원해서 지역 성장과 함께하는 연대와 협력의 교육을 추진하고 있다.

곡성군은 초등학교과 연계해 트리클라이밍, 숲오리엔티어링 등 숲·생태교육을 63회 운영해서 1,073명이 참여했다. 중등 자유 학년제와 연계해 관내의 중학교 320명에게 진로교육을 24회 실시했다. 학교와 지역을 연계하는 자연 속 창의교육인 '꿈놀자학교' 채널을 4개 운영해서 구독자 수가 1,296명에 달했다.

2021년 8월 24일에는 4차산업 대응 교육인 '곡성 꿈키움마루'를 개관해서 AR·VR체험, 스마트 팜, 청소년진로체험 플랫폼인 창의·융합 교육 체험센터로 활용하고 있다.

전라남도 교육청 주관인 전남농산어촌유학마을 공모에 선정되었고, 2021년엔 행정안전부의 인구감소지역 통합지원사업에 선정되어 작은 학교와 지역을 살리는 '곡성유학'을 운영하고 있다.

군립 청소년관현악단을 창립하고, 진로와 연계해서 청소년에게 연극과 예술 교육을 실시하는 등 청소년 예술교육을 강화하고 있다.

18개의 평생학습 동아리에서 234명, 19개 학습공동체에서 165명에게 지역전문가 행복안다미로 교육을 추진하는 등 곡성 교육공동체를 운영하고 있다. 또한, 300건의 기부로 3억4백만 원을 모금하는 등 건강하고 자발적인 기부문화를 확산하고 있다.

곡성군은 '마을교육공동체+마을공동체' 형태로 주민자치와 교육자치를 통합하고, 주민이 제안하는 교육정책과 사업 분야를 확대하고 있다. 정책제안을 위한 온라인 시스템을 구축하고, 민·관·학이 교육 주체가 되어 참여하는 미래교육협의회를 구성해서 운영하고 있다. 유아와 초등학생을 위한 '곡성꿈놀자학교'와 중학생과 고등학생을 위한 '꿈키움마루', 그리고 성인 평생교육을 실시하여 곡성형 교육과정을 운영할 계획이다.

곡성군립 청소년관현악단

유근기 군수는 2022년 2월 2일, 차기 지방선거 불출마를 선언하면서 "처음엔 인구소멸을 막기 위해 시작했지만, 결국 교육이 '곡성의 미래다'라는 확신을 가지게 되었다"라며 "교육경쟁력을 강화하여 학령인구를 유입하는 것이 건강한 인구구조를 만들고, 지속 가능한 곡성을 만들 수 있다는 결론을 얻게 되었다"라고 말했다. "도시의 아이들이 학교와 학원에서 입시에만 몰두하고 있을 때, 우리 곡성의 아이들은 '미래교육재단'을 통해 나침반을 들고 스스로 자기 길을 찾아 나설 수 있게 될 것이다"라고 덧붙였다.

귀향·귀촌 원스톱 서비스 시행[1)]

고흥군은 고흥반도와 38개의 유인도(有人島), 122개의 무인도(無人島)로 이루어진 지역이다. 나로우주센터와 우주 발사전망대는 고흥의 상징으로 자리매김했고, 맑고 깨끗한 천혜의 자연 속에서 재배된 유자와 석류는 대표적인 농산물이다.

고흥군(군수 송귀근)은 귀향 또는 귀촌을 희망하는 도시민에게 상담부터 정착까지 맞춤형 서비스를 지원하고 있다. 귀향·귀촌 홈페이지와 SNS를 이용해 다양한 정보를 제공하고 있다.

지방소멸 문제로 지자체 간에 귀농인과 귀촌인 유치 경쟁을 벌이고 있다. 그러나 귀농·귀촌 희망자는 정보 부족으로 어려움을 겪고 있다. 각종 지원사업과 인센티브 제공 사업이 한 지자체 내에서도 여러 부서로 나뉘어 있어 일반인들은 사업내용을 정확히 알기 어려운 게 현실이다.

고흥군은 지방소멸위험지수가 전국 2위로 인구감소문제가 매우 심각한 곳이었다. 지리적 위치가 수도권과 멀어 귀농인·귀촌인 유치에 불리한 게 사실이었다.

최근 5년간 65세 이상 고령화율

2016년	2017년	2018년	2019년	2020년
25,364명 (37.5%)	25,496명 (38.2%)	25,568명 (38.9%)	25,806명 (39.8%)	26,298명 (41.1%)

고흥군은 관련 부서 간의 업무 협업을 통해 귀농·귀촌을 희망하는 도시민에게 상담에서 정착까지 맞춤형 정보를 원스톱(One-stop)으로 제공하여 안정적인 정착을 지원, 유도하고 있다. 빈집 상황, 교육, 농지정보 및

1) 대한민국 좋은 정책대상 최우수상 선정

창업자금이나 주택 자금 등 원스톱 서비스를 지원하고, 선배 귀농인·귀촌인과 초보 귀농인·귀촌인이나 희망자들을 연계해서 현장 멘토-멘티를 실시하고 있다.

맞춤형 정보 원스톱 서비스를 위해 8개 부서에서 17명의 TF팀을 구성해 귀농인과 귀촌인의 편의를 높이기 위한 운영 방법을 협의하고 있다.

원스톱 서비스 시행

상담 및 DB화	정착지원	사후관리
· 귀농·귀촌 희망자 상담 및 자료 구축	· 농지 구입·임대 알선 · 정책지원사항 안내 · 일자리 연계 등	· 귀향인·귀촌인 간담회 · 멘토-멘티를 통한 정착지원
인구정책과	해당 부서	인구정책과

귀농·귀촌 업무를 전담하는 인력 채용, 전문상담과 귀농·귀촌에 관한 자료 구축, 부서별로 명확한 업무 분담 등을 통해 신속한 원스톱 서비스를 제공하게 되었다.

9기 귀농·귀촌 행복학교

농촌지도자 고흥군연합회, 한국농업경영인연합회와 귀농·귀촌 희망자 간에 멘토-멘티를 결성했다. 그리고 품목별 작물 재배정보를 공유하고, 선도 농가를 통한 현장실습과 영농기술지도 등 지역의 농어업인 단체와 연계하여 협력체계를 구축했다.

7회의 농촌문화체험인 팸투어에 210명이 참가하고, 33명의 예비귀농·귀촌인이 현장체험을 했다. 52명이 농기계 안전사용 및 운전 실습교육을 받았고, 317명에게 귀농어·귀촌 정착 교육을 시행했다. 청년정착어장의 귀어가 교육(61명), 타 시·군의 선도 귀농인 우수사례 답사(36명), 현장실습교육(30명), 농업배움터 운영(120명) 등 8개 분야에서 모두 859명을 대상으로 귀농어·귀촌 맞춤형 교육프로그램을 운영했다.

2019년 8월부터 '고흥군 귀농어·귀촌 지원센터' 홈페이지를 개설해서 운영하고 있으며, 지원정책 안내와 실시간 정보를 제공하고 있다.

귀농어촌 지원센터를 통해서 8,354건(방문 및 전화)의 귀농·귀촌에 대한 상담 및 원스톱 서비스를 제공했다. 4회에 걸쳐 선도 정착한 귀향·귀촌인과 간담회를 열어 애로사항 등 의견을 수렴하고, 도시민 상담과 정착까지 멘토제를 위한 선도 농가를 운영했다. 귀농어·귀촌인의 정착 수기집을 2회 발간하고, 귀농·귀촌인 주택의 방충망 수리, 수도꼭지 교체, 보일러 수리, 전등 교체 등 지역민의 다양한 재능기부 활동이 있었다.

고흥군의 이런 노력으로 전라남도에서 귀농인 인구 유입 1위(통계청·농식품부·해양수산부가 공동발표한 귀농·귀촌인 통계자료)를 기록했으며, 전라남도의 귀농산어촌 종합평가에서 3년 연속으로 수상했다. 2021년 5월, 민선 7기가 출범한 지 2년 11개월 만에 귀농·귀촌 인구 3천 호를 달성해서 지역 재생지수 전국 4위라는 획기적인 성과를 냈다.

고흥군은 빈집, 농지, 건축, 교육, 창업지원 등 다양한 행정 서비스를 제공하고, 읍·면 융화 프로그램 운영 등 귀향·귀촌 원스톱 서비스를 위한 TF를 지속해서 운영할 계획이다. 인적네트워크를 활용해 고향을 떠난 향우와 연계해서 현지 방문 상담창구를 운영하고, 서울 AT센터 및 도(道)의 귀농어·귀촌 지원센터에 '고흥의 날'을 지정해서 운영하고 있다. 앞으로도 귀농·귀촌 희망자 모집을 위해 찾아가는 현장상담을 진행할 예정이다.

송귀근 군수는 "귀농·귀촌을 선도하는 대표 도시로 사람이 돌아오는 행복한 고흥을 만들기 위해 다양한 시책들을 발굴해 추진하겠다"라고 밝혔다.

함평자동차극장을 통한 관광산업 육성 및 지방재정 확충

함평군은 자연과 조화를 이룬 생태관광의 메카로 자리 잡았다. 매년 5월이면 유채꽃 물결 사이로 날갯짓하는 나비들을 볼 수 있는 '함평 나비 대축제'가 열린다. 공원 천지가 홍색 치마를 두른 듯한 장관이 펼쳐지는 용천사 꽃무릇공원은 관광객의 입에서 탄성을 자아내게 만든다.

함평군(군수 이상익)은 나비축제와 국향대전 등을 통해 축제의 고장으로 자리매김하고 전국적인 인지도를 얻어 관광 수입이 세외수입에서 큰 비중을 차지하고 있다. 하지만 단발성 축제의 한계를 뛰어넘지 못하고 있어, 함평군의 재정을 위해 계속성과 안정성을 확보할 수 있는 소득 창출이 절실했다.

군민의 55%가 1차 산업에 종사하는 전형적인 농업군으로 지역소멸을 걱정할 정도로 재정자립도가 8%밖에 안 되었다. 전남 22개 시·군 중에서 15위이며, 전국 226개 시·군·구 중 202위일 정도로 심각했다.

그래서 함평군은 군민의 문화향유 기회 확대와 관광객 유치를 통한 지역경제 활성화 및 일자리 창출을 위해 함평엑스포공원 활용방안으로 문화콘텐츠를 접목한 '함평자동차극장'을 개장했다.

1992년 읍내 극장이 폐관된 후 29년간 군민들은 지역에서 영화를 관람하기 어려웠다. 문화향유 접근성이 취약했으며, 특히 코로나19 사회적 거리 두기로 다중시설이용이 제한되면서 지역민과 인근 지역민의 문화 욕구를 충족할 수 있는 공간이 필요했다.

함평군은 2020년 7월부터 12월까지 6개월간 1억4천만 원(특별교부세 3천만 원, 군비 7천400만 원)을 들여 함평읍에 위치한 함평엑스포공원 내에 있는 황소주차장에 함평자동차극장을 조성했다. 황금박쥐관에 68대, 나비관에 112대로 2개 관에 180대가 주차할 수 있으며, 관리실과

함평자동차극장

영사실 및 매점, 매표소가 있다. 2021년 1월 29일에 개관한 함평자동차극장은 관별로 1일 2회 영화를 상영하고 있으며, 관람료는 차량 1대당 2만 원으로 함평군이 직영으로 운영하고 있다.

개장 1년 만에 누적 관람 차량이 15,000대를 돌파하고, 37,500여 명의 관람객이 방문했다. 입장료 수입이 3억 원에 육박해서 세입 증대 및 지역경제 활성화에도 기여하고 있다. 문화 소외지역에 자동차극장을 운영하면서 대도시와의 문화 격차를 해소하고, 함평엑스포공원의 상시개장으로 관광객 유치에도 큰 도움이 되고 있다.

전라남도에서 최고 시설을 갖춘 함평자동차극장은 특히 코로나19 시대에 안전한 거리 두기 문화시설로 주목받고 있다. 또한, 영화관람 이상을 넘어 소통과 화합의 장으로 발전했다.

2021년 3월 22일 함평자동차극장을 활용한 비대면 군민과의 대화

함평군은 단발성 축제 및 스쳐 가는 관광에서 16시간 이상 머무르는 '체류형 관광지'로 도약할 계획이다. 숲에서 4시간, 바다에서 4시간을 보내고, 숙소에서 편안하게 휴식을 취하는 8시간까지 총 16시간을 함평에서 보내도록 만들겠다는 것이다.

이를 위해, 숲길과 생태길, 도시정원길 3개의 길을 연결해서 '함평천지길'을 조성하고, 함평엑스포공원에 야간경관을 위한 수산봉 전망 타워와

스카이워크 등을 건립해서 '4·4·8 함평 관광프로젝트'를 완성할 계획이다.

또한, 전남형 지역 성장전략사업 공모에 선정되어 총사업비 116억 원을 투입해 함평엑스포공원과 수산봉 일원에 친환경·생태체험을 위한 에듀-테인먼트 파크를 조성해서 운영하고 있다.

이상익 함평군수는 "함평 자동차극장에선 코로나19 시대에도 안전한 거리 두기를 준수하며 문화생활을 할 수 있다"라며 "전국 최고 수준의 장비를 갖춘 자동차극장에서 가족과 친구, 연인과 즐거운 시간을 보내길 바란다"라고 말했다.

결혼·임신·출산 맞춤형 지원정책 강화

영광군에는 기암괴석과 광활한 갯벌에 불타는 석양이 만나서 황홀한 풍경을 연출하는 백수해안도로가 있다. 전라남도에서 가장 높은 바다 전망대인 칠산타워의 낙조도 유명하며, 법성포 굴비는 영광의 상징 같은 대표적인 수산물이다.

영광군(군수 김준성)은 저출산과 인구 감소 현상에 적극적으로 대응하기 위해 결혼·임신·출산을 위한 맞춤형 지원정책을 강화하고 있다. 영광군은 저출산과 고령화 현상 심화로 인구 자연감소율이 증가하고 있으며, 2002년 이후 사망이 출생보다 많은 데드크로스 현상이 지속하고 있다.

구 분	2002	2005	2010	2016	2017	2018	2019	2020
출생(명)	594	453	472	403	360	411	578	556
사망(명)	705	676	585	625	609	640	670	664
비고	△111	△223	△113	△222	△249	△229	△92	△108

그래서 아이 낳고 키우기 좋은 사회 분위기를 조성하고, 이를 위한 정책과 인프라를 확충하고 있다.

행복한 결혼에서 안전한 출산까지 맞춤형 지원정책 강화

영광군은 예비(신혼)부부를 대상으로 교육프로그램을 연간 2회 운영하며, 결혼장려금 500만 원을 2년간 3회에 걸쳐 분할 지원하고 있다. 출산장려를 위해 난임 부부에게 시술비의 본인부담금을 30만 원에서 최대 150만 원으로 확대 지원하고, 임신부(해피맘)에게 30만 원의 교통카드를 발급하고 있다.

출산가정을 대상으로 30만 원 상당의 '영광사랑 출산 축하 용품'을 선물하고, 첫째 아이 500만 원부터 여섯째 아이 이상이면 3,500만 원까지 양육

임신부 건강교실

비를 지원하고 있다. 산모와 신생아의 경우 건강관리비의 본인부담금 90%를 지원하며, 임신부의 산전 초음파검진비를 3회에 105,000원을 지원하고 있다. '다둥이 가족 행복 여행' 정책을 펴서 가족당 여행경비 300만 원을 지원하고 있다.

영광군은 행복한 결혼에서 안전한 출산까지 맞춤형 지원정책을 통해 394명에게 결혼장려금 6억7천4백만 원을 지급했고, 난임 부부의 시술비 본인부담금을 확대해서 87명에게 5천3백만 원을 지급했다.

임신부를 위한 해피맘 교통카드는 204명에게 6천1백2십만 원을 지급하고, '영광사랑 출산 축하 용품'은 291명에게 8천7백만 원을 지급했다.

신생아 양육비로 291명에게 23억4천6백만 원을 지급하고, 산모와 신생아의 건강관리비 본인부담금으로 143명에게 3천8백만 원을, 임신부의 산전 초음파검진비로 202명에게 6백4십만 원을 지급했다. 또한, '다둥이 가족 행복 여행' 대상자를 모집해서 6가족, 36명에게 1천8백만 원을 지급했다.

저출산 극복을 위한 인식개선 및 공감대 확산

신생아 탄생을 축하하는 '축하기념 나무심기' 행사와 저출산 극복을 위한 안내서 제작과 홍보를 통해 저출산 극복을 위한 인식개선 및 공감대를 확산시키고 있다.

'신생아탄생축하기념 나무 심기' 행사에는 192명이 참가했으며, 저출산 극복을 위한 안내서 1,000부를 제작해서 배포했다.

최상의 분만환경 조성 및 민·관 협력체계 구축

영광군은 산부인과에서 출산한 산모가 산후조리원을 이용하면 이용료의 20%를 감면해주고 있다. 그리고 분만 가능한 산부인과와 119, 보건소가 협력해서 출산이 임박한 임신부의 응급후송체계를 구축하고, 산모 안심 콜 서비스를 추진했다.

6만을 넘어 생기 넘치는 행복도시 캠페인

영광군은 결혼·임신·출산 맞춤형 지원정책을 적극적으로 강화해서 2019년부터 2020년까지 2년 연속으로 합계출산율이 전국 1위(2021년 8월 24일 기준 통계청 발표)를 달성했다. 계층별 간담회를 통해 신규사업을 지속해서 발굴해 정책에 반영하고 있다. 2022년까지 청년창업과 육아통합지원센터를 조성해서 출산과 양육에 친화적인 환경조성을 위한 인프라를 확충할 예정이다.

김준성 군수는 "다양한 맞춤형 시책 추진으로 아이 낳고 키우기 좋은 도시환경을 조성하고 생기 넘치는 행복 도시를 만들기 위해 적극적으로 노력하겠다"라고 말했다.

수영구가 아빠의 육아휴직을 응원합니다!

수영구는 조선 시대에 수군 지휘부인 경상좌수영이 있었던 지역이다. 여름철 대표 피서지로 손꼽히는 광안리 해수욕장에서는 매년 10월 셋째 주마다 '부산불꽃축제'가 열려 화려한 장관을 연출한다. 국내 최대 규모의 현수교인 광안대교는 밤이 되면 오색 빛의 조명이 어우러져 환상적인 야경을 자랑한다.

수영구는 2012년 고령사회에 진입한 후 고령 인구는 지속해서 증가하는 반면 출생아 수는 계속 감소하여 2017년 0.85%, 2018년 0.77%, 2019년 0.71%로 연도별 합계출산율(가임여성 1명당 출생아 수)이 저하되었다.

수영구(구청장 강성태)는 여성이 출산 후에도 일과 가정생활을 양립할 수 있도록 남성 육아휴직을 장려하는 등 부모가 함께하는 육아 환경을 조성하고 있다.

육아휴직 사용자 중 남성 비중은 점차 증가하고 있으나 전체의 20% 미만이다. 남성의 육아휴직 사용으로 인한 소득감소가 휴직률 저하의 원인이다.

전국 육아 휴직률 현황

구 분	2017년	2018년	2019년
남 성	12.9	16.4	19.9
여 성	87.1	83.6	80.1

수영구는 남성의 육아휴직을 장려하고자 2020년 4월, '부산 수영구 아빠 육아휴직 장려금 지원 조례'를 제정하고, 2020년 7월, '수영구 아빠 육아휴직 장려금 지원사업'을 시행했다.

2021년 5월, '새싹육아아빠단'의 입학식이 있었고, 2021년 9월에 '수영 아빠 육아 사진전'을 개최하고, 2021년 11월 '새싹육아아빠단' 해단식이 있었다.

아빠 육아휴직 장려금 지원

2020년 7월 1일 이후, 육아휴직을 신청한 남성 근로자 중에 신청일 기준으로 관내에 1년 이상 계속해서 주민등록을 두고 있거나, 육아휴직 대상 자녀가 신청일 기준 관내 주민등록이 되어있거나, 고용보험법 제70조 규정에 따른 지급요건을 충족한 경우 '아빠 육아휴직 장려금'을 신청할 수 있다.

고용보험법 시행령 제95조의 2항에 따른 육아휴직급여의 특례자는 육아휴직 첫 3개월간 급여를 받은 후, 4개월이 되는 달부터 최대 1년간 월 최고 30만 원을 지원받을 수 있다. 이를 통해 2020년에 15명에게 41회, 11,391,000원을 지원했고, 2021년엔 25명에게 196회, 57,960,000원을 지원했다.

수영구에 새롭게 싹트는 육아아빠단

2021년 5월부터 4세부터 7세까지의 미취학 자녀를 둔 아빠를 대상으로 '수영구 새롭게 싹트는 육아아빠단'을 구성해서 운영했다.

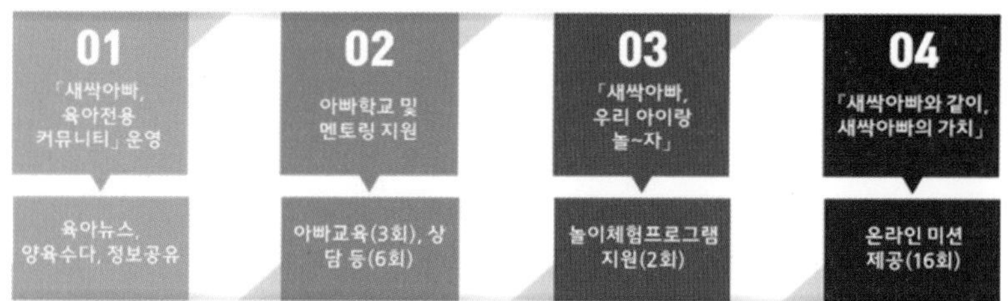

수영 아빠 육아 사진전 개최

2021년 6월 1일부터 18일까지 '아빠와 함께하는 행복한 일상 속으로'라는 주제로 사진을 공모하여 46가족이 80 작품을 응모했다. 이 중에서 최우수 1명, 우수 3명, 장려 6명, 입선 10명의 작품에 대해 시상금을 지급하고, 9월 1일부터 7일까지 7일간 수영구청 로비에서 20 작품의 사진전을 열었다.

육아아빠단

수영 아빠 육아 사진전

수영구는 '아빠 육아휴직 장려금 지원사업'의 적극적인 홍보로 더 많은 남성이 시간과 경제적 부담 없이 아이를 돌볼 수 있는 사회적 분위기를 조성하고 있다. 제2기 '수영구 새싹육아아빠단' 및 아빠 육아교실을 운영해서 '육아 아빠단'을 육성하고, '아동학대 예방 교육'을 병행해서 가족 모두가 행복하고 안전하게 아이 낳고 키우기 좋은 도시로 조성할 계획이다.

강성태 구청장은 2021년 11월 4일, 행정안전부 주관 2021년 지자체 저출산대응 우수사례 경진대회에서 '국무총리상'과 특별교부세 6천만 원을 받았다. 이 자리에서 "'아이 낳고 키우기 좋은 도시 수영'을 만들기 위해 결혼과 출산, 양육지원을 위한 다양한 저출산 대책과 출산장려금 조례를 개정하는 등 출산장려시책을 계속해서 추진해 나갈 계획이다"라고 밝혔다.

남구, 도시기억 도큐멘타

대구광역시 남구를 대표하는 앞산공원은 여러 개의 산책로로 구성되어 있어 자신의 취향과 체력에 맞게 선택할 수 있다. 케이블카를 타고 공원 전망대로 올라가면 대구 시내를 한눈에 조망할 수 있다. 또한, 앞산에는 927년, 팔공산 전투에서 패한 왕건의 피난처 왕굴이 있다.

남구(구청장 조재구)는 주택재개발로 사라져 가는 남구의 현재 모습과 형성과정, 생활 속 이야기 등을 기록으로 보존해서 '남구'라는 공간과 '공간 속 주민 삶'에 대한 문화적 가치를 높이고 있다.

2020년 4월부터 12월까지 이천동 문화지구와 대명동 명덕지구, 광덕시장에서 전문가들이 기초 학술조사와 심층조사를 진행한 후, '도시기억마을탐사대'와 '도시기억현상소'를 운영했다. 이곳에서 『남구도시기억도큐멘타(892쪽, 1권, 9챕터 분권)』 100권을 제작했으며, 탐사 활동, 동행기록, 동네에 관한 다큐멘터리 등의 영상을 제작했다.

다큐멘터리 영상물은 <이천동>, <대명동>, <광덕시장>편으로 각 편당 4분 분량 3종, 30분 분량 3종, 100분 분량 1종을 제작했으며, 사업비 4,900만 원은 전액 시비로, 2020년 대구시 주민참여예산사업에서 집행되었다.

'남구도시기억'탐사 마을 선정

건물이 철거되지 않았고, 장소에 대한 역사가 남아 있는 광덕시장과 대명2동 명덕 재개발지구, 이천동을 문화재개발지구로 선정했다.

남구도시기억탐사대

남구와 대구시민 30명으로 구성된 '남구도시기억탐사대'를 만들었다.

남구도시기억도큐멘타

탐사대는 인문지리, 도시생활사, 시각문화 등 다양한 도시기록 전문가의 조언과 지도로 주제와 콘셉트에 맞춰 3개 마을을 탐사했다.

팀별로 마을을 탐사해서 마을의 물리적, 비물리적 기억들을 수집했다. 그리고 인터뷰나 사진 촬영, 드로잉, 사운드 채집 등의 다양한 형태로 100시간의 기록을 남겼다.

도시의 다양한 표정, 오래된 정취, 고유성, 역사성을 탐사대원의 시각으로 기록하고, 마을의 기억이 유실되지 않도록 아카이브로 축적해서 보존하고 있다.

남구도시기억현상소

이천동의 수도산 주민체육시설과 광덕시장 내 빈 점포에 기억현상소를 운영했다. 사라지는 동네에 대한 기억을 간직하고 있는 72명의 주민을 인터뷰했다. 남구의 굴곡진 역사와 변화상, 동네의 정서, 철거되는 마을에 대한 아쉬움, 마을 사람들에 대한 기억 등을 인터뷰해서 기록으로 남겼다.

전문조사팀

문화적 관점과 입체적 기록을 위한 '전문조사팀'을 운영했다. 전문조사팀은 '비문자기록을 통한 기억의 구성', '무늬가 바뀌지 않는 땅'에 대해 조사하고 기록으로 남겼다.

기억현상소에서 구술하는 어르신들

남구는 이천동, 대명동, 광덕시장 탐사와 시민의 기억을 기록한 『남구도시기억도큐멘타』 등 다양한 기록들을 사업 성과물로 남겼다. 그리고 이 기록과 자료들을 관심 있는 전국의 문화재단과 지자체에 공유할 예정이다. 철거형 재개발의 경우 재개발조합이 마을기록을 유지하도록 권고하고, 모든 시민이 기록자이자 창작자로 참여할 수 있는 공동체 아카이브 운동을 추진할 계획이다.

조재구 구청장은 "남구가 최근 재개발과 재건축으로 도시 모습이 크게 바뀌고 발전하고 있다. 하지만 나고 자란 집과 골목이 사라지는 것에 아쉬움을 갖는 주민들도 많은 것 같다"라면서 "철거되기 전에 마을의 과거와 현재를 기록해 두면, 미래의 주민들에게 '문화적 기억'을 접할 수 있는 좋은 자료가 될 것으로 생각한다"라고 말했다.

행복한 복지 7979센터 운영

광주의 펭귄 마을은 아기자기한 벽화들로 가득해서 사진 찍기 좋은 곳으로 유명하다. 근현대가 공존하는 양림동은 광주 기독교 선교의 발상지로 우일선 선교사의 사택과 70여 년 전에 건축된 선교사 사택을 리모델링 한 '호랑가시나무언덕 게스트하우스' 등 기독교 선교문화의 유적이 많은 곳이다.

남구(구청장 김병내)는 고령화 및 가족관계 해체 등으로 돌봄 계층이 증가함에 따라 취약계층의 생활 불편사항을 신속하게 대응할 수 있는 현장 방문 지원이 필요해졌다.

각종 복지서비스가 확대되면서 개인의 복지에 대한 욕구도 복합적이며 다양해지고 있다. 기존의 담당자별 안내 방식은 주민의 복지 욕구에 부응하기에는 한계가 있다. 그래서 남구는 효과적인 서비스 전달을 위해 포괄적인 One-stop 맞춤형 서비스를 지원하는 시스템인 '행복한 복지 7979센터'를 운영했다.

'행복한 복지 7979센터'란 2019년 6월 3일부터 기초생활수급자, 차상위, 독거노인, 장애인 등을 대상으로 다양한 복지서비스를 상담부터 지원까지 원스톱으로 제공하는 복지 컨트롤타워이다.

복지 전용 전화 '062-607-7979'를 통해 맞춤형 One-stop 종합상담 및 복지서비스를 연계한다. 그러면 자원봉사자 132명과 9개 업체의 협약으로 구성된 '7979센터'에서 '찾아가는 7979봉사단'이 현장에 방문해 주민의 생활 불편사항을 처리한다. '카카오톡 채널'을 개설해서 1:1 채팅으로 복지상담 및 복지 사각지대를 발굴하고, 구청 홈페이지에 '福주머니' 코너를 만들어서 남구의 복지서비스 정보를 통합 제공하고 있다.

복지 콜센터 운영

로그인 및 사용자 인증	〉	클라이언트 상담 민원 접수	〉	복지상담 유형 분류	〉	· 복지상담 · 복지정보제공 · 서비스연계	〉	상담내역 등록 및 완료 처리
화면에서 ID와 패스워드 입력 후 담당자의 내선 번호를 입력해서 시스템에 로그인		발신자 정보를 통해 시스템에서 클라이언트의 정보 및 등록된 상담 스크립트 확인		대분류(서비스유형), 중분류(가구유형), 소분류(세부 유형)를 선택하여 상담 유형을 입력		· 복지종합상담 · KMS 시스템에 등록된 정보 검색 후 클라이언트에게 정보 제공 · 사업별 해당 부서 연계		전화 상담을 마친 후 클라이언트의 정보와 상담내용 등록 및 완료 처리

7979봉사단 운영

7979센터 민원접수	〉	① 요구사항 확인·접수 ② 민원현장 확인	〉	① 현장방문 인력 및 일정 조율 ② 현장방문 일정 안내 (7979센터→민원인)	〉	현장방문 시행 및 결과보고

봉사 (생활 불편사항처리) 활동 내용	· 도배, 장판 교체(찢어진 부분 보수 등 소규모 작업) · 전등 · 전기구 및 방충망 교체, 가스안전차단기 설치 · 미끄럼방지 매트 설치 등 생활 불편사항 개선 · 어르신 염색·커트 서비스 지원 · 말벗 안부 확인 등 돌봄 기본서비스 제공 및 연계 등

카카오톡 채널 운영

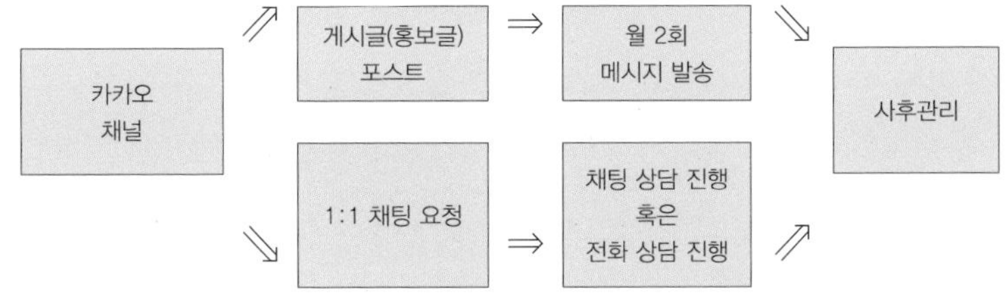

福주머니 관리

로그인 및 사용자 인증	〉	매뉴얼 등록	〉	매뉴얼 수정
새올행정시스템 및 KT 콜시스템에 ID와 패스워드를 입력하여 로그인		남구청 홈페이지 '福주머니' 와 KMS(KT 콜시스템) 각각 등록		남구청 홈페이지 '福주머니' 와 KMS(KT 콜시스템) 각각 수정 ※서식 변경 시 서식도 업데이트

2019년 6월부터 2021년 11월까지 복지 콜센터 상담 및 연계 실적을 보면 기초생활, 차상위, 영유아 등 41,273건이 있었다.

구분	계	기초 생활	차상위	영유아	아동	청소년	한 부모	장애인	노인	주거	일자리	다문화	바우처	긴급 지원	보건 건강	기타
합계	41,273	5,331	700	563	754	112	317	1,413	2,495	1,857	459	26	573	10,507	741	15,425
2019년	7,651	1,069	65	106	108	13	41	283	560	183	35	6	321	357	89	4,415
2020년	19,608	2,228	124	172	333	20	105	584	1,091	637	225	8	133	7,754	302	5,892
2021년	14,014	2,034	511	285	313	79	171	546	844	1,037	199	12	119	2,396	350	5,118

2019년 6월 11일부터 2021년 11월까지 '찾아가는 7979봉사단'의 생활 불편사항 처리 건수를 보면 도배 장판, 이·미용, 전기구 등 2,066건의 사례가 있었다.

구분	계	도배 장판	이 · 미용	전기구	수전 교체	가스안전 차단기	안전 손잡이	방충망	미끄럼방지	기타
합계	2,066	137	97	350	162	537	142	122	111	408
2019년	136	15	3	39	4	7	4	12	13	39
2020년	609	45	16	89	17	198	42	18	48	136
2021년	1,321	77	78	222	141	332	96	92	50	233

카카오 채널에는 친구 수 1,852명, 복지정보 알림 68건이 있다. 7979 '福주머니'에는 복지 매뉴얼 235종과 복지 서식 434종이 등록되어 있다. 이를 통해 남구만의 통합적인 복지 종합상담창구인 '행복한 복지 7979센터' 운영으로 실시간 종합상담 및 가구 유형별 맞춤형 복지서비스 제공을 통해 주민의 복지 체감도가 증대했다.

남구는 7979센터 복지 콜상담 및 생활 불편사항 처리에 대한 언론홍보를 강화하고, 7979센터 자원봉사자를 수시모집해서 정비할 계획이다. 매년 11월부터 12월 사이에 '행복한 복지 7979센터' 만족도 조사를 진행하고, 매년 12월에는 '행복한 복지 7979센터' 성과보고회를 개최할 예정이다.

김병내 구청장은 "홀로 사는 어르신을 비롯해 장애인과 취약계층 주민

찾아가는 7979 봉사단

들에게 수준 높은 통합 복지서비스를 제공하고, 민간단체나 자원봉사자들과 연계해서 일상생활에 불편함이 없도록 '행복한 복지 7979센터' 운영에 최선을 다하겠다"라고 밝혔다.

마을의 등대가 된 빈집

대전시 보문산은 산을 한 바퀴 돌 수 있는 순환형 숲길이 조성되어 가벼운 산행을 하기에 좋다. 효를 테마로 한 뿌리공원은 주말 소풍 장소로 제격이며, 봄날, 테미공원에서는 아름다운 벚꽃길을 걸을 수 있다.

대전시 중구(구청장 박용갑)는 신도심 중심의 개발로 원도심 지역은 지속적인 인구 감소로 빈집이 증가하고 있었다. 빈집은 안전사고 발생이나 범죄위험에 노출되기 쉽다. 그래서 빈집들을 정비해서 위험요소를 해소하고 주거환경을 개선할 필요가 있었다.

중구는 2015년부터 2021년까지 폐가 또는 공가가 된 관내의 모든 빈집을 철거한 후 일정 기간 텃밭이나 주차장 등 공공용도로 활용하는 사업을 펼치고 있다. 행정복지센터와 협업해서 대상지를 조사하고, 빈집소유자의 참여 속에 빈집정비사업을 추진했다.

소유가 아닌 공유자산으로서 빈집문제 인식전환

빈집이 개인의 소유를 넘어 범죄와 방화 등 공공의 안전과 직결되는 공적 대상이라는 인식의 전환이 있었다. 중구는 빈집 때문에 발생할 수 있는 문제를 해결하기 위해 소유주의 자발적 동의를 얻어 빈집을 무상으로 철거했다.

빈집문제 해결에 주민이 공동참여

주민과 각 동의 행정복지센터, 해당 부서가 합동으로 지역을 순찰해서 정비가 필요한 폐가나 공가들을 물색했다. 빈집들을 철거한 후 지역민의 요구에 맞춰 텃밭, 주차장, 주민 쉼터 등 주민편의를 위한 공동이용장소로 활용했다. 이를 통해 소유자와 지역주민의 참여로 주민이 함께 사용하고

정비 전 빈집

정비 後 공영주차장

정비 전 빈집

정비 後 공동텃밭

관리하는 민·관의 상호협력을 구현했다.

또한, 중구의 빈집정비사업은 범죄자의 범죄 심리를 위축시켜서 범죄를 예방하는 효과를 거두었다. 빈집에서 발생할 수 있는 화재 등 안전사고를 예방하고, 불량한 도시미관을 개선해서 도시 분위기를 바꾸었다.

빈집철거 후 조성된 공공용 부지를 지역민이 공동으로 관리하면서 내 고장에 대한 애향심이 고취되고, 주민소통의 강화로 책임의식과 주인의식을 높아졌다.

빈집을 정비해 주민 공동쉼터가 생겨난 용두동 모습

2019년 5월 2일, 행정안전부에서 실시한 '주민 생활 혁신사례확산지원사업'에 중구의 '마을의 등대가 된 빈집'이 전국의 300개 사례 중 17개의 최종 우수사례에 선정되었다.

박용갑 구청장은 "원도심 활성화

와 주민안전을 고민하며 어렵게 시작했던 빈집정비사업이 전국 각지로 확산하고 있다. 우리 지역의 성공사례가 모든 원도심에서 공감하는 빈집문제 해결에 도움이 되길 바란다"라고 밝혔다.

주민주도 외로움 극복 프로젝트!

외로움공감단 '베프' 지역복지 활동

횡성군은 자연 속에 예술을 더한 '미술관 자작나무 숲'을 시작으로, 강원도에서 가장 오래된 풍수원 성당까지 켜켜이 쌓인 시간의 흔적을 느낄 수 있다.

횡성군(군수 장신상)은 현대사회의 외로움과 고독, 사회적 고립 등의 사회문제를 지역공동체 회복을 통한 주민주도의 인간적 공감과 종합적 돌봄으로 해결하고 있다.

2020년 12월 30일, '횡성군 외로움 공감과 치유를 위한 조례'를 제정하고, 군비로 1억 원의 사업비를 들여서 '횡성군 외로움 정책'을 위한 기본계획을 수립해서 추진하고 있다. 외로움공감단 '베프(best friend)'라는 지역활동가를 양성하고, 자조모임(self-help group)을 추진하고 있다.

전수조사를 통해 '외로움 위험군'을 발굴해서 단계별 맞춤 서비스를 지원하고, 주민주도의 외로움 정책 프로그램을 읍·면, 지역사회보장협의체와 협의해 종합복지관에서 운영하고, '외로움 공감 2129 복지 콜센터'를 운영하고 있다.

베프 양성 및 읍·면 지역복지 활동에 대한 자체계획을 수립하고, 읍·면별 베프 운영회의를 통해 결정해서 시행하고 있다. 자조모임을 통해 정기적인 베프 사랑방 모임을 추진하고, 작은마을 전수조사, 대상조사 등 외로움계층 발굴조사를 계획하고 있다.

또한, 위험군 분류에 따라 가구별 지원방법과 자원연계 및 자체 지원 활동계획을 하고 있다. 고위험군과 중위험군엔 제도권의 지원 프로그램을 연계하고, 저위험군과 일반 위험군에 대해선 자체 프로그램을 개발해서 운영하거나 기관·단체 프로그램에 연계하고 있다. 위험군 평가는 우울증이나 자아존중감 척도 등 대상자의 사전 사후 검사를 통해 이루어진다.

횡성읍(생일케이크 전달)	우천면(함께 요리하기)	안흥면(상담 조사)
둔내면(네일아트)	갑천면(건강체조)	청일면(냉장고를 부탁해)
공근면(제과제빵 참여)	서원면(말벗)	강림(바위솔 제작)

외로움공감단 '베프'는 읍·면의 실정에 맞는 계획을 수립하고 지역복지 활동을 지속하고 있다. 1기 56명, 2기 34명, 3기 12명 등 97명의 베프를 양성했으며, 지역별로는 횡성읍 12명, 우천 13명, 안흥 14명, 둔내 8명, 갑천 8명, 청일 9명, 공근 11명, 서원 12명, 강림 10명이 활동하고 있다.

외로움공감단 '베프'는 읍·면별로 1,356가구를 전수·기획 조사해서 외로움 고위험군 53명(4%), 중위험군 75명(5.5%), 저위험군 272명(20%) 등 400명을 발굴했다.

횡성군의 '베프'는 2021년 공공복지정책 및 지역복지우수사례 공모전에서 '지역복지분야 우수상'을 수상했다. 2021년도의 성과와 한계를 정확히 평가해서 2022년에도 지속해서 운영할 계획이다.

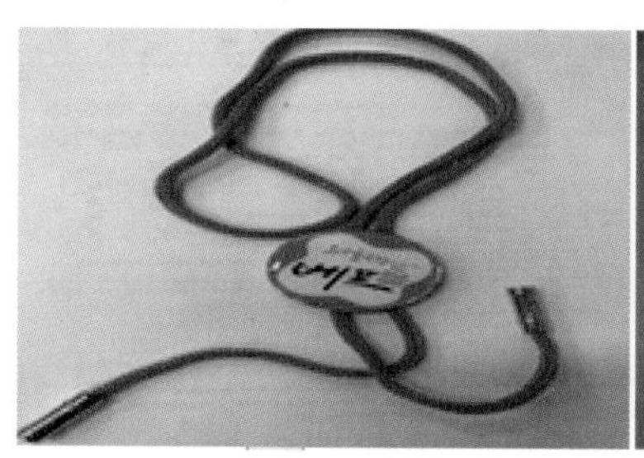

베프 타이

베프 가방

읍·면	조사대상	조사 기간	조사결과 / ▶ 프로그램
횡성읍	정암3리, 마옥리, 묵계리 125가구	4월~9월	고(2명), 중(5명), 저(12명) ▶ 생일케이크 전달, 반려식물 키우기
우천면	취약계층 28가구	9월~12월	고(10명), 중(5명), 저(5명) ▶ 똑똑 두드림, 희망 불빛, 요리 등
안흥면	10개 리 631가구	6월~10월	고(20명), 중(54명), 저(91명) ▶ 반려식물 키우기(콩나물) 등
둔내면	취약가구 37가구	3월~5월	고(5명), 중(2명), 저(8명) ▶ 무지개손, 건강꾸러미, 현천고봉사 등
갑천면	매일2, 3리 98가구	7월~9월	중(4명), 저(12명) ▶ 건강체조, 미술 활동, 목공예, 윷놀이 등
청일면	유동3리 40가구 취약가구 79가구	6월~10월	고(5명), 중(5명), 저(7명) ▶ 말벗, 농산물꾸러미 전달 등
공근면	신촌리 65가구	6월~7월	고(5명), 중(3명), 저(0명) ▶ 빵순이와 빵돌이, 빵전달 등
서원면	석화2, 옥계2, 금대, 유현2리 186가구	3월~11월	고(0명), 중(0명), 저(7명) ▶ 말벗, 반찬 나눔 등
강림면	부곡2리 76가구 일반 가구 재조사	3월~4월	고(2명), 중(1명), 저(2명) ▶ 안부확인, 바이솔 화분, 식탁 만들기 등

장신상 군수는 "군민 누구도 외롭지 않고 행복한 횡성이 될 수 있도록 앞으로도 적극적으로 노력하겠다"라고 말했다.

네 꿈을 응원해! '청소년 꿈키움 바우처' 지원

경남 고성군은 공룡의 역사를 거슬러 볼 수 있는 곳으로 우리나라 최초의 공룡 전문 박물관인 고성공룡박물관이 있다. 공룡의 역사를 비롯해 상족암 부근 해안 암반에는 공룡 발자국이 남아 있다.

고성군(군수 백두현)은 농어촌지역으로 청소년 인구가 지속해서 감소하고 있다. 자녀 출산과 양육 및 청소년 정책 활성화를 위해서는 먼저 청소년 인구증가를 위한 정책이 필요했다.

연도	2015년	2016년	2017년	2018년
인구수(명)	3,026	2,839	2,729	2,545
증감(명)		-187	-110	-184
증감율(%)		-6.18	-3.87	-6.74

고성군에서 자녀를 가진 부모 대부분이 농업이나 축산업, 수산업, 일용직 등 불안정한 직업군에 종사하고 있어 자녀 양육비에 대한 부담이 큰 편이다. 부모의 양육비 부담을 덜어주고 청소년의 건전한 육성을 위해 '고성군 청소년 꿈키움 바우처 지원사업'을 추진하고 있다.

'고성군 청소년 꿈키움 바우처 지원사업'은 모든 청소년을 위한 전국 최초의 보편적인 정책이다. 고성군에 주소를 둔 13세~18세 청소년에게 매월 5~7만 원씩 바우처 카드 형태로 지급하고 있다. 이 카드는 교육·문화·진로체험·건강 등과 관련해서 관내 가맹점에서만 사용할 수 있다.

바우처 카드 발급대상자가 대부분 학생이므로 직접 읍·면사무소를 방문해야 하는 번거로움이 발생했다. 그래서 학교와 교육지원청의 협조로, 학교에서 바우처 카드 신청을 받으면 담당자가 학교에 방문해서 신청서를 확인하고, 지자체에서 전산에 입력하는 방식으로 카드 신청창구를 확대했다. 그 결과 2021년 11월 30일, 해당 인구 2,588명 중 97%에 해당하는 2,503명이 바우처 카드를 신청했다.

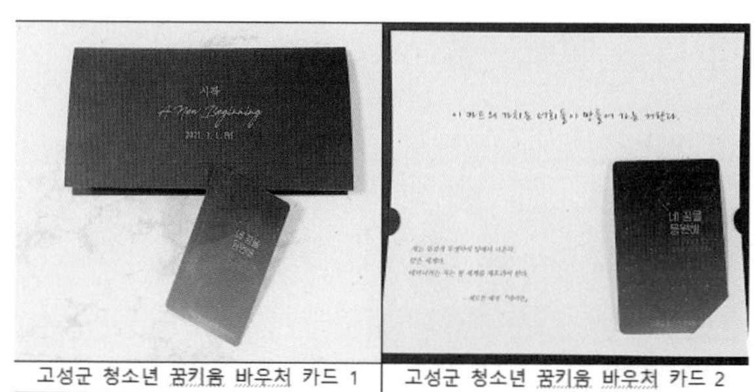

고성군 청소년 꿈키움 바우처 카드 1 | 고성군 청소년 꿈키움 바우처 카드 2

바우처 카드 사용실적은 2021년 11월 30일 기준, 가맹점 486개소(860개소 가맹점 등록 신청)에서 14억6천4백만 원을 사용하여 지역경제 활성화에 긍정적인 효과를 보였다. 서점의 경우 작년과 비교하여 매출이 몇 배로 증가했다. 타 지역이나 인터넷서점에서 책을 구매하던 패턴이 지역 내 가맹점에서 바우처 카드로 구매하는 방식으로 전환되어 코로나19로 어려운 시기에 지역경제 활성화에 기여하고 있다.

조례 제정 이전인 2020년 1월 1일부터 9월 30일까지 13세~18세 인구가 62명 감소했다. 그러나 2020년 10월 12일, 조례 제정 이후부터 2021년 10월 31일까지 95명의 청소년이 고성군으로 전입했다. 청소년 인구감소세에서 외부인구 유입을 통한 인구증가 효과가 나타나고 있다.

'고성군 청소년 꿈키움 바우처 지원사업'은 13세~18세의 모든 청소년에게 지원하는 전국 최초의 청소년수당으로 전국적인 관심을 받고 있다. 선별정책이 아닌 보편정책으로 타 지역의 벤치마킹 대상이 되고 있다.

2020년에 기본소득 지방정부협의회 우수정책사례에 선정되었고, 2021년엔 대한민국 기본소득박람회 지자체 사례에 선정, 2021년 참좋은 지방자치 정책대회에서 '국가균형발전위원장상'을 수상했다. 또한, 2021년 제17회 대한민국 지방자치경영대전에서 '보건복지부 장관상'을 수상해서 전국적인 인정을 받고 있다.

고성군 청소년 꿈키움 바우처 지원사업은 2021년 1월 1일부터 2022년 12월 31일까지 2년간 한시적으로 시행될 예정이었다. 그러나 만족도 분석 등을 통해 지속해서 운영해 나갈 계획이다.

백두현 군수는 "군민들 반응은 한결같다. 왜 늦느냐는 것이다. 빨리하자고 한다"라며 "이 정책 대상에는 8세~12세의 초등학생이 제외돼 있다. 앞으로는 모든 청소년에게 바우처를 지원할 수 있도록 노력하겠다"라고 말했다.

작은 학교 살리기를 중심으로 한

도-농 상생 농촌유토피아 실현

함양군에는 우리나라에서 가장 오래된 인공림인 상림공원이 있다. 척화비와 만세기념비 등 역사적인 볼거리도 다양하다. 칠선계곡을 마주하고 있는 서암정사에서는 '지리산에 펼쳐진 화엄의 세계'란 별칭처럼 장엄한 모습의 마애불들을 볼 수 있다.

함양군(군수 서춘수)은 학교를 중심으로 붕괴위기에 놓인 농촌 지역의 전면적 상생을 위해 기본협약을 체결하고, 협력 거버넌스 구축을 통한 농촌유토피아를 실현하고 있다.

1931년 개교한 서하초등학교는 2019년에 전교생이 14명으로, 2020년에 4명이 졸업하게 되면 10명이 남게 되어 폐교위기에 놓이게 되었다.

이에 향우회와 동문, 주민, 이장 등 민간주도하에 '서하초학생모심위원회'를 구성해서 전학생과 입학생 유치에 힘을 모았다. 우선 특성화 교육, 어학연수, 장학금 지원 등의 사업을 위해 '1억 원의 사업비 마련'을 추진했다. 5개소의 빈집을 알선해서 수리비를 지원하고, 기업체와 농장 등에 7명의 일자리를 마련했다. 하지만 빈집 수리 후에도 주택 노후와 에너지효율 문제로 자녀가 전학이나 입학한 가정의 주거만족도가 낮았다. 이에 따라 주거문제 해결과 일자리 마련 등이 절실히 필요했다.

2019년 11월 15일, 함양군 지곡면사무소에서 장·차관급 회의를 시작으로 '함양 농촌유토피아' 실현 사업의 첫발을 떼었다. 2020년 4월 7일, 군과 경상남도, LH공사, 한국농촌경제연구원(약칭 농경연)과 함께 농촌유토피아 실현을 위한 협약을 맺고, 농촌 지역의 쇠퇴를 극복하기 위한 관계기관의 노력이 이어졌다.

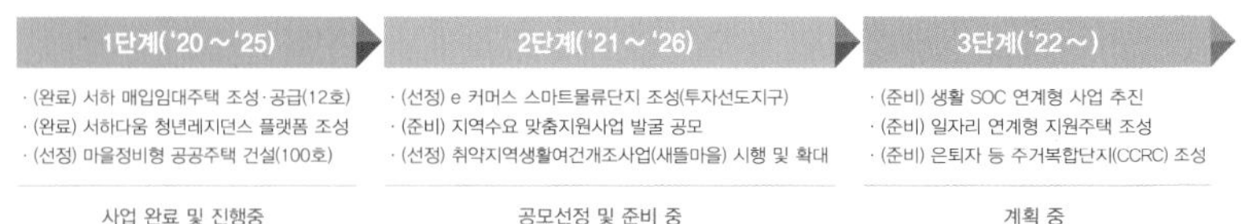

서하초등학교 임대주택 조성

2020년 8월부터 2020년 12월까지 5개월 동안 서하면 송계리 857-10번지 일원의 2,672㎡ 면적에 단독주택 12호, 커뮤니티 2호를 건립했다. 주택기금에서 77%, 군비 15%, LH공사 8%의 조달로 마련한 총사업비 약 26억 원은 토지매입에 5억 원, 주택건설 등 단지 조성에 21억 원이 사용되었다. 완성된 주택 12호에는 타 지역에서 전입한 26명이 입주했다.

서하다움 청년레지던스 플랫폼 조성과 운영

도시 청년층의 지역살이와 창농·창직활동을 지원하기 위해 2021년 2월부터 7월까지 6개월 동안 서하면 송계리 857번지 983㎡ 면적에 체류형 주택 1동, 창업지원시설 2동, 스마트 팜 큐브 1동을 조성했다. 사업비 7억5천만 원은 대중소기업농어업협력기금을 통해 마련되었으며, 토지매입에는 군비 1억6천만 원이 별도로 소요되었다. 2021년 12월부터 운영비 공모를 통해 '민간 협동조합'을 운영하고 있다.

마을 정비형 공공주택 공모 선정과 건설

2020년 12월, 국토부의 '마을 정비형 공공주택 공모'에 함양군의 '서하초 작은 학교 살리기' 사업이 선정되었다. 이에 따라 '서하초 작은 학교 살리기' 확산과 귀농·귀촌인을 위한 주거공간 제공을 위해 2021년 1월부터 2025년 12월까지 5년간 안의면 일원에 총사업비 203억 원(주택기금과 LH공사 146억 원, 함양군 57억 원 등)을 들여서 주택 100호를 조성할 수 있게 되었다.

e-커머스 스마트 물류단지 조성(투자선도지구 선정사업)

또한, 함양군은 지역에 부족한 양질의 일자리 제공과 경제 활성화를 위해 함양읍 신관리 산67번지 일원 432,997㎡ 면적에 2022년부터 2026년까지 5년간 복합 물류단지를 조성하고 생산기반시설을 설치할 예정이다. 이 사업에는 국비 100억, 지방비 251억, 민자 490억 등 총 841억 원이 들어갈 예정이다. 이를 통해 건설단계에서 427명, 운영단계에서 832명 등 모두 1,259명의 일자리가 창출될 것으로 기대하고 있다.

함양군은 전학생이나 입학생 가족과 청년들을 위한 주거기반을 조성해서 폐교위기에 놓인 서하초등학교에 25명의 전학생을 유치하는 데 성공했다. 서하초등학교와 더불어 안의중학교에도 16명이 증가하여 3학급에서 6학급으로 늘어났고, 동반 가족도 40명이 증가했다.

민·관·공의 협업으로 생활 SOC사업과 지역 단위지원사업, 6차산업이 어우러지는 클러스터(cluster)[1)]를 조성하는 등 작은 학교 살리기를 넘어 붕괴위기에 있는 농촌 지역의 전면적인 재생사업으로 확대해서 추진하고 있다.

함양군은 붕괴위기의 농촌 지역과 자연과 함께하는 자녀교육을 희망하는 도시민의 가교역할을 위해 주거와 일자리 지원 등 지속 가능한 도·농 상생의 신모델을 제시했다는 평가를 받고 있다.

함양군은 '주거+일자리+생활SOC'의 확대 구축으로 정주 여건을 개선하고, 농촌 지역의 문화, 복지, 돌봄 시설을 확충하기 위해 생활복합센

1) 클러스터(cluster) : 연관 산업의 기업과 기관들이 한곳에 모여 시너지 효과를 도모하는 산업 집적단지.

전학생 가족을 위한 공공임대주택 조감도

터를 조성할 계획이다. 그리고 기업체와 농가, 구직자를 연계한 일자리 지원센터를 운영하고, 주택과 의료, 복지시설들을 연계한 은퇴자 주거복합단지(CCRC) 등 특화형 주거단지를 조성해서 관내 기업체와 신규입주기업의 근로자에게 쾌적한 주거공간을 제공할 계획이다.

서춘수 군수는 "전국에서 처음으로 시작된 함양군의 '농촌유토피아' 사업은 도시와 농촌의 상생발전은 물론, 쇠퇴하는 농촌을 살리고 지속 가능한 농촌으로 재생하는 초석이 될 수 있을 것"이라며 "농촌유토피아를 더욱 확장해서 현 정부의 핵심과제인 도시와 농촌의 균형발전을 함양군이 선도할 수 있도록 최선을 다하겠다"라고 밝혔다.

05

기후환경

도심 속 녹색 바람, 친환경 녹색 주차장 조성

서울시 종로구는 대한민국의 정치 1번지로 불리는 곳이다. 또한, 조선왕조 500년 동안 조선의 수도로서 정치, 경제, 문화를 이끌었던 곳이다. 지금도 과거의 영화롭던 흔적들이 곳곳에 남아 서울이 조선 시대의 도읍지였다는 것을 종로구를 통해 알 수 있다. 과거와 현재가 조화롭게 공존하는 곳이 바로 종로구이다.

종로구(구청장 김영종)에서는 2010년부터 지금까지 관내 주차장을 친환경 녹색 주차장으로 조성해서 도심의 열섬현상 완화와 미세먼지 저감 등 기후환경 변화에 대응하고 있다.

종로구는 2020년 8월, 전국 최초로 '종로구 친환경 녹색 주차장 가이드라인' 책자를 제작해서 배포했다. 2020년 11월에는 친환경 녹색 주차장 조성 확대 및 지원을 위한 지원기준과 근거 마련을 위해 '서울특별시 종로구 주차장 설치 및 관리 조례와 시행규칙'을 개정했다.

'종로구 친환경 녹색 주차장 가이드라인'에는 친환경 녹색 주차장의 개념과 역할, 다양한 조성 사례, 주차장의 유형별 조성방안, 안전사항 및 투수 포장, 권장 식재 등을 다양하게 소개하고 있다.

주차장 폭을 기존 2.3m에서 2.5m로 확대 설치해서 주차장법 시행규칙을 시행하기 전에 임산부와 초보자를 배려했다. 또한, 차량 대형화에 대비하고, 후면에 녹지공간을 확보했다.

종로구는 친환경 녹색 주차장 사업을 공영주차장뿐만 아니라 민영주차장도 참여하도록 2020년 11월, '종로구 주차장 설치 및 관리 조례와 시행규칙'을 개정했다. 이를 통해 체부동 민영주차장을 녹색 주차장으로 바꿨다.

특히 친환경 녹색 주차장은 도심지 주차장의 주차구획 및 차량 스토퍼

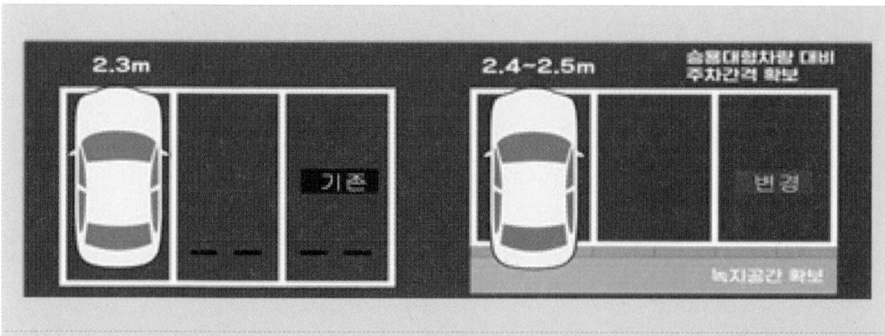

▶ 주차장법 시행규칙 제3조(주차장의 주차구획) 개정 (2019년 3월 1일 시행)-(기존) 일반형 2.3m→(개정) 일반형 2.5m (폭 20cm 확장)

후면의 아스콘을 철거하고 경계석을 설치했다. 또한, 주차장 바닥을 종전에 획일적으로 사용했던 아스팔트와 콘크리트 포장재 대신 잔디 블록으로 조성하고, 담장에는 두릅나뭇과의 덩굴식물인 송악을 심었다. 넓은 주차공간을 확보해서 차대 수를 줄이지 않으면서 도시미관 개선과 도심의 열섬현상 완화 등 기후변화에 적극적으로 대응하고 있다.

2021년 12월, 종로구에서는 공영주차장 27개소와 민영주차장 1개소 등

종로구 사직 공영주차장

총 28개소의 친환경 녹색 주차장을 조성해서 운영 중이다.

김영종 구청장은 "각종 환경문제를 완화할 수 있는 최선책은 주변 공간을 녹색으로 채워나가는 것"이라며 "민간주차장도 친환경 녹색 주차장을

조성하도록 지침을 활용해서 적극적으로 지원할 계획"이라고 말했다. 또한, "도심 속에 녹색 공간을 최대한 확충해서 깨끗하고 숨쉬기 편한 청정도시 종로를 만들어 갈 것이다"라고 말했다.

다음 세대를 위한 '기후위기 대응 협치 공론장'

도봉구 방학동에는 지은 지 100여 년이 된 간송 전형필의 가옥이 있다. 만약 간송 전형필이 아니었다면 1997년에 유네스코 세계 기록 유산으로 지정된 '훈민정음 해례본'은 전해지지 않았을 것이다.

2019년 7월, 영국의 '남극 자연 환경연구소(BAS)'의 마리아 비토리아 구아리노(Maria-Vittoria Guarino) 박사가 이끄는 국제연구팀은 북극해의 얼음이 2035년에 완전히 사라질 수 있다고 발표했다. 지구의 자연적인 순환이라고 보는 견해도 있지만, 화석연료를 집중적으로 사용한 20세기부터 북극의 얼음이 빠른 속도로 녹고 있다는 것은 시사하는 바가 크다.

그래서 기후변화에 따른 재난이나 다양한 문제에 대한 위기를 인식하고, 환경의 날을 맞아 226개 기초 지방정부 단체가 '기후위기 비상선언 선포식'을 개최하기도 했다.

도봉구(구청장 이동진)는 많은 구민이 관심을 가지는 분야인 기후위기에 대한 대응 방안을 모색하기 위해 민·관이 함께하는 '기후위기 대응 협치 공론장'을 개최했다.

2020년 10월 16일, '기후위기 대응 협치 공론장'에는 도봉구의회 위원, 지속가능발전위원회 위원, 주민참여예산위원회 위원, 기후위기 도봉 비상행동, 환경 관련 단체, 관심 있는 도봉구 주민 등이 참여했다.

이날의 공론주제는 <'기후위기 대응 방안'-살아있는 도봉, 살아가는 도봉, 도봉 1℃ 줄이기>로 정했다. 이후 안건에 대한 설명과 논의 및 영역별 공론을 통해 실천방법을 수렴했다.

원활한 진행을 위해 전문 퍼실리테이터를 활용하고, 테이블당 6~7명 이내의 모둠별 토론과 의제에 대한 논의 후 조별 결과를 공유하고 보완해서 최종 방안을 도출했다.

우리가 그린 도봉 2021.4.22

'기후위기 대응 협치 공론장'을 개최하기에 앞서 '도봉구의 2050 탄소 감축 전략 및 사전 설문 조사'를 바탕으로 주요 의제를 선정했다.

의제 1. 도봉구 온실가스 감축 방안에 대해 온실가스가 가장 많이 발생하는 곳을 영역별로 구분해서 에너지 소비를 줄이는 방법, 대중교통 이용을 늘리는 방법, 효과적인 전파 방법 등을 논의했다.

의제 2. 도봉구의 기후위기 적응방안에 대해서는 먼저 어린이, 어르신, 취약계층 등 기후위기로 어려움을 많이 겪게 되는 대상별로 신체 건강상 특징, 심리적 특징, 환경적 특징을 살펴보았다. 그리고 기후위기로 인해 겪게 되는 다양한 어려움과 그 어려움을 해결하기 위한 구체적인 적응방안에 대해 도출했다.

선정된 의제를 바탕으로 환경정책과와 업무협의를 통해 기후위기에 대한 영상과 자료집을 제작해서 '기후위기 대응'에 대한 교육적 효과를 높였다. 또한, 이 자료들을 '협치도봉' 유튜브 채널을 통해 공유해서 기후위기에 관한 관심을 높이도록 유도했다.

2021년, 지역사회 혁신계획에 따른 협치 의제에 '기후위기 시대 지속 가능한 도봉 생활'에 공론 내용을 반영하여 의제를 실행할 수 있게 되었다.

'기후위기 대응 협치 공론장'은 2021년 전국 기초단체장 매니페스토 경진대회 공동체 강화 분야에서 '최우수상'을 수상하는 등 매우 높은 평가를 받았다.

도봉구는 '온실가스 감축 및 기후위기 적응'에 대한 제안을 관련 부서와 기후위기 행동 포럼 같은 단체, 지속가능발전위원회 위원 등과 공론을 통해 민·관 협치 의제로 추진하는 한편, 찾아가는 공론장, 소규모 공론장 등 다양한 공론장을 활성화할 계획이다.

이동진 도봉구청장은 2021년 11월 17일, 선인봉 홀에서 개최된 '도봉 협치의 전환점을 함께하는 대 공론장' 회의에서 "구민들의 다양한 의견을 수렴하고 공감할 수 있는 의미 있는 자리였다. 협치를 핵심 가치로 삼고 선도적인 노력을 기울여온 만큼 앞으로도 공론장의 활성화를 통해 구민의 다양한 목소리에 항상 귀 기울이겠다"라고 밝혔다.

2050 탄소 중립 그린 도시 서대문구[1)]

인왕산과 마주한 곳에 안산도시자연공원이 있다. 이 공원은 여의도 윤중로에 버금가는 아름다운 벚꽃로와 잘 가꿔진 메타세쿼이아 숲길로 유명하다. 또한, 다양한 쉼터와 허브원, 생태연못 등 자연생태계를 활용해 잘 꾸며져 있다.

서대문구(구청장 문석진)는 자연공원을 잘 가꾸는 것처럼 전 지구적 문제인 탄소 중립 과제에 대해서도 잘 대처하고 있다.

서대문구는 2020년 3월, 저탄소 녹색성장을 위한 '서대문형 그린 뉴딜' 5개년 사업계획을 수립했다. '지역사회와 함께하는 탄소 중립 도시'를 목표로 주민과 지역사회가 협력해서 서대문구의 탄소 배출량 120여만 톤을 2050년까지 '0'으로 줄이겠다는 계획이다.

이를 위해 2020년 6월, 기초 지방정부의 기후위기 비상선언 및 '탄소 중립 지방정부 실천연대'를 발족해서 '서대문 형 그린 뉴딜' 5개년 계획의 일환으로 '서대문구 환경보전계획 및 기후변화 적응대책'을 수립했다. 현장 중심의 지속 가능한 에너지자립 도시 인프라 조성을 위해 주민참여형 융복합지원사업과 공동주택 태양광 발전사업을 연계해서 운영하고 있다.

서대문구는 주민들이 신재생에너지를 현명하게 소비하기 위해 '스마트 에너지공동체'를 조성하고, 에너지저장서비스를 통해 전기공급관리 및 분산자원 활성화를 추진했다. 이를 통해 기초단체 중 유일하게 에너지자립 혁신지구로 선정되었다. 또한, 권역별 에너지자립 지원센터를 조성해서 체계적이고 유기적인 민·관 협업이 가능하도록 했다.

'2021년 신재생에너지 융복합지원사업'에 공모해서 서울시 자치구 중

1) 대한민국 좋은 정책대상 최우수상 선정

유일하게 선정되었다. 서대문구청, 한화 솔루션, 블루 에너지, 헤리트, 평산 전력기술과 함께 컨소시엄을 구성해서 저층 주택형 에너지자립 마을인 '홍은동 호박 마을'과 '북가좌동 행복한 마을' 내 39개 건물에 태양광발전기(연간 17만kw, 나무 6,430그루 조성 효과)를 설치해서 지역사회 에너지 자립을 달성했다.

지속 가능한 그린 도시 조성의 일환으로, 국비와 시비를 합한 13억 원의 사업비를 지원해 홍은2동 주민센터에서 서대문구청, 연세대 앞을 거쳐 2호선 신촌역까지 순환하는 마을버스를 전기차로 전환하고, 차고지 내에 전기충전소를 설치했다.

또한, 2021년 3월 16일에 서대문구의 특성을 살린 '건물 에너지 절감 및 효율화 사업'을 위해 연세대와 '에너지 절감 및 효율화 사업 협약'을 체결했다. 대학 건물의 에너지사용량 정보화와 플랫폼 실용화를 위한 시범 운영에 들어갔으며, 공공건물 에너지관리시스템(BEMS)을 서대문 문화체육회관에 설치했다.

이와 더불어 탄소배출이 가장 많은 건축물의 효율화와 배출 저감을 위해 2025년까지 노인복지시설 27개소와 국공립어린이집 15개소를 그린 리모델링 하고, 민간건물 중에서 저층 주거지 개선사업 및 주택성능개선 사업인 '가꿈주택'을 지원했다.

서대문구는 2021년 3월 29일부터 4월 9일까지 '2021 그린 벤처 발굴을 위한 창업캠프'를 개최해서 지역의 기후환경 이슈를 해결할 수 있는 아이디어를 보유한 팀들에게 창업지원을 했다. 또한 '2021 서대문구 그린 프로젝트 공모전'을 열어 서대문구의 기후환경과 에너지 문제를 해결할 '그린 아이템'을 가진 5팀을 발굴해서 개발비와 실행비를 지원했다.

주민과 함께하는 에너지공동체 활동으로 지역공동체의 지원을 통해 30개소의 에너지자립 마을을 조성했다. 또한, 사업비 사용 지침, 정산보고서 작성 등 에너지자립 마을의 운영에 필요한 세밀한 컨설팅을 해주었다.

2020년 5월에서 6월까지 '서대문구 공동주택 에너지 절감 경진대회'를

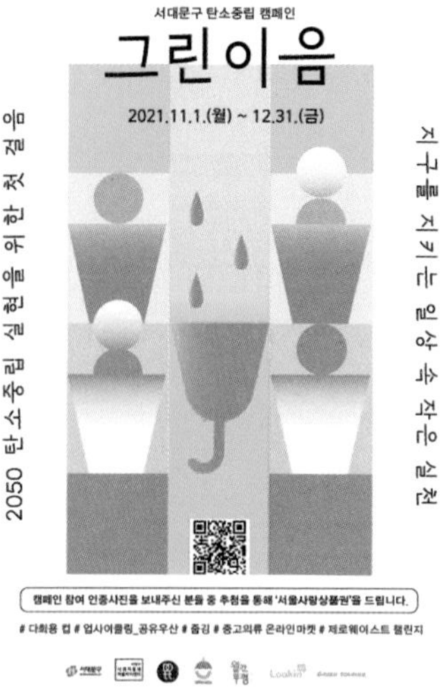

개최했다. 신청한 51개 단지 중에서 에너지 절감률, 에코마일리지 가입률, 에너지 진단 컨설팅 참여율, 미니태양광 설치율 및 기타 주민 활동 사항 등을 채점해서 15개 단지를 선정해 총 2천만 원의 인센티브를 지급했다. 이로 인해 에너지 절감 우수사례 발굴과 공동주택 관리단의 에너지공동체 활동성과를 낼 수 있었다.

2020년 7월에서 12월 사이엔 서대문구의 각 가정에서도 온실가스 진단 컨설팅을 시행했다. 550개 가정을 대상으로 온실가스 컨설턴트 10명이 각 가정의 에너지 사용량을 진단하고, 컨설팅 후 에너지 절감에 참여하게 하는 등 사후 관리도 실시했다.

서대문구는 2030년까지 BAU(Business As Usual, 배출전망치) 대비 37%까지 온실가스 감축이란 목표달성을 위해 비산업 부문의 에너지 절감 문화를 정착시키고, 맞춤형 진단과 컨설팅, 지속적인 홍보를 통해 '저탄소 생활 실천 운동'으로 확산시킬 계획이다.

2020월 10월에서 11월까지 지역사회의 에너지 인식에 대한 설문 조사를 실시했는데, 주민의 92%가 이상기후 현상에 당장 대응해야 한다고 응답했다. 그리고 찾아가는 에너지 전환 교육을 실시하기 위하여 관내 부동산 중개사무소 150곳을 대상으로 홍보실무단이 방문하여 교육 신청을 받았다.

문석진 구청장은 "탄소 중립은 지역사회와 함께하지 않으면 실현할 수 없다. 주민과 함께하는 2050 탄소 중립 그린 도시 추진으로 기후위기 대응에 앞장설 것이다"라고 말했다.

R.G 프로젝트 실천

R. G : Reduce, Reuse, Recycle → Go Green Gangnam
쓰레기를 줄이고, 재활용·재사용해서, 가자! 그린 강남으로.

쓰레기를 줄여야 하는 것은 강남만의 문제가 아니다. 서울시, 대한민국 나아가 전 지구적인 문제가 되었다. 우리가 쓰고 버리는 쓰레기 중 제대로 수거되지 못한 것들은 물길을 따라 바다로 흘러가는 경우가 많다. 이렇게 바다로 버려진 쓰레기로 인해 몰디브의 쓰레기 섬 '틸라푸쉬'처럼 태평양 한가운데에 '플라스틱 아일랜드(plastic Island)'가 떠다니는 현상이 심심치 않게 일어나고 있다.

강남구(구청장 정순균)는 글로벌 이슈인 지구 환경위기에 대한 정책적 대응 차원에서 2021년 7월부터 민·관 협력의 'R.G 프로젝트(Zero Waste 쓰레기 제로 캠페인)' 사업을 시작했다.

강남구는 'R.G 프로젝트'를 확산해서 코로나19 장기화로 인해 늘어난 일회용품 사용을 대폭 줄이고, 2021년 12월 25일부터 전면 시행된 '투명 페트병 별도 분리배출'을 조기에 정착하는 것이 이 사업의 목표이다.

R.G 프로젝트의 안정적인 정착과 지속가능성 확보를 위해 17명의 민·관 협치위원회가 중심이 되어 'ZERO WASTE 캠페인' 추진위원회를 만들어서 22개 동, 543명으로 구성된 'ZERO WASTE 실천단'을 조직했다.

2021년 10월에는 구청장과 주민이 만나는 타운홀 미팅이 열렸고, 매월 평가와 현장이나 서면을 통한 포상 등의 성과관리 체제를 통해 'R.G 프로젝트(Zero Waste 캠페인)'의 기반을 구축했다.

'R.G 프로젝트'의 성공을 위해 R.G 분리배출 로컬허브 구축, OUTDOOR 캠페인, INDOOR 캠페인, 친환경 기업과의 협업 등 4가지 사업을 시작했다.

시범사업으로 진행한 R.G 분리배출 로컬허브를 구축해서 주택가를 중심으로 10개 동에 분리 배출장(場)을 마련했다. 음식물 수거함, 투명페트병 배출함, 재활용품 분리 배출함 등 264개를 설치했다.

아름다운 꽃길 만들기 / 강남구, 꽃으로 물들다 / 아이스팩 재활용 / 분리수거 체험존 / 버블 챌린지 / 요기요와 업무 협약

또한, 플라스틱 없는 구내 카페를 만들기 위해 모든 플라스틱을 재활용 종이제품으로 대체했다. 코로나19 장기화로 인해 사용량이 줄지 않는 폐마스크 수거를 위해 구청이나 보건소에 폐마스크 수거함을 설치했다.

주민과의 접점을 찾고 점진적 확대를 위해 주민과 단체 주도의 'OUTDOOR 캠페인'을 실시했다. 새마을운동, 바르게살기 운동, 한국자유총연맹 강남구지회와 협업해서 삼성해맞이공원에 화초류를 심는 등 아름다운 꽃길 만들기 사업을 시작했다. 강남구 자원봉사센터에서는 지구 살리기 재활용 풍선 띄우기, 싹 줍기, 싹쓸이 챌린지, 그린아파트 만들기 행사 등 9개 사업을 지속해서 추진하고 있다. 2021년 8월부터 강남구 마을공동체 지원센터를 통해 4회에 걸쳐 'Zero Waste' 실천단 교육을 시행해서 누적 인원 681명이 참여했다.

강남구는 '1부서 1특화 사업'이라는 기치 아래 69개 부서가 76개 사업을 시행하고 있다. 공원녹지과에서는 계절 지난 폐화(廢花) 나눔 행사를 통해 약 3,000본을 분양 완료했다. 청소행정과에서는 투명페트병 모으기 경진대회, 환경과에서는 '강남을 기대해!' 챌린지, 사회복지과와 청소행정과 등 5개 부서에서는 아이스팩 재활용 사업, 일원1동에서는 재활용 화장지 교환사업을 매월 1회 실시하고, 도곡1동에서는 분리수거 체험존 설치와 도서 나눔 행사 등을 실시했다.

2021년 10월에 서울 자원순환 촉진과 환경보호 의식 강화를 위해 삼성2동 주민센터 앞에서 '삼성2동 플라스틱게임'을 진행했다. 플라스틱 컵, 투명페트병, 요구르트병 등 깨끗한 플라스틱을 모아오면 개수에 따라 마스크, 대나무 칫솔, 장바구니 같은 친환경 물품과 교환할 수 있는 행사였다.

전 직원의 생활화로 자율기능 확보를 위한 'INDOOR 캠페인'으로 1회용품 줄이기, 재활용품 분리배출, 배달음식 자제 등과 버려진 작은 플라스틱을 모으는 '버플 챌린지', 헌책전당포 등을 시작했다. 또한 '요기요(딜리버리 히어로 코리아)'와 업무 협약을 맺는 등 친환경 기업과의 협업을 강화했다.

강남구는 민·관 협력사업과 주민참여사업을 점진적으로 확대하고 지속 발굴해서 플라스틱을 포함한 쓰레기로부터 서울을 지키고, 주민의 삶을 지키기 위해 계속 노력할 것이다.

정순균 강남구청장은 "투명 페트병 1t을 재활용하면 의류 3300벌을 생산할 수 있어 미래 자원사업의 신 아이템으로 주목받고 있다"면서 "지속가능한 자원순환 모델 구축으로 앞으로도 서울시민이 평가한 '청결도시 1위'에 걸맞은 도시환경을 만드는 데 더욱 힘쓰겠다"고 말했다.

새로운 서울의 허파, 송파 둘레길 조성

송파구는 서울특별시 동남부에 있는 자치구로 대한민국 전국 자치구 중에서 가장 인구가 많다. 2021년 10월 기준으로 전국의 구 단위 행정구역 중 유일하게 60만 명을 넘어 총인구가 659,239명이다. 송파(松坡)는 글자 그대로 언덕 위에 소나무가 푸르게 우거진 산 좋고 물 맑은 강변 마을이라는 뜻으로 옛날엔 백제의 도읍지기도 했다.

송파구(구청장 박성수)는 미세먼지나 폭염 등 기후변화에 대응하기 위해 순환형 산책로인 '송파 둘레길'을 조성했다. '송파 둘레길'의 조성 목적은 송파를 서울의 새로운 허파로 만들고, 사람과 자연이 공존하는 힐링 공간을 제공하기 위해서다.

2019년 (1단계 33개 사업)	2020년 (2단계 23개 사업)	2021년 (3단계 25개 사업)
▶ 송파 둘레길 조성 계획수립 ▶ 안내체계 구축 및 홍보 ▶ 편의시설 확충 및 가로 숲 조성 (쉼터 조성, 주민 헌수 등) ▶ 기존 보행환경 개선 ▶ 성내천 보행 터널 환경개선	▶ 탄천 길 1단계 구간 조성 추진 (시 환경심의 7회) ▶ 송파 둘레길 명소화 사업 ▶ 장지천 길 자전거도로 및 산책로 조성 (송파대로 6길) ▶ 하천시설 및 편의시설 정비	▶ 탄천 길 2단계 구간 조성 추진 ▶ 제도적 기반 마련 및 주민참여 강화 ▶ 둘레길 홍보 및 특성화 사업추진 ▶ 장지천 길 야간조명 설치 ▶ 성내천 보행 터널 디자인 개선 ▶ 주민편의시설 지속 확충 및 정비

송파구는 2018년 8월부터 2021년 6월까지 성내천(6km)부터 장지천(4.4km), 탄천(7.4km), 한강(3.2km)에 이르는 총 21km, 4개 코스의 산책로를 조성하고, 편의시설 정비와 확충, 안내체계 구축 등 80여 개 사업을 진행했다.

'송파 둘레길' 사업을 위해 '우리는 숲에 산다!'라는 프로젝트를 추진했다. '200만 그루 나무 심기, 푸르른 송파 둘레길 숲 조성'을 위해 주민들의 헌수로 가로수를 심고, 구간별로 테마 숲길을 조성했다. 공원에 가로녹지를 확충해서 정비하고, 민간기업의 사회공헌 활동으로 민·관 협력 나무 심기사업을 추진하고, 탄천 길에 산책로 조성공사를 했다. 또한, 송파 둘레길 관리 및 운영에 관한 조례 제정을 추진하고, 전문가와 민간으로 구성된 '송파 둘레길 운영협의회'를 운영하는 등 제도적 기반을 마련하고 주민 참여를 강화했다.

'송파 둘레길'에 200만 그루의 나무 심기 사업을 지속해서 추진하고, 주민들의 자발적인 헌수(獻樹)와 참여로 124만 그루의 나무가 심어진 가로숲을 조성할 수 있었다. 2021년 7월 기준으로 송파 둘레길에 대한 주민 헌수는 총 397그루로 참여도가 매우 높은 편이다.

탄천 동쪽 도로와 50년간 생태경관보전지역으로 지정되어 단절되었던 탄천 구간에 산책로와 진출입로를 조성해서 둘레길의 순환구조를 완성했다.

이곳에 건널목과 4개의 신호체계(쌍용 하이츠 빌, 우성아파트 1·2·3차 후문, 탄천과 잠실 유수지)를 설치하고, 교량 연결 램프 2개소(탄천교, 탄천1교)와 전망대, 연결 데크 4개소(건널목 설치 인접 구간)와 4.4km 전 구간에 조명등 설치공사를 마무리했다.

올림픽공원 벚꽃길 2021.4 ©송파식후경(mismatch55)

이로써 주민들에게 광평교에서 삼성교까지 이어진 4.4km의 산책로를 제공하게 되었다.

송파구의회는 둘레길 사업의 목적과 사업내용, 송파 둘레길 조성과 홍보, 운영협의회 설치와 운영을 위해 '송파 둘레길 관리 및 운영에 관한 조례'

를 제정해서 2021년 3월 15일에 공포했다. 2020년 7월 2일에 송파 둘레길 운영협의회를 구성해서 둘레길 지킴이를 운영하고 있다. 또한, 송파 둘레길 사업과 관련해 자문 및 대내외적 협력관계를 구축하고, 27개 동에서 790명의 주민이 중심이 된 자발적인 문화행사나 환경보호 활동을 하고 있다.

송파구는 전국 최초로 친환경실천 운동 앱 '온 트리(On Tree)'를 개발해서 운영하고 있다. '온 트리(On Tree)'는 주민참여 주도형으로 비대면 환경 인식개선을 위한 플랫폼 역할을 하고 있다. 코로나19 시대에 맞게 '온 트리(On Tree)'를 통해 가입자 1,100명이 비대면으로 온실가스 감축을 실천하고 있으며, 2021년 9월 말 기준으로 7.5t의 탄소 감축량을 달성하고 있다.

석촌호수와 방이맛골 일대의 총 2.5㎞ 지역을 달리면서 쓰레기를 줍는 '줍깅 운동'으로 쓰레기 300ℓ 가량을 수거했다. 또한, 주민과 함께하는 '지금이야말로 지구를!'이라는 슬로건으로 석촌호수 줍깅 운동회를 개최하고 있다.

송파구는 '송파 둘레길'과 관내 명소, 전통시장, 상점을 연결하는 사업을 지속해서 지역경제 활성화도 이끌 계획이다. 현재 올림픽공원, 풍납동 토성, 방이 습지, 장지 근린공원, 가든파이브, 남한산성, 위례 휴먼링, 잠실종합운동장 등의 연결 작업이 진행 중이다.

박성수 구청장은 "50년 만에 탄천 길이 주민의 품으로 돌아오는 '송파 둘레길'이 완성되었다. 탄천 길 완공은 마침표가 아닌 '송파 둘레길' 시즌 2의 시작이다. 앞으로 구민의 삶의 질과 행복지수를 높이고, 방문객들에게 즐거운 추억을 남길 수 있는 명소로 자리 잡도록 노력하겠다"라고 말했다.

다대포 블루 플래그·그린 키 세계최초 국제인증

낙동강 하구에 위치한 사하구는 강서구와 마주하고 있다. 사하구에는 토사가 퇴적되어 형성된 모래섬, 을숙도(乙淑島)가 있다. '새가 많이 살고 물이 맑은 섬'이라는 뜻의 을숙도는 동양 최대의 철새도래지로 '천연기념물 179호'로 지정되었다. 낙동강 하구 생태관광의 중심으로 겨울 철새와 하구 습지의 생태를 관찰하기 좋은 곳이다. 부산이 낳은 최고의 소설가 요한 김정한의 단편소설 <모래톱 이야기(1966)>의 모델이 된 섬으로, 소설에서는 '조마이 섬'이라는 이름으로 등장한다.

낙동강 하구에 위치한 다대포는 천혜의 자연경관과 생태가 살아있는 곳이지만, 국내외 인지도가 다소 낮은 편이다. 그래서 사하구는 친환경적인 관광시설을 운영하고, 특색있는 환경프로그램으로 관광객을 유치하기 위해 '블루 플래그(Blue Flag)·그린 키(Green key)' 국제인증을 동시에 취득했다.

'블루플래그(Blue Flag) · 그린키(Green key)'는 비영리 국제단체인 환경교육재단(FEE)에서 친환경적이고 안전한 해수욕장 및 관광시설에 부여하는 국제인증이다. 다대포는 전 세계에서 최초로 두 가지를 동시에 획득

다대포 해변공원 전경

하여 친환경적인 생태관광지로 육성할 수 있는 기반을 마련하게 되었다.

사하구(구청장 김태석)는 2020년 2월, 국제인증을 위한 연구개발과 컨설팅을 위해 용역을 의뢰하고, 3월부터 12월까지 타당성 조사와 평가 준비를 완료했다. 그리고 2021년 4월 19일, '블루 플래그' 국제인증을 취득했고, 5월 3일에는 '그린 키' 국제인증을 취득했다. 대한민국 최초이자 국제적으로도 최초로 '블루 플래그와 그린 키'를 동시에 취득하는 쾌거를 이루었다.

사하구는 다대포의 안전하고 친환경적인 운영을 위해 다양한 환경개선 사업을 추진했다. 무엇보다 수질 개선을 위한 분류식 하수관로 정비사업이 중요했다.

사업명 (위치)	사업 규모	사업 기간	사업비(원)
다대포항 분류식 하수관로 설치	오수관로 L=3.4km 배수설비 460가구	2017년 ~2018년	6,140,000,000
괴정천 수질 개선사업 (괴정동~하단동 일원)	하수관로 L=85.26km 배수설비 7,916가구	2018년 ~2024년	109,558,000,000
장림천 수질 개선사업 (보덕포~장림시장 일원)	차집관로 L=15.838km 배수설비 1,802가구	2017년 ~2023년	29,688,000,000

2018년부터 2021년까지 25억1천만 원의 사업비를 들여 차집시설(N=2), 하수시설(N=19), 습지 준설(V=9,857m³), 하수 박스(L=320m) 등 다대포해수욕장의 하수 토구(하수도 시설에서 처리수나 우수를 공공수역에 방류하는 방류구 시설) 정비사업을 벌였다. 그리고 절수장치 및 계량기 설치, LED 전등, 단열 파이프 등 에너지 절약시설을 설치해서 운영하고 있으며, 환경교육 게시판도 개설했다.

위험성 평가에 대한 용역 실시와 안전관리체계 구축, 안전시설 설치와 운영, 위험구역 설정 등 해수욕장 비개장 기간에도 안전관리 계획을 수립해서 운영하고 있다. 특히 장애인이 편리하게 이용할 수 있도록 3,080,000원의 사업비를 투입해 부유 휠체어를 도입하고, 1,870,000원의 사업비로 장애인 접근시설을 설치했다.

세계최초로 '블루 플래그'와 '그린 키' 국제인증을 동시에 획득하면서 다대포의 관광 시설들이 친환경적임을 증명했고, 친환경적인 운영으로 방문객들의 환경 인식을 높이는 효과가 있었다. 또한, ISO 국제인증 기준에 따라 부유 휠체어 비치와 장애인 접근시설을 설치하여 장애인의 여가활동 보장 및 장애인 인식개선에도 기여했다는 평가를 받았다.

사하구는 다대포의 이러한 결과와 평가들을 전 세계 73개국에 네트워크를 갖춘 환경교육재단 국제본부 홈페이지와 각종 관광사이트를 통해 활발한 홍보 활동을 벌이고 있다.

사하구는 환경교육재단의 국제기준에 따른 모니터링을 지속하고, 해수욕장의 위험성 평가수행 및 국제심사 절차이행과 다양한 방문객이 참여할 수 있는 환경프로그램을 도입했다.

환경교육 안내서, QR코드 등 환경보호 교육자료를 제작하고, 환경보호 퀴즈, 스탬프 투어, 환경보호 활동프로그램을 시행하고 있다. 그리고 환경교육재단의 국제인증 취득을 홍보하는 표지석과 안내판, 조형물 등을 설치해서 해수욕장과 해변공원의 인지도를 강화하고 있다.

김태석 구청장은 '블루 플래그'와 '그린 키' 깃발 게양식에서 "이번 국제인증으로 다대포해수욕장의 친환경성과 안전성을 국내외에 널리 알리게 됐다"라며 "기존의 해양레저 프로그램과 생태체험 학습장, 필라테스, 노르딕워킹 등과 연계한 다양한 환경교육 프로그램을 개발, 지속해서 친환경 활동의 거점이 될 수 있도록 인증 갱신과 유지관리에 온 힘을 다하겠다"라고 말했다.

폐합성수지 제품 재활용

광주광역시 북구는 다양한 문화재가 전시된 국립광주박물관과 광주비엔날레의 현장인 광주시립미술관까지 있어 문화생활을 즐기기 좋은 지역이다. 또한, 가벼운 산책 코스로 좋은 생태호수공원과 광주 5대 시장인 말바우시장도 북구에 있다.

북구(구청장 문인)는 폐기되는 폐합성수지 제품을 재활용해서 환경오염을 예방하고, 관내 소상공인의 경제적 지원을 위해 '폐합성수지 제품 재활용' 사업을 시작했다.

코로나19 영향으로 비대면 구매가 가능한 식품 소비의 증가로 아이스팩 사용량도 증가했다. 연간 400t의 아이스팩이 배출되면서 아이스팩 매립으로 인한 환경오염도 심화하고 있다. 또한, 불법 현수막의 수거량이 연간 83.5t에 이르고, 소각 처리되는 과정에서 환경오염과 처리비용이 발생하고 있다.

아이스팩 재사용 사업

북구청	한국환경공단 광주·전남·제주 환경본부	광주광역시 북구 새마을회	해양환경공단 목포지사
· 공동주택의 아이스팩 수거와 운반 · 세척 장비 구비와 주민홍보 · 아이스팩 공급	· 아이스팩 수거함 제작과 보급 · 세척과 보관장소 제공	· 아이스팩 선별과 세척 (자원봉사 인력지원)	· 아이스팩 재사용 수요처 발굴

북구는 2021년 6월부터 12월까지 관내 공동주택 4개소, 2,421세대와 4개 기관이 아이스팩 재사용에 대한 업무 협약을 추진해서 아이스팩 재사용사업을 시행했다.

수거된 아이스팩 세척 장면

7월부터 8월까지 아이스팩 1,760kg을 수거해서, 이 중 795kg을 폐기하고 소상공인에게 1,055kg의 아이스팩을 공급했다. 이를 통해 아이스팩 매립 및 종량제 쓰레기봉투 비용을 절감하고, 아이스팩 매립으로 발생하는 환경오염을 예방했다.

폐현수막으로 만든 장바구니 배부

북구 일터 지역자활센터에서 폐현수막으로 장바구니를 제작했다. 제작된 장바구니를 관내의 도매점과 소매점, 말바우시장, 운암시장 상인회에 20,000매를 배부했다. 폐현수막 재활용량 5,340장, 폐현수막으로 만든 장바구니 12,000매를 보급했다. 이 사업으로 불법 현수막 소각 및 처리비용을 절감하고, 대기오염 감소에도 일조했다. 또한, 자활사업을 통해 취약계층 12명의 일자리를 창출하는 결과를 거두었다.

또한, 시민들은 폐현수막으로 만든 장바구니를 사용해서 일회용 비닐봉지 사용을 줄이는 데 동참했다.

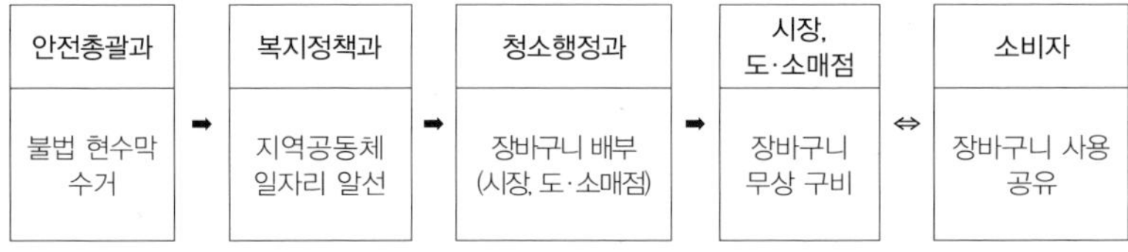

북구는 청소행정과, 안전총괄과, 시장산업과, 복지정책과의 협업으로 일회용 비닐봉지 사용을 억제하고 자원순환을 실현하기 위한 사업 체계를 구축해서 아이스팩 재사용 사업을 관내 전역으로 확대할 계획이다.

폐현수막으로 제작한 장바구니 배부처를 전통시장과 중소형 슈퍼마켓 등으로 확대할 예정이다. 또한, 폐현수막으로 장바구니뿐만 아니라 쇼핑백, 미술도구, 폐기물 마대 등 주민들이 더 많이 사용할 수 있는 다양한

폐현수막 장바구니 나눔 캠페인

물품으로 제작해서 보급할 계획이다.

문인 구청장은 "자원 재활용과 함께 폐현수막 처리비용도 크게 절감될 것으로 기대한다"라며 "앞으로도 버려지는 쓰레기에서 쓸모를 재발견해 주민과 함께할 수 있는 시책을 지속해서 추진해 나가겠다"라고 말했다.

주민과 함께 만드는 탄소 중립 도시, 대덕[1]

대덕구에는 닭발 모양을 닮아 이름이 붙은 계족산이 있다. 북쪽으로는 금강을 막은 대청댐과 이로 인해 조성된 대청호(大淸湖)가 있다.

대덕구(구청장 박정현)는 대전시 5개 구 중 면적이 제일 작은 지역이다. 그런데 2017년 기준, 대덕구의 온실가스 배출량은 대전시 전체의 약 33%를 차지했다. 이것은 행정 주도의 에너지 정책에는 한계가 있다는 것을 의미했다.

그래서 대덕구는 주민과 기업, 사회적 경제조직이 함께 참여하는 통합 거버넌스를 구축해서 지속 가능한 에너지전환정책을 마련하기 위해 '주민과 함께 만드는 탄소 중립 도시, 대덕' 사업을 추진했다.

사회적 가치를 중심으로 한 에너지전환정책

2020년 7월 22일, 대덕구는 대전시 노동권익센터, ㈜대양이엔씨, 에너지 전환 '해유' 사회적 협동조합, 대전 충남 녹색연합 등 5개 기관과 협약을 체결했다. 그리고 경비실 근로자분들을 위한 미니태양광과 단연 필름 지원 및 노동권익향상 후원금을 전달하는 등 에너지 취약계층을 위한 에너지전환사업을 추진했다.

이 사업으로 총 12개 아파트 경비실에 미니태양광 56개와 단열 필름을 지원하고, 취약계층 6개소와 에너지복지 소외계층 469가구에는 도배, 장판, 창호 등을 교체했다.

주민과 함께하는 에너지 전환 플랫폼 조성

1) 대한민국 좋은 정책대상 최우수상 선정

법동(1호점), 오정동(2호점), 미호동(3호점)에 기존 운영 카페에 에너지카페 기능을 결합한 'Shop in Shop'을 조성했다. 상업공간인 카페와 공유공간인 지역 에너지센터를 결합해서 만든 지역 내 시민들의 참여와 소통, 교육을 위한 플랫폼 공간이다.

에너지카페 1호점에서는 대덕 마을 에너지활동가 23명을 양성하고, 찾아가는 재생에너지 교육을 21회 실시했다. 2020년 4월, 지구의 날 50주년을 맞아 에너지전환갤러리 '내일'을 개관했다. 또한, 기후변화생물 지표종의 특별전시회 '못 찾겠다 맹꽁이'를 열었고, 재생에너지부지 찾기 공모전을 개최했다.

에너지카페 2호점에서는 대전시와 대덕구의 협력으로 '넷제로 대덕 지킴이' 12명을 채용해서 에너지 전환 활동을 추진했고, 5명은 에너지 관련 기업에 재취업했다.

에너지카페 3호점은 지역주민과 사회적 경제조직, 환경단체, 에너지 전문기업이 하나가 되어 기존의 공판장을 탄소 중립을 실천하는 주민참여형 '넷제로 공판장'으로 변모시켰다. 1회용품과 플라스틱 사용을 금지하고 친환경 제품을 판매하는 '넷제로 공판장' 개소로 탄소 중립실현을 도모하고 지역 에너지전환플랫폼을 완성했다.

지역에서 시작하는 탈 탄소 문화확산

대덕구는 탄소 발생 저감 활동을 실천하는 개인 또는 단체인 '대덕구 10만 탄소 다이어터'를 양성하는 사업을 시행했다. 단순 캠페인이 아닌 사회 분야별로 맞춤형 특별 교육프로그램을 운영해서 주민과 기업이 스스로 탈 탄소 필요성을 인식하고 실천하는 조직이다.

(우리 학교) 어린이집, 초등학교·중학교 대상으로 5개소 19학급 334명, **(우리 동네)** 일반 주민 대상으로 11개 동 통장협의회 회원 330명, **(우리 회사)** 탄소 다이어터 실천 릴레이 협약을 추진하고, '환경의 날' 기념으로 탄소 다이어터 실천 서약에 500여 명이 참여했다. 공유 컵 120개를 운영하

고, 아이스팩 전용수거함 29개를 설치해서 19,940개를 수거하는 등 우리 동네 재활용플랫폼 행사를 진행했다.

탄소 중립을 위한 행정체계 마련

2020년부터 중앙정부는 지방정부가 산업계의 변화를 유도하기 위한 각종 정책을 추진할 때, 온실가스 배출 영향도를 별도로 평가하고 있다.

이를 예산 편성에 반영해서 공공분야의 탄소 감축 예산 편성 및 집행을 통해 주민의 생명권과 건강권, 행복추구권을 확보하고 있다. 저탄소와 탈탄소의 경제 생태계를 육성해서 산업부문의 온실가스 감축을 유도하기 위해 대덕구는 '탄소 인지 예산제'를 시행하기로 했다.

대덕구는 2022년까지 대덕구 12개 동에 1개 이상의 에너지카페를 개소해서 운영할 예정이며, 2030년까지 주민, 학생 등 10만 명의 탄소 다이어터를 양성할 계획이다. '탄소 인지 예산제의 표준모델'을 발굴해서 전국적으로 확산해 공공 예산부문의 탄소 중립을 이룰 예정이다.

박정현 구청장은 "탄소 인지 예산제의 성공적인 도입을 위해 학계 및 전문가들과 소통을 강화해서 의견을 충분히 수렴한 후 추진하겠다"라며 "지역의 기후변화 문제를 해결하기 위해 지속해서 탄소 감축 정책을 펼쳐갈 계획"이라고 밝혔다.

부천형 스마트 미세먼지 클린존 조성

부천시는 복사골 종합예술제를 시작으로 부천의 대표 만화축제와 부천 국제 판타스틱 영화제 등 매년 다양한 문화관광 행사를 열면서 국제적인 관광도시로 발돋움하고 있다. 또한, 비행기를 타지 않아도 세계를 여행할 수 있는 아인스 월드와 5월이면 100여 종의 장미가 만개하는 '백만 송이 장미공원'이 있다.

부천시(시장 장덕천)는 인구와 차량, 공단의 고밀집 지역으로 미세먼지와 대기 중 바이러스 등 대기오염 문제가 심각했다. 이런 문제들을 해결하기 위해 부천시는 시민 눈높이에 맞는 정책을 발굴하고, 스마트 기술과 빅데이터를 적용한 '부천형 스마트 미세먼지 클린존'을 조성해서 시민의 건강과 삶의 질 향상에 기여할 방안이 절실했다.

상일초등학교 앞 안전휀스 연계형 ACF 공기정화장치

부천시는 2019년 12월부터 2021년 12월까지 총사업비 약 73억 원을 투입해서 미세먼지 시민전문가 양성을 위한 교육 및 리빙 랩(Living Lab)[1]을 운영했다. 그리고 국내외 미세먼지 관련 학회와 연구기관, 업체와 협업

1) 리빙랩 : 기술 또는 사회의 혁신을 목표로 고안된 현장 중심적 문제해결 방법론.

체계를 구성해서 R&D[2] 실증사업을 추진하는 등 스마트 기술을 적용한 부천형 미세먼지 클린존 조성사업을 추진했다.

'미세먼지'라는 복잡한 도시문제를 해결하기 위해 산·학·민·관이 협업해서 도시 곳곳에 미세먼지 실험 프로젝트를 운영하는 '미세먼지 R&D 실증사업'을 추진했다.

미세먼지 시민전문가 양성 및 리빙 랩 기반 마련

찾아가는 '미세먼지 교실' 강사를 양성하기 위한 미세먼지 파수꾼 양성교육에 부천시민 150명이 수료를 했다.

2021년 9월부터 12월까지 89명의 시민을 모집해서 시민정책가 양성프로그램을 운영하고, 부천시 현안사업에 대한 정책이나 의견을 제시할 수 있도록 정책홍보와 미세먼지 정보를 제공했다.

카카오 채널, 페이스북 담벼락 등 시민소통플랫폼을 운영해서 시민의 의견을 미세먼지 정책추진에 반영했다.

산·학·민·관 협력 거버넌스의 새로운 도전, R&D 실증사업 추진

민간기업과 전문가, 연구기관, 중앙부처 등과 협력해서 선도적인 혁신기술과 적극적인 행정으로 미세먼지 저감 시범사업을 시행했다. 미세먼지 전문가 집단과 협약을 통해 미세먼지 R&D 사업을 유치하고, 기술적·학술적인 지원을 받아 사업추진의 발판을 마련했다.

전국 기초지자체 최초로 미세먼지 빅데이터 플랫폼 구축

빅데이터에 기반한 미세먼지 대응서비스를 도입해 실시간으로 미세먼지 측정데이터를 수집, 분석, 통합해서 관리하고 있다. 부천시의 미세먼지 포털 서비스를 통해 실제 측정된 미세먼지 농도에 기반해 저감장치 자

---

2) R&D : Research and Development의 약자로, 우리말로 '연구개발'이란 의미이다. 자연과학기술에 대한 새로운 지식이나 원리를 탐색하고 해명해서 그 성과를 실용화하는 일이다.

동운영과 저감효과분석까지 원스톱(One-Stop) 서비스를 제공하고 있다.

또한, 부천시 전역을 대상으로 시간대별 미세먼지 측정정보를 히트맵 형태로 만들어 미세먼지 흐름과 추이를 한눈에 파악할 수 있도록 했다.

녹지율과 미세먼지 저감 관계, 청소 차량운행과 미세먼지 감소 효과, 미세먼지 민원 분석 등 미세먼지와 관련된 빅데이터를 분석해서 시각적으로 표현했다. 부천시의 미세먼지 빅데이터 플랫폼을 통해 축적된 데이터는 향후 미세먼지 예측과 분석 고도화의 기틀이 되었다.

시민 요구가 반영된 맞춤형 특화서비스

스마트 미세먼지 클린 특화단지. 우리 동네 미세먼지 정보 서비스

시민 생활권역의 미세먼지를 측정해서 실시간으로 정보를 전달하고 있다. 또한, '우리동네 미세먼지 정보제공 서비스', '공업단지 비산먼지 해결 서비스', '통학로 청정-안심공기 제공 서비스', '지하철역 미세먼지 저감 서비스' 등 지역별·계층별로 맞춤형 미세먼지 특화서비스를 운영하고 있다.

2021년 3월, 공업단지, 통학로, 지하철역 등에서 성능 테스트를 진행했는데, 최소 22%에서 최대 34%까지 미세먼지 저감 효과를 입증했다.

스마트 환경 외 다양한 분야 활용 가능성

부천시는 빅데이터 기반의 미세먼지 서비스에 대한 지식재산권을 확보하기 위해 BM 특허 등록을 마쳤다. 공공성 위주의 미세먼지 정보제공 서비스에 국한되지 않고, 빅데이터 서비스 클라우드 공유, 가동된 미세먼지 데이터 바우처 등의 수익모델을 만들어 새로운 비즈니스 모델로 발전시켰다.

장덕천 시장은 “부천은 미세먼지 고농도 도시라는 어려움을 극복하고, 적극적인 미세먼지 문제 해결을 위해 노력한 결과 성공적인 성과를 이뤄 기쁘게 생각한다. 앞으로도 혁신적인 미세먼지 정책을 꾸준히 발굴하여 타 지자체뿐만 아니라 해외까지 확산하는 미세먼지 선도도시로 나아가겠다”라고 말했다.

The Green & Beauty City 프로젝트

의정부의 행복로는 자동차가 다니던 도로를 힐링 공간으로 바꿔서 시민들의 절대적인 사랑을 받고 있다. 5개의 테마로 꾸며진 다양한 문화복합공간으로 도심 속 명소로 자리 잡았다. 또한, 의정부 대표 음식인 부대찌개 식당들이 밀집한 부대찌개 거리도 유명하다.

장암동 The G&B City 실천

'The Green & Beauty City 프로젝트'는 '의정부(시장 안병용)를 더 푸르고, 더 아름답게 만들기' 위한 민선 7기 역점 사업이었다. 2019년 7월부터 2021년 12월까지 약 320억 원의 사업비가 투입되어 시민참여, 푸른 도시 조성, 도시미관 개선 등 6개 분야에 총 185개 사업이 진행된 대규모 프로젝트이다.

녹화와 정비가 필요한 의정부시 일원에 시민들이 참여해서 도시녹화사업 확대와 꽃길 조성, 녹화공간 조성, 마을 정비, 쓰레기 청소 등의 사업을 진행했다.

의정부시는 'The Green & Beauty City 프로젝트'를 통해 단체, 학교, 아파트 등에 예산을 지원하여 도시녹화에 대한 시민참여를 유도했다.

사업별 세부내용

연번	주요 사업	세부내용
1	주요 진입 관문 정비사업	- 시 경계 띠 녹지 정비 및 중앙 분리대 녹화사업 - 진입 관문 정비사업(조형물 등)

2	그린 네트워크 조성사업	– 가로수길과 띠 녹지 신규조성 – 주요 도로변 결주구간 보완 식재 등
3	유휴지 및 자투리 공간 녹화사업	– 불법 경작지, 훼손지 등 정비사업 ※ 권역별 추진사항 – 유휴지, 자투리 공간 등 나무 심기
4	시민참여 아름다운 꽃길 가꾸기	– 아름다운 꽃길 가꾸기 사업추진 ※ 권역별 추진사항 – 자문단(시민, 조경전문가 등) 구성 및 운영 – 꽃길 가꾸기 사업 평가 및 포상
5	도시 숲 조성사업	– 쌈지공원 조성사업, 학교 숲 조성사업 등 – 생활환경 숲, 미세먼지 차단 숲, 바람 숲 조성사업 등
6	가로환경 개선사업	– 가로수 가지치기, 보호틀 정비, 은행 암수교체, 수종교체 등 – 주요 도로변 계절 꽃 식재, 교량 난간 꽃걸이대 설치 확대
7	도시공원 및 녹지대 유지관리사업	– 잔디 깎기, 제초 등 유지관리사업 – 공원 및 녹지 내 수목 관리(가지치기, 병충해 방제 등)
8	우리 동네 정비사업	– 보행자도로, 도로, 지하차도 정비 등 – 교통표지판 등 각종 시설물 정비 등

권역별로 시민들이 참여해 녹화사업을 발굴, 추진해서 도시녹화를 활용한 테마가 있는 마을을 조성했다. 또한, 자생단체나 상가 등 시민이 동참하고, 동주민센터와 관계기관이 협업해서 자발적인 꽃길 가꾸기 같은 녹화사업을 추진했다. 'The G&B 프로젝트'와 관련해서 권역별 조찬포럼 및 권역별 주민설명회를 추진하는 등 체계적인 관리와 홍보를 추진했다.

이를 통해 의정부시 관내 화훼농가를 포함한 지역경제 활성화에 기여했고, 'Refresh 의정부 뉴딜 사업'과 연계하여 새로운 고용 창출 효과를 냈다. 중앙정부 정책인 '한국판 뉴딜 종합계획'의 일환인 '그린 뉴딜'과 '안전망 강화'를 선도적으로 추진해서 지자체의 모범사례

녹양역 하트 포토존

가능동 꽃길 조성

를 보여주었다.

의정부시는 계속해서 G&B 사업을 추진하고, 사업대상지에 대한 철저한 유지관리로 깨끗한 도시환경을 완성할 계획이다.

안병용 시장은 "The G&B City 프로젝트를 위한 시민 여러분들의 적극적인 협조와 성원에 감사한다"라며 "시민의 행복을 위해 도시를 더 푸르고 아름답게 가꾸는 사업을 지속해서 추진하겠다"라고 밝혔다.

민관협력 '희망 에코마을 조성사업'[1)]

군포시를 대표하는 수리산 도립공원은 경사가 완만해서 초보자도 산행하기에 부담이 없고, 도심 속 여유를 즐길 수 있는 곳이다. 군포(軍鋪)란 지명은 지금의 호계3동에 있었던 '군포장'에서 유래했다. 군포의 어원에 관해서는 임진왜란 당시 왜군과 싸우기 위해 모인 관군을 배불리 먹인 곳이어서 군포라고 불리게 되었다는 설도 있다.

군포시(시장 한대희)는 복합화물터미널과 공영차고지 인근의 주거지역에서 환경문제가 지속적으로 발생해 주민과의 갈등이 끊이지 않았다. 대규모 물류시설과 산업단지, 공영차고지를 이용하는 대형 화물차량 등으로 인해 47번 국도 인근 주거지역의 미세먼지 취약성이 경기도에서 5위였다. 또한, 소음기준치 초과와 열대야 일수가 경기도 평균의 3배에 이를 정도로 열섬현상 등의 환경피해가 심각했다.

최근 10여 년 이상 환경피해와 관련된 민원이 지속해서 제기되어 왔으며, 2020년 초엔 약 1천여 건의 민원과 피해대책을 요구하는 현수막이 걸리는 등 지역 내 갈등이 악화하고 있었다.

주민참여와 민관협력을 통한 친환경 정책을 발굴해서, 오랜 주민 숙원 해결과 협력적 관계로 전환시키고, 나아가 탄소 중립을 실천하는 모범적 모델을 제시했다.

군포시는 6개 부서가 참여하는 합동추진단을 구성하여 현장조사와 관련 빅데이터를 분석했다. 그리고 1천 명의 시민 대상 설문 조사와 3회의 주민대표 간담회, 약 800여 명을 대상으로 온라인 현장설명회를 열었다. 또한, 시의회 정례 간담회를 통해 구체적인 해결방안을 도출하고, 민·관·정이 참

1) 대한민국 좋은 정책대상 최우수상 선정

여하는 공론화 과정을 거쳐 정책을 발굴했다.

정책 발굴 이후, 지역 내 환경단체와 지속 가능한 발전협의회는 물론 시민 협치기구인 100인 위원회와 공론화 과정을 거쳐 가장 유효한 정책과제를 확정했다.

쿨링&클린로드

2020년 1월부터 2022년 12월까지 부곡동 1199번지 일원에 108억 원의 사업비를 들여서 민관협력 '희망 에코마을 조성사업'을 시작했다.

첫 번째로 산업단지에서 발생하는 하수처리 재이용수를 활용한 클린로드 사업을 시작했다. 도로 노면에 하수처리 재이용수를 자동 분사해서 미세먼지를 저감시키고, 뜨거워진 도시의 열을 식히는 방법이다. 또한, 스마트 버스 쉘터와 미세먼지 간이측정기를 전 구간에 설치해서 실시간으로 대기 환경을 모니터링할 수 있는 체계를 구축해 나갈 계획이다.

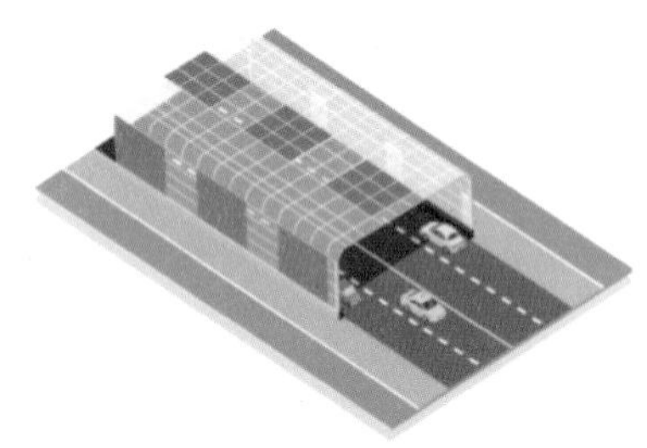
스마트그린 방음터널

두 번째로는 경기도 최초로 방음터널 구조물에 생태그린 패널과 태양광 패널을 동시에 설치하는 '스마트그린 방음터널' 사업이다. 생태그린 패널은 공기 정화능력이 뛰어난 스칸디아모스 이끼로 탈부착이 가능한 방식이다. 태양광 패널은 친환경 자립형 방음터널의 모델이 될 것으로 기대한다.

저탄소 체험 둘레길

세 번째는 저탄소 체험 둘레길 조성 및 도시 숲 조성사업이다. 그린월 기술을 적용해서 신기천에 꽃길과 벽면녹화로 바람길을 형성하고 폭염을 줄였다. 빗물저장 탱크를 설치해서 공원의 생태용수로 활용했고, 태양광을 활용한 스마트 가로등을 설치해서 휴식공간 제공과 탄소 중립에 기여했다. IoT에 기반해 미세먼지 환경정보와 무선충전 등을 지원하는 스마트 벤치를 설치하고, 미세먼지 저감을 위해 도시 숲을 조성했다.

군포시의 '희망 에코마을 조성사업'은 '2021 경기도 정책공모'에서 '대상'에 선정되어 60억 원의 사업비를 받았다. 또한, 2021년 경기도 적극 행정 우수사례에서 '장려'에 선정되었고, 2021년 생산성 대상 예비심사에서 우수사례에 선정되는 등 좋은 평가를 받고 있다.

군포시는 앞으로도 탄소 중립의 실현을 위해 노력하고, 다음 세대의 아이들까지 안심하고 뛰어놀 수 있는 '녹색 융합 보물지도'가 그려지는 군포시가 될 수 있도록 최선을 다할 예정이다.

한대희 시장은 "주민들의 불편을 해소하기 위해 그린 뉴딜과 연계해 희망 에코마을 조성사업을 추진했다"라며 "이번 사업을 시작으로 탄소 중립과 지속 가능한 환경복지에 주력해서 깨끗하고 살기 좋은 도시를 만들겠다"라고 말했다.

ASF 차단 태양광 자동출입문 개발설치

포천시에 있는 국립수목원은 우리나라에서 최고 규모의 숲이다. 허브아일랜드는 이국적인 정취가 가득한 공원으로 사진찍기에 좋은 관광지다. 최근에는 화강암 채석장이었던 곳에 만들어진 에메랄드빛 '천주호'로 거듭난 '포천 아트밸리'가 사랑받고 있다.

포천시(시장 박윤국)는 울타리 출입문의 잦은 개폐로 ASF(African Swine Fever, 아프리카 돼지 열병)가 100% 차단되지 않아 별도의 관리인력과 예산이 소요되고 있었다. 그래서 태양광을 활용한 자동출입문을 최초로 개발해 환경이 열악한 지역에 설치하여 ASF 확산을 효과적으로 차단하고 있다.

포천시는 연천군, 화천군 등 ASF가 발생한 양돈 농가와 인접한 시로 위험지역에 있다. 또한, 포천시의 14개 읍·면·동 중 11개 면과 68개 리가 총기포획 유보지역으로 지정되어 야생멧돼지나 들짐승을 포획도구(포획 틀, 포획 트랩)만으로 포획할 수 없어서 차단 울타리의 역할이 중요했다. 하지만 기존의 차단 울타리는 출입문 개폐 장치가 수동방식이다. 출입문 관리자가 확실하게 여닫지 않으면 열린 상태로 방치될 수 있어 야생멧돼지나 들짐승의 이동통로가 되는 맹점이 있었다.

이에 포천시는 2020년 5월, ASF 양성 개체가 발생한 관인면 중리 986번지 일대에 수동식 차단 울타리 출입문을 설치하고, 12월에는 자동식 출입문으로 교체했다. 그리고 2021년 1월부터 1개소당 4~6백만 원(규격에 따라 변동)의 예산으로 ASF 차단 울타리 출입문을 태양광 자동출입문으로 개발해서 설치하는 사업을 진행했다.

이미 3개소에 설치를 완료하고, 10개소는 향후 설치할 예정이다.

기존 울타리		태양광 자동출입문
소요 사업비		소요 사업비
점검 인건비	설치 비용	설치 비용
① 예상비용(인): 1인X8,720원(최저임금)/(인·hr) X8hr/day	① 울타리 출입문(현장설치도): 1,392,000원(부가세 포함)	① 신규설치 3,579,400원(부가세 포함)
② 부대비용 10% 가산: 55,249,920원X10%=5,524,992원	② 조달수수료: 1392000원X0.54%=7,520원	② 기존 출입문 개조 3,973,800원(부가세 포함)
③ 총비용: 60,774,000원/인X50인 =3,038,700,000원	③ 총비용: 1,399,520원	

2021년 2월, 포천시는 울타리 출입문을 보완한 자동출입문 제안서를 환경부 제출했으나 예산 소요 문제로 불채택되었다. 3월에도 자동출입문 제안서를 농림축산식품부에 제출했으나 사유 없이 불채택되었다. 그래서 포천시 자체 예산으로 신북면의 '한탄강 JC팜'과 '하나더농장'에 수동식 출입문을 자동식 출입문으로 설치했다.

그리고 울타리 제작 전문기업에 의뢰해서 태양광을 이용한 슬라이드 방식의 자동출입문을 전국 최초로 개발했다. 기존의 개폐 장치는 관리자가 닫지 않으면 상시 열려 있어서 방역에 허점이 있었다. 그러나 포천시가 개발한 울타리 자동문은 출입문을 열고 1분이 지나면 자동으로 문이 닫히게 된다. 포천시는 2021년 7월 29일 '울타리용 자동문제어장치와 그 제어방법'에 대한 특허를 특허청으로부터 취득했다.

포천시는 태양광을 이용한 슬라이드 방식의 자동출입문 설치로 정부의 탄소 중립 기조를 준수하고 있다. 또한, 주차장이나 임야 등 전기가 들어오지 않는 장소도 태양광을 이용하기 때문에 출입문을 설치할 수 있다. 눈, 비 등 열악한 환경여건에서도 태양광을 이용해 출입문을 효율적으로 운영할 수 있게 되었다.

도로 인근에 설치된 울타리 출입문을 슬라이드 방식으로 변경해서 도로 쪽으로 열리는 출입문 때문에 발생하는 사고위험을 사전예방할 수 있게 되었다. 크기와 폭 등 규격에 상관없이 자동출입문 설치가 가능해서 방역 활동에도 효과적이며, 울타리 현장점검 및 관리인력 비용도 절감할 수 있게 되었다.

박윤국 시장은 "우리 시에서 전국 최초로 태양광 울타리 자동문을 개발해 특허까지 받았다"라며 "우리 시에는 양돈 농가가 많아 관계자뿐만 아니라 공무원 모두 긴장의 끈을 놓을 수 없었다. 우리 시가 특허받은 자동문이 전국에 설치되어 양돈 농가에 도움이 되고, ASF 종식에도 큰 도움이 되길 기대한다"라고 말했다.

에너지 전환정책 특별시, 당진[1]

당진시의 이름은 신라 시대에 당나라와 교역하던 항구에서 유래했다. 간척 사업으로 면적이 넓어진 당진시에는 서해에서 해돋이를 볼 수 있는 왜목마을이 유명하다. 폐교를 미술관으로 탈바꿈시킨 '아미미술관'과 아기자기한 놀거리가 많은 삽교호 주변도 관광객이 많이 찾는 곳이다.

당진시(시장 김홍장)는 탄소 중립과 기후 중립을 실현하기 위해 지역 에너지 전환과 시민과 함께 만들어가는 당진형 뉴딜을 추진하고 있다.

2017년 기준 당진시의 온실가스 배출량은 6천7백만 톤으로 충청남도 온실가스 배출량의 38.7%, 전국 온실가스 배출량의 9.6%를 차지하고 있다. 당진시의 전력자립도는 419.6%이지만 재생에너지 발전 비중은 2019년 기준 1.98%에 불과하여 기후위기 대응 및 탈 탄소 경제 전환에 매우 취약한 상태이다.

2018년에는 법정 의무계획이 아님에도 대규모 발전소가 있는 지방정부 중에서 당진시가 최초로 지역 에너지 기본계획을 수립했다. 탈석탄 추진과 분산형 에너지 공급확대, 에너지 신산업 육성, 시민참여 거버넌스 구축 등 7대 전략과 27개 과제를 발굴했다. 그리고 에너지 기본계획 및 에너지 전환 비전을 수립하고, 36명으로 구성된 시민참여단 거버넌스를 운영했다.

2019년, 에너지 전환 선도도시로 도약하기 위해 '에너지 기본조례'와 '에너지 기금 설치 및 운용 조례'를 제정하고, 에너지센터와 에너지위원회를 설치했다.

2020년, 전국 최초로 시민과 전문가, 공무원이 참여하는 시민기획단을 운영해서 총 77개의 그린 뉴딜 정책을 발굴했다. 총 1조6,862억 원을 투

1) 대한민국 좋은 정책대상 최우수상 선정

입해서 9,342개의 일자리를 창출하고, 연간 탄소배출을 약 471,950톤 감축하는 목표를 제시했다.

당진시는 2020년 에너지 분야 전담부서를 설치하고, 기후위기 비상사태 선포식을 개최했다. 또한, 신규 석탄화력발전소 건설을 저지하고 태양광발전단지를 준공했다.

기존 석탄화력발전소 조감도 ➜ 당진 에코파워 태양광발전소 조성

시민과 함께 만들어가는 당진형 뉴딜을 위해 2020년 6월 18일에는 '당진시 그린 뉴딜 시민토론회'를 개최해서 '당진형 그린 뉴딜 추진계획' 초안을 수립했다. 이날 당진형 그린 뉴딜 추진단을 구성하고, 10월부터 12월까지 시민기획단, 전문가 자문단, 실무추진단을 가동해서 2021년 5월 18일, 민관 거버넌스를 구성해 운영하기 시작했다.

당진시는 계속해서 시민 중심의 효과적인 재생에너지로 전환하기 위해 대규모 재생에너지 사업에 주민참여를 의무화하고, 주민주도형 시민 햇빛발전사업의 활성화를 지원하기로 했다.

2022년부터 2024년까지 RE100 산업단지 표준모델 실증과 2025년까지 난지도 에너지자립 섬 추진, 마을 단위 마이크로그리드 구성과 운영을 추진하고 있다. 또한, 산업단지에 태양광 등 재생에너지 보급의 확산을 위해 친환경 자동차 및 충전 인프라를 확대하고, 에너지 자립마을 확대와 주거, 상업 시설, 산업단지 등에 에너지 전환 사업을 추진할 계획이다.

지역 에너지산업의 전환을 지원하기 위해 그린·에너지 소재 산업육성 기반을 구축했다. 또한, 철강기업의 풍력발전 소재와 부품 제조 전환기

시민기획단 분과토론회

반을 구축하고, 당진 LNG 기지(예정)와 연계해 수소, 냉열 관련 산업을 유치하며, 충남 에너지산업 융복합단지 지정을 추진하고 있다. 태양광 유지관리(O&M) 산업을 육성하고, 지역 대학과 연계해서 에너지산업 수요를 위한 맞춤형 인재양성을 추진하는 등 다양한 사업을 펼치고 있다.

철강기업의 '지역 에너지 효율 네트워크'를 운영하고, 공공건축물의 그린 리모델링을 통해 제로 에너지를 실현하고, 공익형 태양광발전사업을 추진하고 있다. 그리고 소외지역에 도시가스 공급을 확대하고, 송·배전선로 지중화 확대를 추진하는 등 에너지 절약 문화를 조성하고, 에너지복지를 추진할 예정이다.

당진형 뉴딜사업 성과의 공유와 확산을 위해 민·관 거버넌스를 지속해서 운영하고, 당진형 뉴딜 민·관 협치 사례를 지방정부와 공유해서 충청남도에도 변화를 일으킬 계획이다.

김홍장 시장은 "지역 에너지 전환의 목적은 시민의 만족과 환경오염 저감, 온실가스 감축, 인식의 전환으로 정리할 수 있다"라며 "인식을 바꿈으로써 에너지 전환으로 새로운 경제, 새로운 산업, 새로운 사회를 창출할 수 있다"라고 말했다.

친환경 연안 선박 클러스터 조성

목포는 군산, 여수와 함께 호남의 3대 항구 중 하나이다. 개항 후부터 항구 도시로 발전해왔으며, 호남선 철도의 종착역이자 서해안고속도로의 기점이다. 목포에 가면 아름다운 유달산에서 다도해의 경관을 한눈에 감상할 수 있고, 갯벌 속의 인삼이라 불리는 세발낙지를 맛볼 수 있다.

목포시(시장 김종식)는 포스트 코로나 시대에 한국판 그린 뉴딜 사업에 맞는 에너지산업을 육성해서 친환경 산업생태계로 전환하고 지역경제 활성화를 도모하고 있다.

2020년부터 2025년까지 5년간 남항 일대의 약 57,000㎡ 면적에 총사업비 약 866억 원(국비 558억 원, 시비 190억 원, 민간 118억 원)을 투입해서 국내 최초의 '친환경 선박 클러스터'를 조성할 계획이다. 전라남도와 목포시, 선박해양플랜트연구소(KRISO)가 주체가 되고, 산업체와 대학교, 연구소 등 25여 개의 공동연구기관이 참여하게 된다.

목포시는 R&D 분야에서 2020부터 2024년까지 총 451억 원(국비 268억 원, 시비 90억 원, 민간 93억 원)의 사업비를 투자해 전기추진 선박을 개발하고, 충전 인프라를 구축해서 표준화할 수 있도록 전기추진 차도선 및 이동식 전원공급시스템을 개발할 예정이다.

또한, 2021년부터 2025년까지 총사업비 415억 원(국비 290억 원, 시비 100억 원, 민간 25억 원)을 투입해서 친환경 혼합연료 신기술을 실증지원하는 해상테스트베드를 구축할 계획이다.

연구거점 유치 및 친환경 선박 연구개발과 산업 집적화를 위해 2023년 이후 정부 출연 연구소인 선박해양플랜트연구소(KRISO)를 연구거점으로 구축하고, 친환경 선박의 각 분야에 대한 규제 완화와 개선 및 산업 기반을 마련할 계획이다.

2023년 이후 과학기술연합대학원대학교(UST)[1] 캠퍼스를 유치해서 세계 수준의 친환경 선박기술 인력양성을 위해 지역기업에 취업을 전제로 한 석·박사 학위 과정인 '그린 모빌리티'를 신설·운영할 예정이다.

친환경 선박 전주기혁신기술 개발 사업인 '그린쉽 3170'은 2022년부터 2030년까지 2,540억 원(지방비 매칭 無)의 사업비를 들여서 핵심기자재 기술의 국산화 및 고도화 등 종합적 기술개발을 지원하게 된다. 이를 위해 사업 수주 및 사업전담기구 설립 등을 위한 전방위적 대응체계를 마련할 예정이다.

		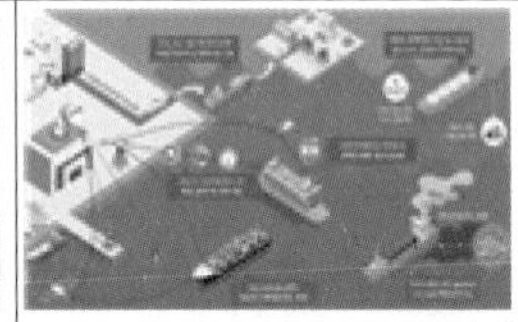
전기추진 차도선 조감도	해상테스트베드 조감도	친환경 선박 클러스터 개념도

목포시는 2025년까지 친환경 선박산업 집적화로 4만9천 명의 고용 창출과 연간 최대 2조1천억 원의 경제적 파급효과를 기대하고 있다. 또한, 5조 원대의 생산유발 효과를 견인해서 세계 270조 원 규모의 친환경 선박 시장을 선점해 연간 670억 원의 외화 유출을 방지할 계획이다. 그리고 세계 수준의 친환경 선박 연구개발과 산업 경쟁력을 확보하게 될 것으로 예상한다.

목포시는 각종 행정절차와 인프라 구축, 설계 및 연안 지반공사를 진행 중이다. 연구거점인 '친환경 연료추진연구센터'를 조성해서 연구개발에 일관된 체계를 구축했다. 또한, 32,500㎡ 면적의 남항 연구부지 내에 인프라를 구축하고, 추후 선박해양플랜트연구소의 연구인력 50명 이상이 상주하는 등 남항 재개발용지 연구와 실증을 위한 인프라를 조성 중에 있다.

성공적인 사업추진을 위한 업무 협약 체결

1) Korea University of Science and Technology : 신생 융합기술 분야 현장교육 및 연구 활동을 수행하는 과학기술 전문대학

일시/장소	주요 내용
2020년 9월 22일 전남도청	– **협약명 : 친환경 연안 선박 클러스터 구축 업무 협약** – **협약 주체 :** 전라남도, 목포시, KRISO, UST – **협약내용 :** 목포 남항 친환경 선박 클러스터 조성 공동 협력
2021년 7월 28일 호텔현대	– **협약명 : 친환경 선박 생태계 조성을 위한 산학연관 업무협약** – **협약 주체 :** 36개 기관, 지역 대학, 조선소, 해운사 포함 –정부(해양수산부), 지자체(전라남도, 목포시), 기업, 대학, 연구소 등 – **협약내용 :** 친환경 선박 신기술 공동 연구개발 및 실증 협력

친환경 선박 생태계 조성을 위한 산·학·연·관 업무 협약

목포시의 친환경 연안 선박 클러스터 조성사업은 2021년 12월, 전기추진 차도선 건조 착수 및 진수를 시작으로 2022년 3월에 친환경 선박 전주기 혁신기술개발 사업 수주와 2022년 12월 목포 남항 연구인프라 조성(토목, 건축), 2023년부터 2024년까지 차도선 시운전 및 실증 운영을 통해 해상테스트베드를 구축하는 등의 성과를 낼 예정이다.

김종식 시장은 '친환경 선박 생태계 조성을 위한 산·학·연·관 업무 협약식'에서 "이번 업무 협약은 대한민국이 친환경 선박산업의 강국으로 우뚝 서는 중요한 계기가 될 것이다. 목포가 친환경 선박산업의 메카가 될 수 있도록 관련 기관, 업체들과 함께 노력하겠다"라면서 "친환경 선박산업이 목포시의 탄탄한 미래먹거리로 자리매김해서 양질의 일자리 창출과 지역 발전에 크게 기여할 수 있도록 육성에 더욱 박차를 가하겠다"라고 밝혔다.

협치, 혁신 기반의 해양쓰레기 처리체계 구축[1)]

통영은 보물 같은 섬 욕지도와 바다를 품은 장사도 해상공원 등 수려한 자연경관이 가득한 곳이다. 또한, 통영은 천재음악가 윤이상과 소설가 박경리의 고향이고. 시인 백석이 사랑했던 곳이기도 하다.

해양쓰레기 7천 톤 중 3천 톤, 약 40%만 수거되고, 나머지 60%는 수거되지 못한 채 해안 경관을 해치고 미세플라스틱 발생의 원인이 된다.

통영시(시장 강석주)는 해양쓰레기 관리에 대한 기존 방식에서 탈피해 새로운 방안을 마련하고 선제 대응이 필요하다고 판단했다. 그래서 2019년부터 기존 방식을 탈피한 행정혁신으로 선제적인 해양쓰레기 처리체계를 구축했다. 관(官) 주도가 아닌 민관협치를 기반으로 관계기관 간 업무협약 등을 통해 해양쓰레기 관리협력 네트워크를 구축했다.

해양쓰레기 수거를 위한 민관협의체 구성 운영

통영시와 통영거제환경운동연합, 굴수협, 멍게수협이 참여해서 실무위원회를 구성했다. 사업추진을 위해 해양쓰레기 문제 해결을 위한 어업인 교육과 설문 조사를 시행했다. 또한, 어업인이 참여하는 해양쓰레기 수거기간을 매월 셋째 주로 지정하고, 수거 장소 및 일정 조율, 역할분담, 장비와 인력지원 등을 협의했다.

해양쓰레기 수거 활동을 위한 업무협약 체결

통영시와 통영해양경찰서, 한려해상국립공원 동부사무소, 한국전력공사 통영지사, 경남환경연합 통영시지부, 한국수산경영인 통영시연합회 등

1) 대한민국 좋은 정책대상 최우수상 선정

이 모여서 해양쓰레기 수거 활동을 위한 업무협약을 체결했다.

일하는 방식 개선을 통한 선제적 해양쓰레기 처리체계 구축

2020년 12월, 전국 지자체 최초로 30억 원(국비 50%, 도비 15%, 시비 35%)의 사업비를 투자해서 89톤급의 해양쓰레기 수거 운반선 '통영아라호'를 건조해서 취역했다. 운반선을 임차해서 수거하던 이전 방식에서 벗어나 전용 운반선인 '통영아라호'는 상시로 해양쓰레기를 수거해서 운반할 수 있다. 또한, FDA 지정 해역의 화장실 분뇨 수거와 적조 발생 시 황토와 폐사한 어류 운반 등에도 활용할 수 있다.

통영아라호

통영아라호는 대형 트럭에 수거 장비를 갖춰 적체된 쓰레기를 말끔히 수거한다. 무인도에 쌓인 쓰레기는 부속선인 폰툰 보트가 맡고 있으며, 일주일에 한 번씩 섬마을을 찾아가서 골칫덩어리인 쓰레기 문제를 해소하고 있다.

통영시의 해양쓰레기 처리체계 구축은 민간자원과 행정력 공유를 통한 민관의 신뢰 향상과 민관이 함께하는 해양쓰레기 관리 생태계 조성에 기여했다. 해양쓰레기 저감을 위한 시민의 적극적인 동참을 유도하고, 미세플라스틱 문제에 대한 인식전환과 자율적인 실천 운동이 확산하는 계기가 되었다. 해양쓰레기 수거 운반선을 통한 해양쓰레기(폐부표 등)의 적기 처리로 해양쓰레기 감량 및 자원화 효율을 극대화했다.

통영시는 2020년도 해양쓰레기 관리역량부문에서 전국 1위인 최우수 지자체로 선정되었으며, 2020년 해양수산부에서 실시한 '지역 해양쓰레기 관리역량 평가'에서 73개 연안 기초지자체 중 1위에 선정되는 등 타 지자체에 모범이 되었다.

2021년 대한민국 좋은 정책대회 최우수상

통영시는 2020년 1월부터 2022년 12월까지 총사업비 150억 원(국비 50%, 도비 15%, 시비 35%)을 투입해서 명정동 산4-18번지 일원에 부지면적 9,634.20㎡ 연 면적 1,721㎡의 해양자원 순환센터를 건설할 계획이다.

지상 2층 규모의 해양자원순환센터에는 하루 15톤의 해양쓰레기를 처리할 수 있는 선별장, 파쇄기, 분쇄기, 건조기, 고온 열분해유 시설, 페스티로폼 감용기실, 사무실, 회의실, 휴게실, 대기방지시설 등이 들어서게 된다. 이곳을 통해 1년 동안 해양쓰레기 5,325톤가량과 고온 열분해유 시설로 폐유 3,246,830ℓ가량을 처리할 것으로 기대된다.

아울러 통영시는 해양자원 수거 수매사업을 추진하고 있다. 연간 8억5천8백만 원의 사업비를 사회적 협동조합 및 해양자원 수거 활동을 하는 주민공동체에 지원해서 도산권, 용남권, 미륵권1, 미륵권2, 욕지권, 한산권, 사량권 등 7개 권역에 각 7명의 상시 고용인을 채용해서 49명의 고용을 창출할 예정이다.

강석주 시장은 "통영아라호 운항으로 섬 주민의 정주 여건 개선은 물론 통영 청정바다를 지키는 데 큰 도움이 될 것으로 기대된다"라고 말했다.

3無농업 실천사업

거창군은 크기가 크진 않지만 잔잔한 계곡이 흐르는 금원산 자연휴양림은 여름철 물놀이 장소로 제격이다. 백제의 사신이 신라로 갈 때 마지막 배웅지였던 수승대는 거창군 대표 명소이다.

기존에는 생산성 중심의 고투입 농법과 농업생산 활동에 따른 환경 과부하 등으로 농업과 농촌 생태계가 교란되고 있었다. 그래서 농업 생산활동에서 배출되는 온실가스를 저감하고, '건강'과 '환경'을 중요시하는 소비자의 요구변화를 만족시키고, 농가소득을 올릴 수 있는 특화된 농산물 육성 등 새로운 농업정책이 필요했다.

벼 저탄소 시범사업 현장 간담회

거창군(군수 구인모)은 제초제와 생장조정제, 착색제를 사용하지 않고 농사를 짓는 '3無농업'에서 돌파구를 찾았다. '3無농업'은 친환경 농업을 확대하여 건강한 농산물을 생산하고, 저탄소 농업으로 농업생태계를 보전하여 기후환경 변화를 완화할 수 있다.

거창군은 2021년, 군비 100%의 사업비 3억 원을 들여서 '3無 농업' 실천 농가에 ㎡당 50원, 최대 50만 원까지 장려금을 지원하고 있다. 전국 최초로 농업생태계 보전과 안전한 먹거리를 생산하는 '3無 농업' 실천 농가에 대한 현지 조사를 통해 인증을 마치고 홍보 스티커를 배부하고 있다.

2020년 5월 28일, '3無 농업' 실천 선포와 결의식, 주제발표를 하고, 7월에 사업실천을 위한 재배기술의 문제점 및 마케팅 활성화 방안을 마련했다. 9월에는 '3無 농업' 실천사업을 위한 세부계획의 수립과 이행을 위해 의견수렴·의사결정·협의 기구인 '3無 농업 실천사업 추진협의회'를 대표 농가와 관련 부서 및 단체 등 14명으로 구성했다. 2021년 3월부터 '3無 농업' 실천사업 현장점검 및 컨설턴트를 운영했다. 5월부터는 논벼 물 관리를 통한 '無제초제 농법'을 개발하고, 3개소에서 '3無 농업'을 위한 대체농법 개발 및 시범사업을 추진했다. '3無 농업'으로 농산물의 차별화된 콘셉트를 도출하고, 마케팅전략 수립을 위해 농산물 전문 컨설팅에게 용역을 시행했다.

거창군은 2021년 5월, '벼 저탄소' 시범사업 현장에서 간담회를 실시했다. 논물이 고여 있으면 내부 미생물에 의해 용존산소가 소모되어 온실가스 중 하나인 메탄이 발생한다. 이를 줄이기 위해 생육 기간에 중간물떼기와 논물 얕게 걸러대기 등 논물 관리가 필요하다. 또한, 질소비료 사용량을 1000㎡당 기존 9㎏에서 7㎏으로 줄이면 온실가스 배출량을 감축하면서도 고품질의 쌀을 생산할 수 있다.

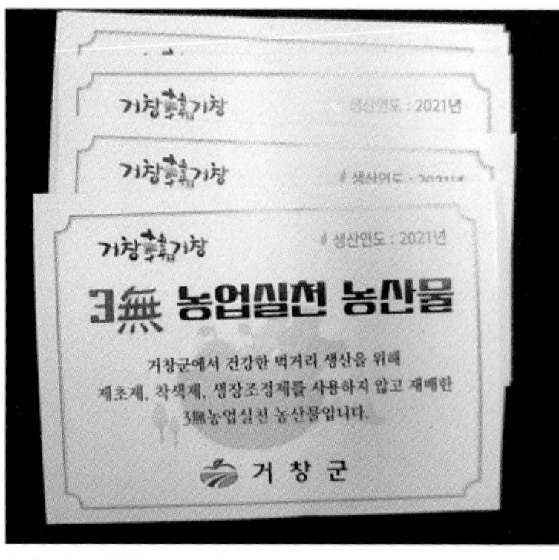

'3無 농법'인증 스티커

이에 거창군은 중간물떼기 실천을 위해 위천, 남하, 가조면 등 3개소에서 물관리 시범사업을 추진하고 있다. 또한, 질소 등 비료의 적정 사용을 위해 농업기술센터에서 흙 검사를 받아 부족한 성분을 기준량에 맞추는 등 알맞은 비료 처방에 따라 거름주기를 하라고 당부했다.

2020년, '3無 농업' 실천 농가는 252 농가, 350ha에 이르렀고, 2021년엔 393 농가, 912ha로 확대되었다. 이를 통해 전국 최초로 '3無 농업' 실천사업으로 친환경 농업 확대 및 농업생태계 보전, 저탄소·녹색기술 실천으로 1,920t의 온실가스 감축이 가능했다.

거창군은 마케팅 용역 결과를 통해 시범사업을 추진하고, '3無 농산물'에 대한 소비자 신뢰를 얻기 위해 품질관리와 인증 방안을 마련했다. 또한 '3無 농산물' 전문 유통체계를 구축하고 마케팅을 지원할 계획이다. 아울러 생산자의 조직화와 작부(作付)체계를 수립해서 연중공급 체계를 확립할 예정이다. 품목별로 시범포[1]를 추진해서 대체농법을 개발하고, '3無 농업' 실천 전문 컨설턴트 확대를 통한 대면 현장지도를 확대할 계획이다. 그리고 소비자교육 및 민관체계를 구축해서 소비자를 조직화할 예정이다.

구인모 군수는 "2020년부터 시작한 '3無 농업' 실천사업으로 농업인 스스로가 농촌의 공익적 가치를 높이고, 국민에게 건강하고 안전한 먹거리를 생산하는 초석을 마련하게 됐다"라며 "3無 농산물을 거창군의 대표 농산물로 만들어 학교와 공공급식에 우선 공급하고, 택배나 로컬푸드 직매장을 통해 적국적으로 판매할 계획이다"라고 말했다.

1) 시범포 : 농작물을 재배하기 위해 시험용으로 만들어놓은 토지.

해양치유 관광콘텐츠 개발·운영

완도군의 청산도는 아시아 최초로 슬로시티에 선정된 섬답게 4월 한 달간 '청산도 느리게 걷기 축제'를 열어 느림의 철학을 전파하고 있다. 다도해해상국립공원에 속하는 보길도는 윤선도의 <어부사시사>가 완성된 무대이기도 하다.

해양치유산업 원년 선포식

완도군(군수 신우철)은 코로나19 장기화로 인한 코로나 블루 극복을 위해 완도의 청정해양생태자원을 활용한 해양치유 관광콘텐츠를 개발해서 운영하고 있다. 이 사업으로 새로운 관광 트렌드 확산과 관광 활성화에 기여하고 있다.

완도군은 2018년 8월부터 노르딕워킹, 필라테스, 해변 엑서사이즈, 명상 등 기후치유와 모래찜질, 다시마 팩, 꽃차, 해양치유 음식 시식 등 치유자원을 연계하고 있다. 해양기후와 해수, 해양생물 등 완도 지역의 청정 해양자원을 활용해 몸과 마음을 치유하는 프로그램을 자체 개발해서 운영하고 있다.

완도군은 해양치유산업을 중앙정부에 건의해서 문재인 정부의 국정과제로 선정되었다. 또한, 해양수산부의 해양치유산업 선도 지자체로 선정되어 320억 원의 사업비를 받았고, 국가균형발전위원회의 해양치유 블루존 조성사업에 선정되어 182억 원을 확보했다.

청정해양자원을 활용한 완도군만의 차별화된 해양 치유산업 클러스터를 조성하고, 초급지도사의 역량 강화와 정밀의료와 연관된 숙박형 프로그램 운영으로 어촌경제 활성화의 모델을 만드는 등 기반 환경을 조성했다.

2017년 해양치유 선도 지자체로 선정된 이후, 해양치유산업 활성화를 위해 완도군만의 차별화된 치유프로그램 콘텐츠를 개발해서 운영하고 있다. 2018년부터 2021년 6월까지 봄, 여름, 가을 해양치유 프로그램과 기관·사회단체 챌린지 프로그램, 읍·면으로 찾아가는 해양치유 프로그램 등 225회에 걸쳐 운영해서 15,211명이 참가했다. 또한, 해양수산부가 주관하는 해양치유 레저관광 프로그램 운영을 지원하고, 코로나19 방역관계자를 위한 해양치유 힐링 프로그램 등 해양치유 프로그램을 유치했다.

코로나19로 인해 실외 청정지역을 선호하는 여행 트렌드의 수요증가로 2019년도 이후 프로그램에 참여하는 관광객이 지속해서 증가하고 있고, 2020년엔 관광객이 두 배까지 증가했다. 그러나 2021년엔 사회적 거리 두기로 관광객이 감소해서 지역주민을 대상으로 프로그램을 진행하고 있는데 홍보를 안 했는데도 관광객이 12%나 참가했다.

완도군은 군민참여형 해양치유산업을 추진하기 위해 전문인력을 양성해서 부족한 전문인력 인프라를 보완하고, 일자리 창출을 위해 노력하고 있다. 2019년부터 2020년까지 관내 주민에게 단계별 교육을 시행해서 강사양성에 주력하고, 2021년에는 외부기관을 포함한 강사 활동을 지원하고 있다.

2021년 준공, 해양치유센터 조감도

완도군은 <KBS 6시 내고향>, <생로병사의 비밀> 등 다양한 언론에 300여 건 보도되었는데, 긍정적인 보도내용으로 지역 이미지를 높이고, 해양치유센터 내 다양한 테라피실에 대한 홍보로 관광객이 증가했다. 완도군의 해양치유 프로그램을 벤치마킹하기 위해 타 지자체가 방문하고, 관광개발공사와 여러 관광회사에서 관광상품 매칭 문의가 잇따랐다.

전국 최초로 해양치유 프로그램 운영을 위해 노르딕워킹 35명, 필라테스 32명, 힐링 명상 20명 등 초급지도사 87명을 양성해서 활동하고 있다. 또한, 지역 내 기관단체가 진행하는 프로그램 강사로 활동하고 있다. 이렇게 전문인력 양성을 통해 일자리를 창출뿐만 아니라 예산 절감과 프로그램 운영 횟수를 확대했다.

신우철 군수는 2020년 현대해양과의 인터뷰에서 "해양치유산업은 청정한 환경과 다양한 해양자원을 보유하고 있어야 가능한 산업이다. 완도는 공기 비타민이라고 불리는 산소 음이온이 대도시보다 50배나 많고, 해수 수질이 1등급이다. 그리고 갯벌과 해조류 등 해양자원을 보유하고 있어 해양치유산업을 추진하기에 최적지라 판단해서 사업을 기획하여 추진하게 되었다"라고 밝혔다.

신재생에너지 개발이익 공유제

신안군은 72개의 유인도와 953개의 무인도 등 총 1,025개 섬으로 이루어졌는데, 국내 전체 섬의 약 25%를 차지하고 있다. 저물녘 섬이 붉게 물든다고 하여 붙여진 '홍도'는 이름처럼 일몰이 아름다운 섬이다. 관광지로 유명한 흑산도는 일주도로가 있어 섬 전역을 편하게 둘러볼 수 있다. 하트해변이 있는 비금도와 도초도, 최서남단의 섬 가거도까지, 어느 하나 빼놓을 수 없는 신안군의 대표 여행지이다.

신안군(군수 박우량)은 전자파, 소음, 진동, 경관 저해 등으로 신재생에너지 사업에 대한 지역사회의 거부감이 증대되었다. 이에 지역사회의 거부감을 해소하고, 신재생에너지 개발이익을 사업자가 독식하는 현행 방식을 개선해서 신재생에너지 사업에 지역주민이 참여하는 정책을 제도화하고 있다.

2018년 10월 5일 「신안군 신재생에너지 개발이익 공유 등에 관한 조례」를 제정했다. 이후 신안군에 주소를 두고 있는 자는 발전소 법인에 자기자본의 30% 이상 또는 총사업비의 4% 이상 주식, 채권, 펀드 등으로 참여할 수 있다. 40세 이하는 전입 일로부터 100%, 41세 이상 50세 이하는 전입 일로부터 1년 경과 시 100%, 50세 초과는 전입 일로부터 2년 경과 시 100% 참여권리를 부여하고 있다.

신안군은 2018년 10월 5일 「신안군 신재생에너지 개발이익 공유 등에 관한 조례」를 제정하고, 이를 근거로 2019년 9월 6일, 자라도 신재생에너지 주민·군 협동조합을 설립했다. 이어서 2020년 1월 9일엔 지도 신재생에너지 주민·군 협동조합, 1월 17일 사옥도 신재생에너지 주민·군 협동조합, 9월 11일 안좌도 신재생에너지 주민·군 협동조합, 2021년 8월 10일 임자도 신재생에너지 주민·군 협동조합, 11월 17일 장산도 신재생에너지 주민·군 협동조합을 설립했다.

2021년 3월 15일, 안좌면 신재생에너지 주민·군 협동조합을 개소하고, 11월 1일엔 지도읍 신재생에너지 주민·군 협동조합을 개소하는 등 협동조합 사무실을 개소해서 지역경제 활성화와 지역주민들의 새로운 소득 창출, 노후 연금화를 위한 견인차 구실을 하고 있다.

지도 첫 번째 태양광 이익 배당금 지급

2021년 안좌도, 자라도, 지도에서 신재생에너지 개발이익 배당금은 1인당 12만 원에서 51만 원으로 30개 마을 경로당에서 일제히 지급했다. 자라도 휴암마을의 5가구(4인 기준)는 연간 820만 원을 받았다.

신재생에너지 개발이익 배당금 지급

(단위 : 명 만원)

구분	용량(MW)	주민 수	회원 수	개인별 예상수익		수익금 지급개시	비고
				매분기 수익금	연간 수익금		
계	120	2,935	2,166	–	–	–	
안좌도	96	2,656	1,965	36~12	144~48	2021년 4월 26일	3회
자라도	24	279	201	51~17	204~68	2021년 4월 26일	3회
지도	100	3,512	2,174	25~11	140~44	2021년 11월 29일	1회

신안군은 2022년에 안좌면 200MW, 임자면 100MW, 증도면 100MW, 2023년엔 비금면 300MW로 총 1.8GW 태양광발전 시설을 조성할 계획이다. 특히 신안군에는 8.2GW 해상풍력단지를 2030년까지 조성할 계획이며, 이를 통해 민간투자 48조 원, 기업유치 40개, 11만7천 개의 일자리를 창출하고, 연 3천여억 원, 1인당 최고 500만 원의 주민소득을 창출할 것

지도읍 태천리에 조성된 150MW 규모의 태양광발전단지 전경

으로 기대하고 있다.

박우량 군수는 "신재생에너지 개발이익 공유제 실현을 위해 믿고 협조해준 군민들께 감사드리고, 다양한 인구 유입정책으로 청년이 돌아오는 신안군을 만들겠다"라고 말했다.

주민의 안전하고 깨끗한 식수환경 조성으로 주민숙원 해결

영천의 산기슭에 있는 돌할매 공원은 소원을 비는 방식이 독특해서 꾸준히 인기를 끌고 있다. 만불사는 가장 많은 부처님을 모시고 있는 사찰로 유명하고, 임고서원에서는 충신의 절개를 느낄 수 있다.

영천댐은 하루 40만 톤의 물을 공급하는 상수도 수원으로 상수원 보호구역으로 지정되었다. 그러나 공공하수처리시설이 전혀 없어서 주민들이 배출하는 생활오수가 영천댐으로 그대로 유입되고 있다. 영천댐은 주민들의 식수원이므로 하수도 정비사업이 시급하나 2019년 11월, 영천시는 하수도정비 기본계획 변경 시 경제성이 부족하다는 이유로 계획에 반영하지 않았다. 그래서 깨끗한 물을 마실 당연한 권리를 누리지 못한 채 주민들은 불안에 떨어야 했다.

영천시(시장 최기문)는 주민들의 숙원을 해결하기 위해 2020년 2월, 영천시 하수도정비 기본계획 변경에 대한 용역을 시행했다. 5월에 국무총리 방문 시 영천시장은 이 사업의 당위성에 대해 적극적으로 건의했다. 7월에 한국수자원공사, 대구지방환경청, 한국환경공단 등 관계기관과의 지속적인 업무협의를 통해 공감대를 형성하고, 10월에는 영천댐 상류 하수도정비 기본계획을 승인받았다.

영천시는 안전하고 깨끗한 식수환경 조성을 위해 관계기관과의 공감대 형성 및 협업체계를 구축하였다.

한국수자원공사를 상대로 영천시는 영천댐 일원의 하수도정비사업 기본계획 수립과 상호 자료공유를 요청했다. 또한, 한국수자원공사가 낙동강 유역의 오염원 관리를 위해 추진 중인 「댐유역 물환경관리종합대책수립 용역」과 연계했다.

또한, 대구지방환경청과 한국환경공단을 상대로 영천시는 현황과 사업

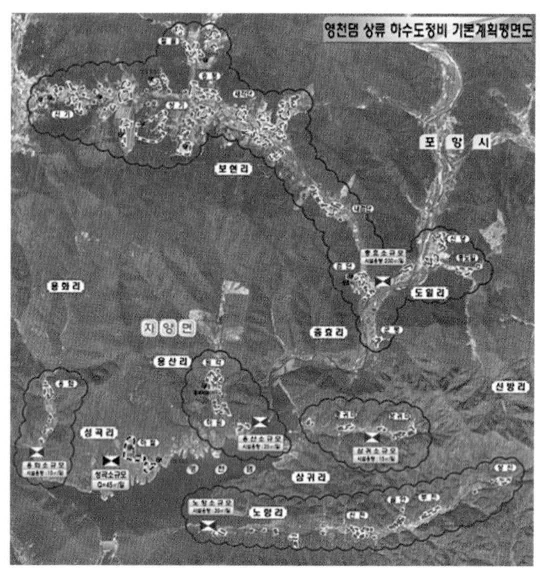

영천댐 상류 하수도정비 기본계획 평면도

의 필요성을 설명했다. 식수원으로 활용되는 영천댐 상류에 오염수가 여과 없이 유입되므로 하수처리시설 설치를 위한 하수도정비 기본계획의 변경승인을 건의했다. 대구지방환경청과 한국환경공단은 사업 필요성에 적극적으로 공감하고, 기본계획 반영을 위한 대책 및 보완 의견을 냈다. 해당 구역 중 가옥 밀집도 등을 고려해 선별적 사업계획을 수립할 필요가 생겼으며, 우선순위를 고려해 단계적으로 기본계획에 반영하기로 했다.

2020년 5월, 영천시장은 국무총리와의 면담에서 영천댐 상류 마을인 자양면 용산리의 간이 하수도에서 비소가 기준치(0.01mg/L)의 2배(0.021mg/L)가 검출되어 주민 건강에 큰 위험이 되고 있음을 강조했다. 또한, 영천댐 상류에 있는 8개 마을의 하수도 기본계획 반영에 대한 당위성을 강조하고, 국비 투입을 적극적 건의했다.

2020년 11월, 환경부로부터 영천댐 상류 하수도정비 기본계획이 변경이 승인되었다. 9개 마을을 대상으로 한 기본계획 변경안이 환경부에서 최종 승인되어 국비 280억 원이 포함된 420억 원의 사업비를 투입하여 하수처리장 6개소를 신설했다. 이를 통해 오수관로 44.3km가 설치되고, 600가구에 배수설비를 시공했다.

2021년 2월, 시비 10억 원을 투입해 기본 및 실시설계 용역에 착수했으며, 3월엔 2022년도 신규 국비 지원 39억7천2백만 원을 신청했다. 7월

하수처리공법 선정을 완료하고, 9월에는 설계 경제성(VE) 등 검토 용역을 실시했다. 10월, 국토안전관리원의 설계 안전성 검토와 11월엔 경상북도 지방건설기술심의, 12월엔 대구지방환경청과 국고보조 사업 재원 협의와 경상북도 공공하수도 설치인가 등 행정 사항을 추진했다.

2022년 1월엔 조달청 원가심사 및 계약요청, 2월에 1단계 공사 착공, 2023년 12월, 1단계 공사 준공, 2025년 12월, 2단계 공사 준공을 예정하고 있다.

1단계 공사는 2022년부터 2023년까지 성곡, 충효, 보현, 도일, 용산리에서 추진하며, 2단계 공사는 2023년부터 2025년까지 용화, 삼귀, 신방, 노항리에서 추진하게 된다.

최기문 시장은 "영천댐 준공 40년 만에 자양면 등 상류 지역 9개 마을에 하수도정비공사가 본격적으로 추진될 수 있어 기쁘다"라면서 "조속한 사업추진을 위해 국비 예산 확보에도 최선을 다하겠다"라고 밝혔다.

에 필 로 그

"주민들에게 매우 좋은 정책인데, 우리만 알고 있기엔 너무 아까워!"

대한민국 228개 기초지방정부의 우수한 정책을 발굴하여 격려하고, 널리 알리기 위한 첫 여정은 이렇게 끝을 맺게 되었습니다. 단체장님들의 임기도 어느덧 3년의 시간을 지나 마지막 4차년도에 들어선 2021년 9월, 우리 협의회는 민선7기 지방자치시대의 아름다운 마무리를 모색하고 새로운 민선8기 시대를 준비하기로 결심하였습니다.

특히 30여년 만에 개정된 지방자치법이 시행되고, 대통령선거와 지방선거가 예정된 2022년을 대한민국 지방자치 발전의 새로운 도약의 해로 생각하여 그 동안 성과를 낸 각 지역의 우수한 정책 사례를 모아서 발표하고 평가를 하는 '대한민국 좋은정책 대회'를 개최하였습니다.

총 102곳의 기초지방정부에서 268건의 좋은 정책을 제출받았고, 2021년 12월 공정하고 엄격한 외부 심사를 통해 15건의 대상과 5건의 최우수상을 선정했습니다. 특히 중앙 언론과 함께 개최한 정책대회를 통해, 선정된 20건의 우수사례들 모두가 전파를 탔고 시청자들의 참여를 보장함으로써, 주민의 눈높이에서 평가를 받을 수 있었습니다.

그리고 2022년 3월, 102곳의 기초지방정부 대표 우수 정책 사례와 추가로 접수한 21곳의 사례를 한 권의 책으로 엮어 「내 삶을 바꾸는 지방정부 좋은정책 123선」이 완성되었습니다.

기초지방정부의 목소리를 대변하는 대한민국·시장·군수구청장협의회는 이렇게 민선7기 기초지방정부의 우수한 정책사례를 집대성(集大成)하여 누구나 '우리 동네 좋은 정책'을 찾아볼 수 있는 길잡이를 국민들에게 제공하고 싶었습니다.

그 동안 "정부 정책"은 중앙정부가 주도적으로 계획을 수립하고 지방자치단체는 이를 따라 집행하는 것이라 생각해왔다면, 이 책을 통해 그것은 한쪽에 치우친 시각에 불과한 사실이었음을 깨닫게 해줄 것입니다. 오히려 현장에서 소통하며 주민과 함께 지역맞춤형 정책을 만들어 펼치는 시.군.구 기초지방정부가 최초로 시도했던 다양한 우수 정책들을 경험하고, 이러한 사례의 전국화를 통해 국가 공동번영의 새로운 혜안을 갖게 될 것이라 확신합니다.

대한민국의 실핏줄은 여러분이 살고 있는 시.군.구 기초지방정부입니다. 주민의 행복과 내 삶을 바꾸는 균형발전은 시군구의 우수한 정책에서 시작할 수 있고, 이를 통해 지속가능한 지역발전을 도모하여 국가의 뼈대를 튼튼히 하고 우리 공동체를 번영시킬 수 있습니다. 이 책이 국가 균형발전과 지역 자치분권을 꿈꾸는 많은 이들에게 작은 희망이 되어주길 바랍니다.

2022년 3월

대한민국시장·군수·구청장협의회